Reinhard von Bendemann / Kerstin Offermann
Ökumenische Bibelwoche 2016/2017
Arbeitsbuch   Bist du es?

Reinhard von Bendemann / Kerstin Offermann

Ökumenische Bibelwoche 2016/2017
Arbeitsbuch

„Bist du es?"

Exegesen, Bibelarbeiten und Anregungen
zum Matthäusevangelium

Texte zur Bibel 32

Dieses Buch wurde auf FSC®-zertifiziertem Papier gedruckt. FSC (Forest Stewardship Council®) ist eine nichtstaatliche, gemeinnützige Organisation, die sich für eine ökologische und sozialverantwortliche Nutzung der Wälder unserer Erde einsetzt.

Wir haben uns bemüht, alle Rechteinhaber ausfindig zu machen und zutreffend zu benennen. Wir bitten um Kontaktaufnahme, sollten Rechte nicht oder nicht ausreichend angegeben sein.
Die Rechtsansprüche bleiben gewahrt.

Zur 79. Bibelwoche 2016/2017
herausgegeben von der Arbeitsgemeinschaft Missionarischer Dienste in der EKD, der Deutschen Bibelgesellschaft und dem Katholischen Bibelwerk e.V., Stuttgart

Zitate Martin Luthers sind, wenn nicht anders angegeben, der Weimarer Ausgabe (= WA) entnommen, dem heutigen Sprachgebrauch angeglichen und ggf. übersetzt. Die vollständige bibliografische Angabe steht bei der jeweiligen Erstzitation.

Bibliografische Information der Deutschen Nationalbibliothek
Die Deutsche Nationalbibliothek verzeichnet diese Publikation in der Deutschen Nationalbibliografie; detaillierte bibliografische Daten sind im Internet über http://dnb.d-nb.de abrufbar.

© 2016 Neukirchener Verlagsgesellschaft mbH, Neukirchen-Vluyn
Alle Rechte vorbehalten
Umschlaggestaltung: Grafikbüro Sonnhüter, www.sonnhueter.com
unter Verwendung eines Bildes von Jörgen Habedank: „Lebensfenster" 2013, Acryl und Collage auf Papier, 40 x 30 cm, Tombeck
Lektorat: Nicole Rupschus, Berlin
DTP: Breklumer Print-Service, www.breklumer-print-service.com
Verwendete Schriften: Clan, Swift
Gesamtherstellung: CPI books, Ebner & Spiegel, Ulm
Printed in Germany
ISBN 978-3-7615-6319-9

www.neukirchener-verlage.de

Inhalt

Erhard Berneburg
Zum Geleit   7

Kerstin Offermann
Vorwort   8

Kerstin Offermann
„Bist du es?" – Zur Gestaltung der Bibelwoche   9

Lied zur Bibelwoche
Lass uns den Weg der Gerechtigkeit gehn   11

Sven Körber / Stephan Zeipelt
Jesus begegnen ... mit Texten aus dem Matthäusevangelium:
Praxisentwürfe für Jugendliche zur Ökumenischen Bibelwoche 2016/2017   12

Johannes Beer
Einführung zu den Bildern von Jörgen Habedank   13

Psalm zur Bibelwoche
Mein Seel, o Herr, muss loben dich   15

Reinhard von Bendemann
Heilung und Weisung – Einführung in das Matthäusevangelium   16

Kerstin Offermann
Luther und die bessere Gerechtigkeit des Matthäus   32

Kanon zur Bibelwoche
Meine Hoffnung und meine Freude   35

1 | Unter einem guten Stern:	Mt 2,1-12	36
Reinhard von Bendemann	Exegese	36
Kerstin Offermann	Der Text heute – Themen und Bausteine	43
Katharina Wiefel-Jenner	Vorschlag für eine Bibelarbeit	48
Johannes Beer	Bildbetrachtung: Anbetung	52
2 | Überraschend glücklich:	Mt 5,3-12	53
Reinhard von Bendemann	Exegese	53
Kerstin Offermann	Der Text heute – Themen und Bausteine	60
Rita Müller-Fieberg	Vorschlag für eine Bibelarbeit	64
Johannes Beer	Bildbetrachtung: Ansprache	68

3 | Das Ende des Wartens:
	Mt 11,2-15.25-30	69
Reinhard von Bendemann	Exegese	69
Kerstin Offermann	Der Text heute – Themen und Bausteine	77
Katharina Falkenhagen	Vorschlag für eine Bibelarbeit	81
Johannes Beer	Bildbetrachtung: Anfrage	84

4 | Im Zweifel gehalten:
	Mt 14,22-33	85
Reinhard von Bendemann	Exegese	85
Kerstin Offermann	Der Text heute – Themen und Bausteine	93
Stefan Wittig	Vorschlag für eine Bibelarbeit	97
Johannes Beer	Bildbetrachtung: Anfechtung	100

5 | Großzügig beschenkt:
	Mt 18,23-35	101
Reinhard von Bendemann	Exegese	101
Kerstin Offermann	Der Text heute – Themen und Bausteine	108
Katharina Wiefel-Jenner	Vorschlag für eine Bibelarbeit	114
Johannes Beer	Bildbetrachtung: Anspruch	118

6 | Der Liebe bedürftig:
	Mt 25,31-46	119
Reinhard von Bendemann	Exegese	119
Kerstin Offermann	Der Text heute – Themen und Bausteine	125
Stephan Zeipelt / Wolfgang Baur	Vorschlag für eine Bibelarbeit	129
Johannes Beer	Bildbetrachtung: Anhörung	133

7 | Hoffnung, die trägt:
	Mt 27,45-54 + 28,1-10	134
Reinhard von Bendemann	Exegese	134
Kerstin Offermann	Der Text heute – Themen und Bausteine	140
Stephan Zeipelt / Wolfgang Baur	Vorschlag für eine Bibelarbeit	142
Johannes Beer	Bildbetrachtung: Anheftung und Aufhebung	147

Jürgen Dittrich / Titus Linke
Ökumenischer Bibelsonntag 2017 — 148

Roland Kohm
Medienempfehlungen zur Bibelwoche — 154

Literaturempfehlungen — 158

Autorenverzeichnis — 160

Arbeitshilfen zur Bibelwoche 2016/2017 — 165

Weitere Materialien — 167

Inhalt der DVD — 168

Zum Geleit

Diese Vorbereitungsmaterialien zur Bibelwoche werden im besonderen Jahr 2017 in den Gemeinden zum Einsatz kommen. Jahrhundertfeiern zum Reformationstag waren bislang Anlass zur Abgrenzung der Konfessionen voneinander. Dies soll 500 Jahre nach dem Thesenanschlag Martin Luthers in Wittenberg im Jahr 2017 erstmals anders werden. In einem offiziellen Briefwechsel zwischen der Evangelischen Kirche in Deutschland und der Deutschen Bischofskonferenz wird zur gemeinsamen Feier eines Christusfestes eingeladen. Durch den ökumenischen Dialog in den vergangenen Jahrzehnten ist bewusst geworden, „dass uns der Glaube an Jesus Christus, das Lesen der Heiligen Schrift und das sakramentale Band der Taufe zutiefst miteinander verbinden".

In der Bibelwoche haben wir ein seit Jahrzehnten erprobtes Stück gemeinsamer ökumenischer Erfahrung. Die von der Arbeitsgemeinschaft Missionarische Dienste in Zusammenarbeit mit der Deutschen Bibelgesellschaft und dem Katholischen Bibelwerk herausgegebenen Materialien zur Bibelwoche vertiefen Jahr um Jahr das Leben mit der Bibel und die ökumenische Gemeinschaft in unseren Gemeinden.

Pünktlich zum Beginn des Reformationsjubiläums wird die Überarbeitung der Lutherbibel vorgelegt. Die Neuausgabe wird die derzeitige, zuletzt 1984 überarbeitete Lutherbibel als maßgeblichen Bibeltext der EKD ersetzen. Gleichzeitig erscheint im Herbst die revidierte Einheitsübersetzung der Bibel. Basis für die Überarbeitung der 1979 erschienenen Einheitsübersetzung waren neue Erkenntnisse zu frühen Textzeugen, eine engere Orientierung am Urtext und die Berücksichtigung von Änderungen im aktuellen Sprachgebrauch.

Katholiken wie Evangelische werden Martin Luther in der letzten von ihm überlieferten Notiz gern zustimmen: „Die Heilige Schrift glaube niemand genug geschmeckt zu haben, es sei denn, er habe hundert Jahre lang mit Propheten, wie Johannes dem Täufer, Christus und den Aposteln die Gemeinden regiert. [...] Wir sind Bettler, das ist wahr!" (s. Anhang III A 5, WA 48, Weimar 1927, 241) Und Luther zugeschrieben: „Die Schrift ist ein Kräutlein, je mehr du sie reibst, desto mehr duftet es." Das „Kräutlein", das in dieser Bibelwoche „gerieben" werden soll, sind Texte aus dem Matthäusevangelium.

Nicht nur Textarbeit sollte die Bibelwoche bestimmen, sondern dazu kommen andere Impulse, die die Gemeinde zum tieferen Verständnis führen wollen. Das vorliegende Arbeitsbuch gibt dazu hilfreiche Anregungen: Illustrationen aus der Kunst, Materialhinweise und methodische Ideen. Auch die beiliegende DVD ist in diesem Jahr wieder reich bestückt. Schauen Sie unbedingt, welche Schätze dort noch zu finden sind.

Ich danke allen Beteiligten für die Mitgestaltung dieses Arbeitsbuches und nenne dabei besonders Prof. Dr. Reinhard von Bendemann. Mit großer Kompetenz und Sorgfalt hat er die ausgewählten Texte für die Gemeindearbeit erschlossen. Kerstin Offermann, Referentin für bibelmissionarische Arbeit in der AMD, koordinierte die Fertigstellung des Heftes.

Dr. Erhard Berneburg, Generalsekretär der Arbeitsgemeinschaft Missionarische Dienste
Berlin, im Mai 2016

Vorwort

Liebe Leserin, lieber Leser,
herzlich willkommen zur Ökumenischen Bibelwoche 2017, im Jahr des **500. Reformationsjubiläums**. Dieses Jubiläum spielt natürlich auch in der diesjährigen Ökumenischen Bibelwoche eine Rolle. Martin Luther und seine Gedanken werden Ihnen immer wieder in diesem Heft zum Matthäusevangelium begegnen. „Wer das Matthäus-Evangelium näher kennt, verliert zumindest ein Vorurteil gegenüber Religion und Kirche, nämlich das Doppelvorurteil, dass die (christliche) Religion es entweder mit Macht über Menschen oder mit weltflüchtiger Innerlichkeit der Unterworfenen zu tun hat." Hier wird Ihnen entsprechend ein kämpferisches und zugleich barmherziges Evangelium begegnen, das so aktuell und herausfordernd ist wie eh und je. (Robert Leicht, Martin Luther: Das Matthäus-Evangelium. Die gewaltlose Revolution, in: Bücher für das ganze Leben. Zeit-Literaturkanon, Hamburg 2014)

Wie bereits von Erhard Berneburg erwähnt, wird die Deutsche Bibelgesellschaft anlässlich des Reformationsjubiläums eine neu durchgesehene Fassung der Lutherbibel herausgeben: **Luther 2017**. Einen **exklusiven Vorabdruck** der Texte aus dem Matthäusevangelium finden Sie auf der beiliegenden DVD und im Teilnehmerheft!
Sollten Sie für Ihre Bibelwoche Übersetzungen in Farsi, Arabisch oder anderen Sprachen benötigen, verweisen wir auf folgende Seiten: www.biblica.com/en-us/bible/bible-versions/persian-bible-farsi-bible/ und www.copticchurch.net/cgibin/bible/. Dort sowie über www.bibleserver.com finden Sie auch verschiedene andere Bibelübersetzungen.

Wäre es nicht wunderbar, wenn das Reformationsjubiläum zu einer Gelegenheit würde, bei der Menschen neu nach Gott fragen und Gott auch neu entdecken? Anregungen, wie das gelingen kann, und zahlreiche **Bibelideen** finden Sie unter www.gottneu.de.
Und auch die Ökumenische Bibelwoche möchte dazu beitragen, dass Menschen neu mit Gott in Kontakt kommen. Dabei nimmt der Titel **„Bist du es?"** uns gleich mitten hinein in die Texte und schlägt über Johannes den Täufer einen Bogen bis zu uns heute. Mehr dazu lesen Sie in der Einleitung.

Wir möchten Sie anregen, in diesem Jahr die Bibelwoche noch mehr also sonst in das Gemeindeleben zu integrieren. Gerade die Bergpredigt bietet sich dazu an, von Generationen und Kreisen übergreifend entdeckt zu werden. In den Themen und Bausteinen zum 2. Text lesen Sie mehr darüber: **Ein Bibeltext für alle Generationen** (s. S. 59).
Wir freuen uns sehr, Ihnen auch im Jahr des Reformationsjubiläums einen Vorschlag für die Gestaltung des **Ökumenischen Bibelsonntag** anbieten zu können. Die ausführliche Beschreibung des Gottesdienstes lesen Sie in diesem Heft. Die liturgischen Elemente für die Feier des Gottesdienstes sind im Teilnehmerheft abgedruckt. Weiteres Material und Gestaltungsvorschläge zum Ökumenischen Bibelsonntag finden Sie unter: www.bibelsonntag.de.

Auf der **DVD** gibt es, wie bereits angekündigt, den exklusiven Vorabdruck der **Lutherbibel 2017**. Außerdem erwartet Sie in diesem Jahr eine Einheit des Glaubenskurses „**Stufen des Lebens**" zum sinkenden Petrus, eine Einführung und Einladung zum **Bibliolog** zu Tod und Auferstehung Jesu Christi und eine nachahmenswerte Initiative einer Bibliothekarin aus Nürtingen: „**Glaubensdialoge in der Buchhandlung**".
Es gibt auch wieder eine spannende **Jugendbibelwoche** zu entdecken!

Dazu finden Sie natürlich wie gewohnt als **praktische Unterstützung** Ihrer Ökumenischen Bibelwoche einen Artikel für den Gemeindebrief, das Plakat als PDF, die **Bilder** von Jörgen Habedank in hoher Auflösung sowie die Texte dieses Arbeitsbuches und des Teilnehmerheftes. Mein Dank gilt allen, die am Material für die Ökumenische Bibelwoche 2017 mitgearbeitet haben und ohne deren intensives und engagiertes Mitdenken und Mitschreiben es nicht das wäre, was es ist. Mein Dank gilt Professor Reinhard von Bendemann für seine hilfreichen und inspirierenden Auslegungen der ausgewählten Texte. Ich danke auch den Teilnehmenden der Ökumenischen Bibelwochen-Konferenz und der Ökumenischen Bibelwochen-Workshops.

Ich wünsche Ihnen eine kurzweilige und gewinnbringende Lektüre sowie eine inspirierende und gesegnete Bibelwoche!
Ihre

Kerstin Offermann

„Bist du es?" – Zur Gestaltung der Bibelwoche

Kerstin Offermann

1. Zum Buch und seiner Methodik

Dieses Buch ist ein Arbeitsbuch. Es ist recht ausführlich und kann darum auch auf den ersten Blick erschlagend wirken. Aber das Buch will gar nicht unbedingt vom ersten bis zum letzten Buchstaben hintereinanderweg gelesen werden. Sie können darin blättern, nur Teile daraus wahrnehmen, Materialien verwenden oder anders zusammenstellen, ganz wie es Ihrer Situation angemessen ist. Wir haben uns darum bemüht, den Aufbau des Buches möglichst klar und übersichtlich zu gestalten: Für Menschen, die tiefer in den Text einsteigen wollen und auch die wissenschaftliche Auseinandersetzung auf dem neusten Stand suchen, beginnen wir mit den **Exegesen**.
Sie führen zum zweiten Teil, der aber auch ohne die Exegesen verständlich ist. Dort widmen wir uns den aktuellen Fragen, die uns **der Text heute** stellt. Hier begegnen sich Text und heutiges Leben. Es wird ein größerer Frage- und Themenhorizont aufgeworfen und durchdacht.
Aus der Exegese und den aktuellen Fragestellungen haben wir für Sie eine mögliche **Bibelarbeit** ausgearbeitet. Hier haben wir uns für eine spezielle Fragerichtung und Methodik entschieden, die Sie gerne übernehmen und einfach anwenden können.
Aber genauso gut können Sie das Buch auch als Steinbruch benutzen und die verschiedenen Auslegungen, Themen und Bausteinen in diesem Buch als Anregung nutzen, um einen ganz eigenen Abend zu gestalten. Dazu möchten auch die Bilder von Jörgen Habedank und die Bildbetrachtungen von Johannes Beer helfen.

2. Das Matthäusevangelium und die Bibelwoche – „Bist du es?"

Der Titel der Bibelwoche „Bist du es?" stammt aus dem dritten Text: Johannes fragt Jesus: „Bist du es, [...] oder sollen wir auf einen andern warten?" (Mt 11,3 – nach Luther 1984). Er weist also gleich auf das Zentrum der Bibelwoche hin, auf die Frage: Wer ist Jesus? Wer ist Jesus nach Meinung des Matthäusevangeliums? Und wer ist Jesus für dich? Zugleich zeigt sich Matthäus wie in allen Texten als hervorragenden Erzähler: Die Offenheit des Textes bietet den Lesenden die Chance, ja geradezu die Aufgabe, sich selbst in den Text einzutragen. An diesen offenen Stellen kommt also der Lesende ins Spiel und soll Stellung beziehen. So fragt auch der Titel der Bibelwoche den Lesenden und die Teilnehmenden (TN): Bist du es? Bist du mit diesem Text gemeint? Wo kommst du vor? Wo bist du angesprochen?

3. Matthäus im Reformationsjubiläum? – Luther und Matthäus

Da wir uns im Jahr 2017, im Jahr des 500. Reformationsjubiläums befinden, kommt in diesem Bibelwochenmaterial auch immer wieder Martin Luther zu Wort. Genauer geht es um den scheinbaren Widerspruch zwischen Luthers Gerechtigkeitsverständnis und dem des Matthäus. Dieses Heft ist ein Versuch, die gemeinsame Wahrheit beider Ansätze zu beschreiben, auf die Matthäus und Luther von unterschiedlichen Seiten aus blicken (s. dazu S. 30-32). Diese Polarität macht die Entdeckung der Barmherzigkeit und der Gerechtigkeit Gottes für uns heute neu spannend.

Dazu gleich ein gesalzenes Zitat Luthers zur Bedeutung der Worte und Predigten Jesu, die uns im Matthäusevangelium überliefert sind:

> So würde es gewiss gehen, wenn wir nichts davon geschrieben hätten, obgleich sonst viel von anderen geschrieben wäre. Und würde ein jeglicher sagen: Ja, ich höre wohl, was S. Paulus und andere seiner Apostel gelehrt haben, aber viel lieber wollt ich hören, was er doch selbst geredet und gepredigt hätte. Jetzt aber, nun es so üblich ist, dass es jedermann im Buch geschrieben hat und täglich lesen kann, achtet es niemand für etwas Sonderliches und Köstliches. Ja, wir werden es dazu überdrüssig und schlagen es in den Wind, als hätte es nicht die hohe Majestät vom Himmel, sondern irgendein Schuster geredet. Darum widerfährt uns auch zur Strafe unseres Undanks und Verachtung, dass wir wenig genug haben und nimmer fühlen noch schmecken, was für ein Schatz, Kraft und Gewalt in Christi Worten ist.

Martin Luther, Wochenpredigten über Matth. 5–7. 1530/32, WA 32, Weimar 1906, 299-544, 305.

Lied zur Bibelwoche
Lass uns den Weg der Gerechtigkeit gehn

2. Lass uns den Weg der Gerechtigkeit gehn.
Dein Reich komme, Herr, dein Reich komme.
Dein Reich des Lichts und der Liebe
lebt und geschieht unter uns.
Dein Reich komme, Herr, dein Reich komme.

3. Lass uns den Weg der Gerechtigkeit gehn.
Dein Reich komme, Herr, dein Reich komme.
Wege durch Leid und Entbehrung
führen zu dir in dein Reich.
Dein Reich komme, Herr, dein Reich komme.

4. Lass uns den Weg der Gerechtigkeit gehn.
Dein Reich komme, Herr, dein Reich komme.
Sehn wir in uns einen Anfang,
endlos vollende dein Reich.
Dein Reich komme, Herr, dein Reich komme.

Text: M. P. Figuera, Musik: Cristobal Halffter, Übersetzung: Diethard Zils, Christoph Lehmann, Quelle: misa de la juventud, 1964,
aus: Es sind doch deine Kinder, 1983, alle Rechte im tvd-Verlag Düsseldorf.
(s. Regionalteile des EG: HN/KW 640; R/RWL 675; W 658)

Jesus begegnen ...
mit Texten aus dem Matthäusevangelium:

Praxisentwürfe für Jugendliche zur Ökumenischen Bibelwoche 2016/2017
Sven Körber / Stephan Zeipelt

Auch in diesem Jahr wollen wir wieder Jugendliche und junge Erwachsene zur Ökumenischen Bibelwoche einladen – mit einem Programm, das sie altersgerecht anspricht. **Das Material dazu (ausführliche Mitarbeiterinfos und ein Teilnehmerheft) findet sich auf der DVD.** In vier Praxisentwürfen bieten wir die Möglichkeit, sich mit einzelnen Themen aus dem Matthäusevangelium zu beschäftigen:

Jesus begegnen ... sich auf den Weg machen! (vgl. Mt 2,1-12)
Matthäus berichtet von der Geburt Jesu: Sein Stern leuchtet. So hell, dass sich Sterndeuter aus dem Osten auf den langen Weg machen, um dem Neugeborenen zu begegnen. In dieser Einheit stellen wir uns die Frage: Für was mache ich mich auf den Weg? Und – wie stehe ich eigentlich zu Jesus?

Jesus lädt ein: „Kommt her zu mir!" (vgl. Mt 11,2-15.25-30)
„Bist du, der da kommen soll, oder sollen wir auf einen andern warten?" (Luther 2017) Jesus wirkt, er heilt, predigt vom Reich Gottes und beruft Menschen in seine Nachfolge – und doch: Johannes der Täufer will es genau wissen. In dieser Einheit schauen wir uns an, wer Jesus ist und wozu er uns einlädt.

Jesus fordert: „Vergebt einander – immer wieder neu!" (vgl. Mt 18,21-35)
Die Jünger begleiten Jesus auf dem Weg nach Jerusalem. Sie lernen von ihm. Er zeigt ihnen: Verzeiht euch gegenseitig – immer wieder neu, auch wenn dieses im (täglichen) Zusammenleben oft schwerfällt. In dieser Einheit geht es um die Bereitschaft zur Vergebung. Wie kann das praktisch gelingen?

Jesus ermutigt: „Habt keine Angst! Ich bin bei euch ..." (vgl. Mt 28,1-10)
Jesus lebt. Gott hat ihn vom Tod auferweckt. Der Auferstandene begegnet seinen Jüngern, macht ihnen Mut: „Seid nicht trostlos, ich bin da! Überzeugt euch selbst, ihr werdet mich sehen!" In der letzten Einheit geht es um Gemeinschaft mit Christus: Wo und wie begegnet uns Jesus auf unserem persönlichen Weg?

Für jede Einheit sollten ca. 90 Minuten eingeplant werden.
Zum Aufbau: Eine Verlaufsskizze bietet einen schnellen inhaltlichen Überblick. Neben einer Materialliste und Hinweisen zur Gestaltung gibt es noch eine kurze thematische Zusammenfassung. Nach einem kurzen Rückblick auf die letzte Einheit wird mit einem „Türöffner" als Aufwärmaktion begonnen. Eine (spielerische) „Aktion" führt ins Thema ein. Ein kurzer Impuls fasst den Text des Matthäusevangeliums „In der Bibel" zusammen. Danach sind die Teilnehmer gefragt: „Lest die Bibel". Aus der „Kirchengeschichte" wird passend zum Thema eine Person vorgestellt, wodurch die Teilnehmenden eine Brücke ins eigene Leben schlagen können: „Werdet aktiv". Jede Einheit endet mit einer kreativen Gebetsidee: „Sprich mit Gott". Auf dem Weg zur nächsten Einheit werden die Teilnehmenden eingeladen, sich selbständig zu Hause mit einem weiteren biblischen Text zu beschäftigen: „Du willst mehr?!"

Das Material kann unterschiedlich genutzt werden. Vielleicht als Themenabende im Jugendkreis, integriert in den Konfirmandenunterricht oder als Bibelarbeiten auf einer Freizeit. Gerne können bei der Durchführung auch eigene Ideen einfließen.

Über Feedback, Anregungen und Kritik freuen wir uns.

> **Weise**
> **Sterndeuter**
> **sucht**
> **meinen Stern**
> **des Glücks**
>
> **Findet**
> **sein Funkeln**
> **seinen**
> **rettenden Glanz**
>
> **Sturz und Verlöschen**
> **Rauch und Sand**
>
> Rose Ausländer, Weise / Sterndeuter ...
> Aus: dies., Und preise die kühlende Lieb der Luft. Gedichte 1938-1987. © S.Fischer Verlag GmbH, Frankfurt am Main 1988.

Einführung zu den Bildern von Jörgen Habedank

Johannes Beer

Ansichten des Evangeliums

Das Matthäusevangelium ist voller sprachlicher Bilder und anschaulicher Erzählungen, die in unserem Inneren sofort Bilder wachrufen. Wir alle sehen nicht nur beim Lesen der Bibeltexte, sondern auch schon, wenn die Überschriften genannt werden, die Heiligen drei Könige genauso vor uns wie den sinkenden Petrus und den Weltenrichter, der die Geretteten von den Verdammten scheidet. Sicherlich sind die Bilder bei jeder und jedem anders, aber doch so eindeutig, dass wir sie sofort erkennen und auch gegenseitig anerkennen können.

In der Geschichte der christlichen Kunst finden sich unendlich viele Darstellungen zu den eben genannten Erzählungen, auch schon unter den ältesten christlichen Bildern. So ist zum Beispiel der sinkende Petrus im Baptisterium der ältesten erhaltenen Kirche, der Hauskirche in Dura Europos von 241 n. Chr., abgebildet. Besonders interessant ist die Darstellungsgeschichte zu Matthäus 2 seit der Spätantike bis heute, die eng mit der Theologiegeschichte verknüpft ist. Auf einer Darstellung in der Domitilla-Katakombe in Rom (ca. 220) finden sich etwa vier anbetende Magier, auf einem Sarkophag des 6. Jahrhunderts sind es dann drei – jedoch noch ungekrönt. Auf dem Mosaik in der Basilika Sant'Apollinare Nuova in Ravenna (6. Jh.) tragen sie phrygische Mützen wie schon in der Katakombenmalerei, sind alle weißer Hautfarbe, aber nun bereits namentlich gekennzeichnet. Aber erst im 9. Jahrhundert bekommt einer von ihnen die dunkle Hautfarbe. Und schließlich prägen die Legenden die Darstellungen mehr als die biblische Erzählung.

Das gleiche gilt für alle anderen ins Bild gesetzten Texte des Matthäusevangeliums auch. Bis hin zu den großen illustrierten Bibelausgaben von Matthäus Merian, Gustav Doré und Julius Schnorr von Carolsfeld gibt es eine nicht zu unterschätzende Wechselwirkung vom Verständnis des Dargestellten mit der Darstellung, die wiederum das Hören derjenigen, die die Darstellungen kennen, unbewusst beeinflusst.

Jörgen Habedank geht nun einen anderen Weg. Er ist sich der Bildtraditionen bewusst und zitiert sie zum Teil in seinen Arbeiten. Aber er geht an die Erzählungen nicht über die Illustration, sondern über Farben und Symbole heran. So kann er den Texten neu nachspüren und sich auf an sich undarstellbare Dimensionen dieser Texte einlassen. Seine Arbeiten zum Matthäusevangelium eröffnen den schauend Hörenden auf diese Weise neue Zugänge. Die Bilder laden zum Meditieren im Spannungsfeld von Sehen und Hören ein. Sie können so die in uns aufsteigenden Bilder zu den Abschnitten des Matthäusevangeliums verändern.

Jörgen Habedank, 1961 geboren in Münster (Westfalen), arbeitet seit 1994 als freischaffender Künstler und lebt in Tornesch. Weitere Informationen finden Sie unter www.farbige-kunst.de sowie auf der beiliegenden DVD. Dort sind auch die Bilder zur Bibelwoche im Dateiformat JPG und als PDF abgespeichert, die im engen Rahmen kirchlicher Arbeit unentgeltlich genutzt werden dürfen. Das beinhaltet Präsentationen oder Handreichungen während der und für die Bibelwoche, ebenso die Plakatierung. Eine Nutzung der Bilder im Internet ist nicht gestattet.

Psalm zur Bibelwoche
Mein Seel, o Herr, muss loben dich

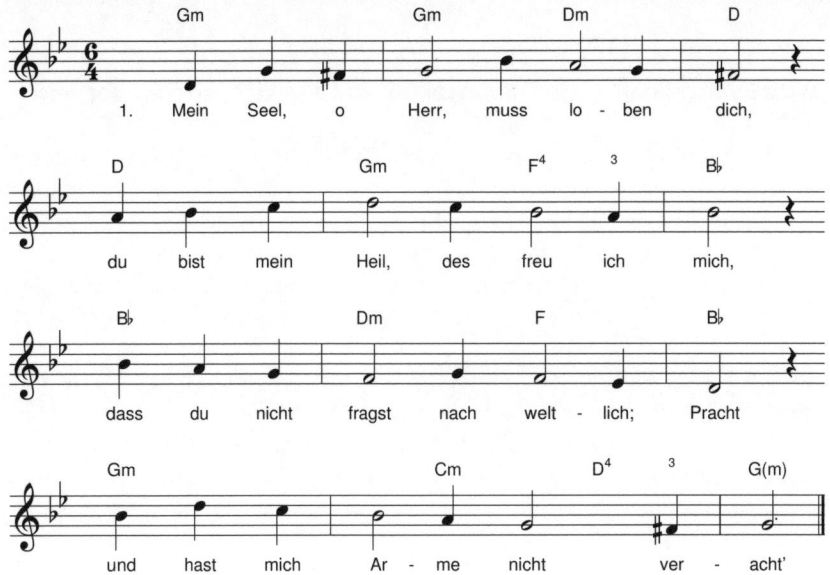

1. Mein Seel, o Herr, muss loben dich,
du bist mein Heil, des freu ich mich,
dass du nicht fragst nach welt-lich; Pracht
und hast mich Arme nicht veracht'

2. und angesehn mein Niedrigkeit.
Des wird von nun an weit und breit
mich selig preisen jedermann,
weil du groß Ding an mir getan.

3. Du bist auch mächtig, lieber Herr,
dein große Macht stirbt nimmermehr;
dein Nam ist alles Rühmens wert,
drum man dich willig preist und ehrt.

4. Du bist barmherzig insgemein
dem, der dich herzlich fürcht' allein,
und hilfst dem Armen immerdar,
wenn er muss leiden groß Gefahr.

5. Der Menschen Hoffart muss vergehn,
mag nicht vor deiner Hand bestehn;
wer sich verlässt auf seine Pracht,
dem hast du bald ein End gemacht.

6. Du machst zunicht der Menschen Rat,
das sind, Herr, deine Wundertat';
was sie gedenken wider dich,
das geht doch allzeit hinter sich.

7. Wer niedrig ist und klein geacht',
an dem übst du dein göttlich Macht
und machst ihn einem Fürsten gleich,
die Reichen arm, die Armen reich.

8. Das tust du, Herr, zu dieser Zeit,
gedenkest der Barmherzigkeit;
Israel willst du Hilfe tun
durch deinen auserwählten Sohn.

9. Wir haben's nicht verdient um dich,
dass du mit uns fährst gnädiglich;
zu unsern Vätern ist geschehn
ein Wort, das hast du angesehn.

10. Auch Abraham hast du geschworn,
dass wir nicht sollten sein verlorn,
uns zugesagt das Himmelreich
und unsern Kindern ewiglich.

11. Gott Vater und dem ein'gen Sohn,
dem Heilgen Geist in einem Thron
sei Ehr und Preis von uns bereit'
von nun an bis in Ewigkeit.

Lukas 1,46-55: Lobgesang der Maria (Magnificat), Text: Erasmus Alber: Str. 1, 1534/1536; Str. 2-11, um 1555
Melodie: bei Bartholomäus Gesius 1603, Michael Praetorius 1607
(s. EG 308)

Heilung und Weisung – Einführung in das Matthäusevangelium

Reinhard von Bendemann

1. Das „erste Evangelium" – „das" Evangelium und zugleich ein fremder Text

Matthäus eröffnet mit seiner Jesusgeschichte die 27 Schriften, die am Ende des 4. Jh.s n. Chr. schließlich den normativen Kanon urchristlicher Schriften bilden, den wir in der christlichen Tradition als „Neues Testament" bezeichnen. Bereits für die christlichen Väter vor dem 4. Jh. ist Matthäus „das" Evangelium. Das Werk hat altkirchlich gewirkt wie kein zweites. Erkennbar wird dies z.B. daran, dass die Väter zu allermeist die Versionen der matthäischen Jesusgeschichte zitieren.

In der später kanonisch gewordenen Anordnung steht das gesamte Zeugnis des Neuen Testaments unter dem prologhaften Vorzeichen der matthäischen Geschichte von dem Davids-, Abrahams-, Gottes- und Menschensohn Jesus, dem Messias. Allerdings ist Matthäus für diese spätere kanonische Anordnung nicht geschrieben, sein Evangelium will nicht als erstes Buch des Neuen Testaments, sondern ganz aus sich selbst heraus verstanden werden. Das scheinbar so vertraute „erste Evangelium" ist dabei zugleich ein fremder Text.

Die matthäische Theologie spricht nicht in derselben Weise wie Paulus von der Gottesgerechtigkeit als der von Gott im Glauben an Christus gnadenweise geschenkten Gerechtigkeit, die alle Handlungsmöglichkeiten von Menschen überholt. Der auch für die Theologie des Matthäusevangeliums sehr wichtige Begriff der „Gerechtigkeit" ist zwar nicht ausschließlich, aber doch ungleich stärker von den Taten der Menschen her begriffen und ausgelegt. Ob man in die Königsherrschaft der Himmel hineingelangen wird, hängt nach Matthäus von der Qualität des eigenen Handelns, vom „Besser-Sein" der eigenen *praktizierten* Gerechtigkeit, und nicht allein vom „Glauben" ab.

Dahinter steht: Für die Theologie des Matthäus sind „Gnade" und „Werke" gleichwertig, sie sind zwei Seiten derselben Medaille. Wort und Leben, Lehre und Praxis gehören in ihr so eng zusammen, dass man sie schlechterdings nicht auseinanderdividieren kann. In späteren Kategorien gedacht, könnte man darum bei Matthäus „Synergismus" feststellen, in dem Sinn, als müsse der Mensch beim Erwerb seiner Rettung bzw. der Gnade „mitarbeiten"; man könnte auf die – verkehrte – Idee kommen, hier sei die spätere Lehre von „Verdiensten" bereits grundgelegt. Die in der Taufe geschenkte Gnade würde demnach nur einen Anfang und ein Fundament darstellen, auf dem die Menschen mit ihren „Taten" weiterarbeiten müssen, um das volle Heil zu erlangen. Allerdings zeigt sich, dass dieses besondere Modell von heilvoller Gnade und menschlichem Tun noch weit entfernt ist von späteren theologiegeschichtlichen Entwicklungen, die dann unter den Verdacht der „Verdienstlichkeit" geraten konnten.

Fremd kann Matthäus an diesem Punkt für christliche Leserinnen und Leser auch darin werden, dass man in seinem Buch zunächst nicht auf eine „christliche" Theologie, sondern vielmehr auf Grundkonturen jüdischer Überzeugungen stößt. Keine andere Jesusgeschichte innerhalb der neutestamentlichen Literatur ist so stark von antik-jüdischen Überzeugungen und Voraussetzungen bestimmt.

Zudem können Fremdheitserfahrungen mit einer intensiveren Analyse des ersten Evangeliums auch einhergehen, wenn man erkennt, dass Matthäus nicht so zeitlos über die christliche Wahrheit und den „Weg der Gerechtigkeit" schreibt, wie man ihn in späteren Jahrhunderten gelesen hat. Das Evangelium zeigt in seiner literarischen Anlage und seiner Theologie kräftige Spuren zeit- und situationsgebundener Auseinandersetzungen, die mit der Trennung der Christen von dem sich nach der Zerstörung Jerusalems und des Tempels neu formierenden rabbinischen Judentum einhergehen.

2. Zur historischen Einordnung des ersten Evangelisten und seines Werkes

2.1 Die Anonymität des Werkes

Das Matthäusevangelium ist von Hause aus – so wie die anderen in den neutestamentlichen Kanon eingegangenen Evangelientexte – ein anonymer Text. Der ursprüngliche griechische Text der Erzählung trug aller Wahrscheinlichkeit nach keinen Verfassernamen. Das erste Evangelium hat, anders als das des Lukas, auch keinen Prolog, in dem der Buchverfasser sich in der ersten Person Singular einführt. Die Auskunft, dass das Evangelium von Matthäus, einem der Zwölf, stammt, findet sich erst in der Väterliteratur der Alten Kirche.

Die Zuschreibung der Erzählung des ersten Evangeliums in der Buch-Überschrift „nach Matthäus", war aller Wahrscheinlichkeit nach nicht Bestandteil des ursprünglichen Textes, sondern wurde erst im 2. Jh. zugefügt. Dabei verfolgte man die Intention, diesen nach Möglichkeit an einen Repräsentanten der Erdenzeit Jesu rückzubinden. Die Suche nach einem namhaften Verfasser wurde zudem in einer Zeit wichtig, als in den Gemeinden bereits mehrere verschiedene Evangelientexte im Umlauf waren und man diese zu unterscheiden suchte. Da man keine anderen Informationen besaß, als eben den Text des „Matthäusevangeliums", suchte man in diesem selbst und entdeckte dann an den beiden Stellen Mt 9,9 und 10,3 „Matthäus" als Kandidaten für die Autorenschaft.

Dass wir den konkreten Autor des ersten Evangeliums namentlich nicht mehr kennen, ist nichts Außergewöhnliches. Biblische Erzählliteratur (man vergleiche etwa das Exodusbuch oder die Samuelbücher) ist *in der Regel* anonyme Literatur; die Verfasser oder Trägerkreise einer Schrift treten so ganz hinter die von ihnen erzählte Geschichte zurück.

2.2 Der Verfasser des ersten Evangeliums: „Judenchrist" oder „Heidenchrist"?

Für die historische Erforschung der Anfänge des Christentums ungleich wichtiger als das Auffinden eines konkreten Verfassernamens ist die Frage nach dem religiösen und kulturellen Ort bzw. der religiösen und kulturellen Heimat des Verfassers des ersten Evangeliums. Aller Wahrscheinlichkeit nach schreibt dieser als ein christusgläubiger Jude, der eine Gruppe ihrerseits christusgläubiger Juden repräsentiert. Sein Ziel ist es, die Bedeutung des Handelns Gottes in Jesus als dem Messias und Garanten der Verheißungen Israels für seine Adressaten herauszuarbeiten. Hierfür beansprucht er in der angespannten Situation, in die er sich im Kontext weiterer jüdischer Gruppen gestellt sieht, in einem sehr hohen Maß die Schrift des Alten Testaments und zuerst die Forderungen der Tora, die er in Christus und in der Praxis seiner Gruppe als qualitativ vollgültig und unüberbietbar eingelöst sieht.

2.3 Die Frage nach dem Abfassungsdatum

Bereits das von Matthäus als Vorlage benutzte Markusevangelium setzt wahrscheinlich die Zerstörung Jerusalems und des Tempels durch die römischen Truppen im Jahr 70 n. Chr. voraus. Bleibt hier im Fall des zweiten Evangeliums eine gewisse Unsicherheit – es könnte auch kurz vor dem Fall der Stadt verfasst sein –, so ist bei Matthäus ganz deutlich, dass er auf die Katastrophe der Stadt bereits in einigem Abstand *zurückblickt*.

Vermutlich kannte man zu Beginn des 2. Jh.s das erste Evangelium bereits in einer Gestalt, in der es zitiert werden konnte. Die Didache (Zwölfapostellehre), die älteste erhaltene christliche Gemeindeordnung, setzt wohl das erste Evangelium am Beginn des 2. Jh.s als abgeschlossene Größe voraus. Wenn man zwischen Entstehungszeit und der Zeit einer ersten Verbreitung und Rezeption eine gewisse Karenz einrechnet, liegt es bei verbleibenden Unsicherheiten nahe, Matthäus auf ca. 80-90 n. Chr. zu datieren.

Wichtiger als die exakte Jahreszahl sind dabei die grundlegenden Rahmenbedingungen dieses Zeitraumes:

a) Das Matthäusevangelium spiegelt grundlegende Umbrüche und Übergänge, die im Judentum am Ende des 1. Jh.s stattfinden. Man muss sich fragen, wie man eine im Kern auf den Tempel bezogene Religion unter veränderten Bedingungen neu definieren und praktizieren kann. Was bedeuten die zahlreichen Vorschriften der Tora, die unmittelbar mit den Festen in Jerusalem zusammenhängen, nun unter veränderten Vorzeichen nach dem Verlust der Mutterstadt Jerusalem und des Tempels? Wie lebt man überhaupt nun mit der Tora? Im Matthäusevangelium werden die Übergänge vom pharisäischen Judentum zum rabbinischen Judentum nach 70 n. Chr sichtbar.

b) Das erste Evangelium gehört wie die Mehrzahl der Schriften, die später in den neutestamentlichen Kanon eingegangen sind, in die sogenannte dritte frühchristliche Generation. Man blickt bereits auf die Zeit der Anfänge zurück; in Ansätzen kann man sie schon als „nachapostolisch" beschreiben, da die großen und später als tragend beurteilten Anfangsgestalten wie Petrus oder Jakobus, der Bruder Jesu, bereits tot sind. In dieser Situation wird die Literaturproduktion deshalb so wichtig, da man sieht, dass das grundlegende Wissen über die Geschichte Jesu und die christlichen Anfänge mit dem Übergang zur nächsten Generation verloren gehen könnte. Zugleich haben sich die Rahmenbedingungen für das werdende Christentum innerhalb weniger Jahrzehnte stark geändert. Daher brechen Fragen auf: Was bedeutet einige Jahrzehnte nach dem Tod Jesu die Vorstellung von „Hoffnung"? Wie kann man und worum soll man beten? Was zeichnet die christliche „Kirche" / Gemeinde von ihren Anfängen her aus? Welche Spielregeln soll es in christlichen Gemeinden nun geben, wenn man sich für länger in der Zeit einrichten muss? Kann und soll es eine eigene christliche „Ethik" geben, die über die Forderungen der Tora hinausgeht? Und wie kann man sich hierfür auf das stützen, was Jesus gelehrt hat?

2.4 Die Frage nach dem Ort des ersten Evangeliums

Eine Mehrzahl von Forschern weist das Matthäusevangelium dem syrischen Raum zu. Wo es tatsächlich geschrieben wurde, rückt jedoch hinter die Frage nach dem Ort der „matthäischen Gemeinde", als deren Repräsentant der Buchverfasser begriffen wird. Wenn Matthäus Syrer ist, so befindet er sich in (innerer) Nähe zu den tatsächlichen Orten der Geschichte Jesu und seiner Jünger. Eine genauere Verortung innerhalb Syriens ist dabei kaum möglich. Einiges spricht dafür, dass Matthäus Städter ist, doch kann man dies aus seiner Erzählung nicht sicher entscheiden.

3. Wie liest man das erste Evangelium synoptisch?

Seit früher Zeit hat man gesehen, dass die in den neutestamentlichen Kanon eingegangenen Evangelien sich teils sehr stark ähneln, jedoch zugleich signifikant unterscheiden. Man spricht vom „synoptischen Problem". Nach gegenwärtigem Forschungsstand hat Matthäus Markus, die Logienquelle Q und Sondergut zusammengeflochten:

a) Das erste Evangelium enthält zahlreiche Stoffe, die in keinem anderen neutestamentlichen Erzähltext begegnen. Auf der Basis der sogenannten Zwei-Quellen-Theorie bezeichnet man sie als matthäisches „Sondergut". Hierbei handelt es sich wahrscheinlich um Überlieferungen unterschiedlicher Herkunft, auf die der Evangelist für seine Jesusgeschichte zurückgreifen konnte und denen er selbst wahrscheinlich inhaltlich nahesteht.

b) Matthäus war nicht der Erste, der im ältesten Christentum eine Geschichte von Jesus erzählt hat. Dies war aller Wahrscheinlichkeit nach der mit der altkirchlichen Tradition so benannte Markus. Neben dem Markusevangelium hatte Matthäus noch eine zweite literarische Quelle, auf die er zurückgreifen konnte: Die sogenannte Spruchquelle Q (oder: Logienquelle; oder auch: das „Spruchevangelium Q"), eine wahrscheinlich aus dem galiläisch-syrischen Raum stammende Sammlung, die überwiegend Worte Jesu und wenige Erzählstoffe (Lk 4,1-13; 7,1-10 par.) enthielt.

Matthäus gibt dem Spruchgut, das er in der Logienquelle Q vorfindet, ein hohes Gewicht in seiner Erzählung: Er fasst insbesondere einen Großteil der Q-Stoffe in fünf langen Reden Jesu zusammen, die er wohlkalkuliert an Gelenkstellen seiner Erzählung positioniert:
Mt 5-7: Die Bergpredigt
Mt 10 (9,36-11,1): Die Aussendungsrede
Mt 13 (13,1-53): Die Gleichnisrede
Mt 18. Die Gemeinderede
Mt 23-25 (23,1-25,46): Die Weherede gegen Pharisäer und Schriftgelehrte / die Endzeitrede

Im Übrigen bringt Matthäus den verbleibenden Q-Stoff im Wesentlichen bis zum 11. Kapitel seiner Erzählung. Danach folgt er weitgehend dem Aufbau und den Stoffen des Markusevangeliums. Matthäus schreibt – vereinfacht betrachtet – demnach ein stark überarbeitetes, mit Q-Stoffen angereichertes und ausführlich neu eingeleitetes Markusevangelium.

c) Mit der Zwei-Quellen-Theorie und einem auf ihr basierenden synoptischen Vergleich eröffnet sich ein wichtiges Instrumentarium der Interpretation: Indem man Matthäus konsequent mit dem Werk seines Vorgängers Markus und auch mit den – allerdings nur hypothetisch aus Matthäus und Lukas zu erschließenden – Q-Stoffen vergleicht, kann man ihm in seinem Arbeitsprozess auf Schritt und Tritt über die Schulter schauen. Wie wohlüberlegt Matthäus mit seinen Quellen umgeht, kann man z.B. an dem Kranz von Wundererzählungen in Mt 8 und 9 studieren, den er erst geschaffen hat. Die beiden Kapitel schildern programmatisch die „Taten des Messias". Hier finden sich in einer genau durchdachten Neuanordnung Stoffe aus Mk 1 und 2, aber auch aus Mk 5 und 10. Eingewoben werden Q-Materialien-Texte, die sich im dritten Evangelium bei Lk 7,1-10; 9,57-60; 11,14f.; 13,28f. finden.

Blickt man auf den Umgang des Evangelisten mit seinen Quellen insgesamt, so lautet ein wesentliches Ergebnis: Matthäus ist ein zutiefst traditionsgebundener Erzähler. Die überkommenen Quellen und Stoffe sind ihm wichtig, und er hat sich gut überlegt, wie er sie ins rechte Licht setzen kann. Matthäus schreibt nicht „frei" wie ein neuzeitlicher fiktionaler Schriftsteller.

Andererseits ist jedoch zu beobachten, welche literarischen und theologischen Freiheiten der Evangelist sich nehmen kann. Dies beginnt bei dem Umgang mit erzählerischen Einzelepisoden. Im Bereich der Wundererzählungen kürzt Matthäus seine Vorlagen z.B. oft stark und zentriert sie auf die Worte Jesu (man nennt dies „Apophthegmatisierung"). Matthäus scheut sich etwa auch nicht, aus der *einen* Blindenheilung in Mk 10,46-52 zwei Erzählungen (Mt 9,27-31; 20,29-34) zu machen und zugleich in jeder Geschichte den Blinden jeweils noch zu verdoppeln (wobei er andererseits die Blindenheilung Mk 8,22-26 gestrichen hat).

Auch in die Wortüberlieferung greift der Evangelist zum Teil stark ein. Die Reihe von zweimal drei Antithesen in Mt 5,21-48 z.B. wird so erst vom Evangelisten gebildet. Das ist als Befund bemerkenswert: Matthäus hat es hier immerhin mit den Worten des „Meisters", des normativen Lehrers der Jünger, zu tun. Generell kann man sagen, dass Lukas Worte aus der Q-Tradition in der Regel wörtlicher und in ihrer Reihenfolge verlässlicher bewahrt hat als Matthäus.

4. Sprache, Aufbau und literarische Gattung des ersten Evangeliums

4.1 Die Sprache des Matthäusevangeliums
Das Matthäusevangelium führt in seinen Tiefendimensionen in die biblische Geschichte Gottes mit seinem Volk und ihre weit verzweigte Rezeption im antiken Judentum hinein. In seiner Sprachgestalt ist es aber nicht in biblischem Hebräisch oder Aramäisch verfasst, sondern es ist ein griechisches Buch.

4.2 Der Aufbau des Matthäusevangeliums
Die Erzählung des ersten Evangeliums widersetzt sich einer einfachen Gliederung, da mehrere Bögen und Ebenen der Erzählung in so komplexer Weise aufeinander abgestimmt und verbunden sind, dass man immer wieder neue Bezüge im Text finden kann. Drei Stränge sind im narrativen Gewebe besonders zentral:

a) Von Mt 1–4 her, demjenigen Abschnitt, in dem der Erzähler klärt, wer Jesus ist, indem er davon berichtet, woher er kommt, bildet *erstens* die christologische Frage einen kräftigen roten Faden durch die Jesusgeschichte des ersten Evangeliums.

b) Ein Hauptaugenmerk des Erzählers ruht *zweitens* auf den Jüngern. Sie werden innerhalb des Erzählgewebes zu Platzhaltern für die Leserschaft; die Leser dürfen Jesus in der Gestalt der Jünger begleiten und an seiner Seite Fortschritte machen. Matthäus geht im Ganzen anders als

Markus davon aus, dass die (zwölf) Jünger begreifen können, wer Jesus ist, und dass sie seinen Willen bzw. den ihres himmlischen Vaters auch erfüllen können.

c) Implizit steckt *drittens* in der Jesusgeschichte des Matthäus auch die Fragestellung: Wie verhalten sich das jüdische Volk, seine Repräsentanten – insbesondere die Pharisäer und Schriftgelehrten – und die matthäische Gemeinde zueinander? Wie konnte es dazu kommen, dass Israel den Davidssohn und Abrahamssohn überwiegend und in der Summe abgewiesen hat? Wie konnte es zur Trennung kommen, die sich bis „heute" (vgl. Mt 28,15) konflikträchtig auswirkt?

4.3 Die Gattungsfrage und die didaktische Absicht
Wenn wir das erste Buch des neutestamentlichen Kanons „Evangelium" nennen, so stammt dieser Sprachgebrauch aus einer deutlich späteren Zeit. Die Anfänge für eine Bezeichnung der Jesusgeschichten als „Evangelien" finden sich erst im 2. Jh. bei den Apostolischen Vätern.

Jesus ist vorrangig Lehrer; das „Evangelium" des Matthäus möchte diese *Lehre* Jesu vermitteln. Unter den Eigenheiten und Besonderheiten der Form des ersten Evangeliums ist daher die starke und klare didaktische Ausrichtung zu nennen, die der Leserschaft das Aneignen, Memorieren und damit auch das Umsetzen in die Praxis erleichtert. Matthäus erzählt redundant und variierend, damit sich Wichtiges einprägt und vertieft wird. Als Ausdruck der didaktischen Zielsetzung kann beispielsweise die Technik des inklusiven Erzählens im ersten Evangelium verstanden werden. Sowohl bei Einzelepisoden wie auch bei der Bildung längerer Phasen liebt Matthäus es, ringförmige Strukturen zu schaffen. Ohne dass der lineare Erzählfluss verloren geht, stellt er Wesentliches in ein Zentrum. Um dieses Zentrum herum können dann ähnlich lautende Aussagen in inneren und äußeren Ringen angeordnet werden.

5. Der Erzählanfang und der Schluss

5.1 Der Erzählanfang
a) Die ersten beiden Worte: „Buch der Entstehung" / „Buch der Zeugung" erinnern im Griechischen an die Bezeichnung des ersten Buches Mose im griechischen Alten Testament, der Septuaginta („Genesis"; anders im Hebräischen: „am Anfang ..."). Die Erzählungen im 2. Kapitel rufen Assoziationen zum Buch „Exodus" und zu weiteren Mosegeschichten (vgl. Ägypten in Mt 2) hervor. Der Evangelist will jedoch Jesus weder als einen zweiten Abraham noch als einen zweiten Mose erzählen. All diese Vorstellungen und Traditionen gewinnen vielmehr im Licht des Christusgeschehens neue Sinnpotentiale, ohne dass damit die alten Geschichten als solche gewissermaßen „überspielt" werden sollen.

b) Dass Jesus Davidssohn ist, erscheint für Matthäus wichtiger als bei Markus: Die mit dem großen König David verknüpften Erinnerungen und Hoffnungen Israels sollen in Jesus ihre Erfüllung finden. Dies zeigt sich in der Erzählerüberschrift, im Stammbaum über den Vater Jesu, der aus dem Haus Davids stammt, und schließlich über den davidischen Geburtstort Bethlehem.

c) Ebenso wichtig ist Matthäus, dass Jesus Abrahamssohn ist: Abraham ist nicht nur der Stammvater Israels, des erwählten Gottesvolkes. Er gilt im Judentum vielmehr auch als Vater der Proselyten, d.h. der Menschen aus den Völkern, die zu Israel kommen.

d) Der Stammbaum Jesu (Mt 1,2-17) erinnert insbesondere an die Völkertafeln im ersten Buch Mose (Gen 5; 11). Indem er bestimmte Gelenkstellen hervorhebt und am Ende auf Jesus zulaufen lässt, wird der Ort Jesu in der Heilsgeschichte dem des König David bzw. der Zäsur des babylonischen Exils gleichgesetzt – bzw. überragt diese sogar, indem es sie aufnimmt und einlöst.

e) Weiterhin ist der Name Jesu zentral. Nach Mt 1,21 ist in ihm das gesamte Programm der Rettung Israels schon angelegt. Dass Jesus die Errettung von Sünden ermöglicht, ist eine Vorstellung, die im ersten Evangelium viel wichtiger erscheint als bei Markus.

Insgesamt zeigt der Anfang der Erzählung, dass Matthäus nicht für „outsider" schreibt, etwa für „Heiden", die gar keine oder nur rudimentäre Kenntnisse der Bibel besitzen. Mt 1 kann nur erfolgreich von Leserinnen und Lesern gelesen werden, die in solchen Erzählungen zu Hause sind und in ihnen leben.

5.2 Der Erzählschluss
Die letzte Episode des Matthäusevangeliums trägt in ihrer finalen Stellung großes Gewicht. Matthäus schließt seine Erzählung in direkter Rede; „letzte Worte" der Hauptfigur sind besonders in biografischen Erzählungen bedeutend – in ihnen kommt zum Ausdruck, was von der Figur „bleibt".

a) In gewichtiger Stellung steht ganz am Ende in V.20 („ich bin bei euch / mit euch) die Aussage des zeitlich nicht begrenzten Mit-Seins Jesu mit seinen Jüngern. Matthäus greift damit auf den „Immanuel" („Gott mit uns") aus dem 1. Kapitel zurück (Mt 1,23; Jes 7,14), wie auch der Berg in Galiläa an die Anfänge erinnert (vgl. Mt 5,1; 8,1; vgl. 17,1.9). Jesus wird seiner Gemeinde beistehen, sein Tod hat seine Präsenz, seine Unmittelbarkeit und Nähe zu seinen Nachfolgern nicht außer Kraft gesetzt und wird dies auch in Zukunft nicht.

b) In V.18b findet sich die Aussage der Einsetzung des Erhöhten. Die Jünger verhalten sich ihm gegenüber so, wie es nach Matthäus in seinem Evangelium durchgängig angemessen ist: durch ein kniefälliges Huldigen (vgl. Mt 2,2.11; 8,2; 9,18; 15,25; 20,20; 28,9.17d). Der „Zweifel" einiger (Mt 28,17b) kann mit dem Motiv des Kleinglaubens (vgl. Mt 8,23-27; 14,22-33) in Verbindung gebracht werden. Matthäus rechnet damit, dass es einen solchen zweifelnden und schwachen Glauben auch nach Ostern in der Jetztzeit geben kann.

c) In den abschließenden Auftrag Jesu ist in V.19b die christliche Taufe eingebunden. Neben dem Gottesnamen findet sich in der Taufformel der Name des „Heiligen Geistes", was noch einmal an die geistgewirkte Geburt Jesu (Mt 1,18.20) und an die Ankündigung Johannes des Täufers (Mt 3,11) erinnert. Insgesamt fällt jedoch von diesem Schluss her auf, dass der „Heilige Geist" im ersten Evangelium nur eine sehr untergeordnete Rolle spielt. Vielmehr geht das Matthäusevangelium von einer Art Unmittelbarkeit Jesu zu den Seinen aus: Er ist mit ihnen, er ist unter ihnen, selbst da, wo nur zwei oder drei in seinem Namen beisammen sind (Mt 18,20), und er wird bis zur Vollendung der Welt in dieser Weise mit ihnen sein in der Gestalt des zur Rechten Gottes Erhöhten.

d) Im sogenannten Missionsbefehl (V.19) setzt Matthäus voraus, dass die Kirche sich inzwischen seit ihren Anfängen in Israel den „Völkern" geöffnet hat. Zugleich liegt die Vorstellung einer weltweit flächendeckenden „Christianisierung" noch gänzlich außerhalb des Gesichtskreises der Erzählung. Für die matthäische Gruppe hat es einen entscheidenden Schritt bedeutet, auch alle Nichtjuden aufzunehmen, da Jesus doch allein zu den verlorenen Schafen des Hauses Israel gesandt war (Mt 10,5f.).

1.) Die Vorstellung, dass man Menschen allein durch eine mechanisch angewandte Taufpraxis zu Christen machen solle, wäre Matthäus hier völlig fremd.
2.) Das griechische Verb bedeutet nicht: „Zu Jüngern machen", sondern: „lehren, unterweisen".
3.) Entscheidend ist bei der Beauftragung am Ende in erster Hinsicht noch einmal die Lehre. Nichts von den Worten Jesu soll dabei verloren gehen („... alles, was ich euch befohlen habe ...").

6. Zur matthäischen Theologie

Matthäus hat mit seiner Erzählung einen eigenständigen Entwurf mit einer eigenständigen theologischen Konzeption geschaffen.

6.1 Gott, der himmlische Vater

Für Matthäus ist Gott der eine und einzige, der sich in der Geschichte aus freier Gnade ein Volk erwählt hat, für das er Sorge trägt und das er begleitet und erhält. Diesem Volk und seiner Geschichte bleibt Gott gewissermaßen ein kritisches Gegenüber, welches nie in irgendeiner Weise verfügbar wird. Metaphorisch kommt dies in der im Matthäusevangelium bevorzugten Vorstellung zum Ausdruck, dass Gott ein himmlischer (s. zur Königsherrschaft der Himmel Punkt 6.3.1) „Vater" ist. Vorausgesetzt ist dabei das antike Verständnis des *pater familias*. Diesen „Vater" darf man sich nicht nach modernen Kategorien vorstellen, in denen antike Voraussetzungen von „Autorität" und „Respekt" oft stark abschattiert sind. Natürlich hat auch der antike Vater zunächst Fürsorgepflichten; diese erstrecken sich dabei nicht nur auf Frau und Kinder, sondern auch auf die Sklaven und alle weiteren Hausangehörigen. Vor allem aber hat der Vater in seinem Haus absolute Verfügungsgewalt. Diese schließt das Recht ein, einen Ehepartner/ partnerin für seine Kinder zu wählen. In Extremfällen hat er das Entscheidungsrecht über Tod und Leben seiner Kinder und aller weiterer Hausgenossen.

Matthäus ist kein Apokalyptiker. Doch in Einklang mit Konzeptionen der frühjüdischen Apokalyptik ist für sein Gottesbild die Überzeugung wichtig, dass Gott eine durch Sünde gestörte Balance in der Welt nicht als solche belässt, sondern in seinem geschichtsmächtigen Handeln zukünftig zurechtrücken wird. Gott zieht sich angesichts des Sündigens der Menschen nicht aus der Welt zurück; vielmehr sehen sich die Jünger und alle Völker mit einem zukünftigen Gerichtshandeln konfrontiert. Im Blick auf dieses Gerichtshandeln können Menschen Anerkennung durch Gott erfahren. Hier hat die im Matthäusevangelium vergleichsweise häufige Verwendung des Begriffes „Lohn" ihren Ort (vgl. Mt 5,12.46 u.a.). Erhofft wird für die Gerechten eine positive Zukunft in Leben und Freude der Königsherrschaft der Himmel. Sehr stark betont Matthäus jedoch auch die andere Seite der geschichtsmächtigen Gerechtigkeit Gottes: die gewiss eintretende Rechenschaftsforderung an die Adresse derer, die hinter dem Willen des Vaters zurückbleiben. Bei Matthäus gilt dabei, dass auch die Nachfolger Jesu von überraschenden Gerichtserfahrungen nicht automatisch ausgenommen sein werden.

6.2 Jesus, der erhoffte Messias, Davidssohn, Gottessohn und Menschensohn

Die matthäische Jesusgeschichte übernimmt aus dem Markusevangelium die christologische Leitfragestellung: Wer ist Jesus?

a) Jesus ist im ersten Evangelium zunächst der **„Messias"** nach dem Vorbild und der Qualität des großen Königs David. Dies ist eine Leitlinie, die im ersten Evangelium deutlicher hervortritt als bei Markus. Dort, wo im Matthäusevangelium „der Christus" steht, ist dies zumeist entsprechend wie ein Titel gemeint: „der Messias" (vgl. Mt 1,17; 2,4 u.a.). „Messias" verweist auf die königlich-herrscherliche Gewalt, die sich zunächst über Israel bzw. die Juden erstreckt (vgl. Mt 2,2 u.a.). „Christus" ist an den entsprechenden Stellen im Matthäusevangelium also nicht Eigenname, wie es im Urchristentum in dieser Zeit längst möglich ist, sondern eine qualifizierte Würdebezeichnung.

b) Dem entspricht bei Matthäus auch die Bezeichnung Jesu als **„Davidssohn"**. Jesus wird schon im ersten Vers des Evangeliums als Davidssohn eingeführt, und diese Davidssohnschaft wird über den Stammbaum bzw. den Vater Jesu und die Davidsstadt Bethlehem abgesichert.

c) Bei Matthäus ist die Rede von Jesus als **„Gottessohn"** vorrangig vom *biblischen* Hintergrund her bestimmt. Der erste Beleg für „Gottessohn" findet sich in einem Erfüllungszitat; und hier ist die Vorstellung auf Israel als *Volk* bezogen (Mt 2,15; Hos 11,1). Damit ist ganz deutlich: Sie kann nicht biologisch-physisch oder fremdreligiös verstanden werden. Vielmehr ist sie mit der Grunderzählung Israels, der Herausführung aus Ägypten, verbunden. Weiter macht sich Matthäus sehr stark zu eigen, dass der König als „Sohn Gottes" angesprochen werden kann (vgl. 2Sam 7,14). So wird das Bekenntnis zum Gottessohn Jesus bei Matthäus ganz dicht an das Bekenntnis zum Messias herangerückt.

Zusammengefasst sind also die drei Attribute Christus, Davidsohn und Sohn Gottes bei Matthäus im Kern von einer jüdisch-königlichen Messianologie bestimmt. Anders als bei Lukas und in der Apostelgeschichte wird Jesus bei Matthäus dabei nicht erst mit seiner Auferweckung und Himmelfahrt zu einem solchen königlichen Messias nach der Art Davids. Für Matthäus ist ganz wichtig, dass Jesus dies schon zu seinen Lebzeiten ist. Jesus ist also in die Geschichte gekommen, um mit königlicher Vollmacht Gottes Willen in Israel als Gottesvolk durchzusetzen.

d) Im Markusevangelium ist die Rede vom **„Menschensohn"** die einzige adäquate Bezeichnung für Jesus. Markus setzt voraus, dass der Menschensohn in der Verkündigung Jesu als eine endzeitliche Richter- und Rettergestalt verstanden wird. Er ordnet diesem Aspekt jedoch vor, dass es tatsächlich der irdische Jesus selbst ist, der als Menschensohn in der Geschichte handelt: Es ist dieser Jesus, der Sünden vergibt, Vollmacht über den Sabbat hat (Mk 2,10.28) und der am Ende leiden und sterben muss (vgl. Mk 8,31; 9,31; 10,33). Damit wird der „Menschensohn" bei Markus zu einem machtvollen Hoheitstitel *dieses* am Ende leidenden und sterbenden Jesus.

Matthäus findet diese Konzeption des Menschensohnes vor und übernimmt sie in wesentlichen Zügen. Zugleich hat er aus der Spruchquelle Q zahlreiche weitere Menschensohn-Texte, die anders als bei Markus fast ausschließlich auf den Menschensohn als endzeitlichen Richter blicken. Der Menschensohn aus Q wird damit zu einem ganz wesentlichen Element der im Matthäusevangelium so zentralen Gerichtsbotschaft Jesu. Nach Mt 19,28 sitzt der Menschensohn auf dem „Thron der Herrlichkeit". An seiner Regentschaft und Richterfunktion (vgl. Mt 25,31-46) sind auch die Zwölf als beteiligt gedacht (Mt 19,28 [Q-Stoff]). Wie in Q wird sachlich mit der Parusie (Ankunft) des Menschensohnes zum Gericht gerechnet (vgl. Mt 24,27.37.39.44). Matthäus gebrauchet dabei als einziger Evangelist auch ausdrücklich den Begriff *parousía* im Zusammenhang mit dem Menschensohn, dessen Kommen „Zeichen" vorausgehen (vgl. Mt 24,3.30) und der nach Mt 13,41 Engel aussendet, welche die Ungerechten aus dem „Reich des Menschensohnes" entfernen werden.

6.3 Die Lehre des Messias

Jesus ist im Matthäusevangelium der „Lehrer" schlechthin. Kein Jünger kann nach der Konzeption des Matthäusevangeliums in die autoritative Position Jesu nach- und einrücken. Schüler bzw. Jünger sind vielmehr ein Kreis von „Geschwistern", der bleibend an die normative Lehre ihres einzigen Lehrers gewiesen ist und diesen Sachverhalt auch nicht durch den Gebrauch von Titeln wie „Rabbi" oder weitere Ehrenbezeichnungen (vgl. Mt 23,9-12) verdunkeln soll.

Am Ende der matthäischen Jesusgeschichte ergeht der Befehl des Auferstandenen zur „Lehre". Diese Lehre ist dabei rückgebunden an „alles, was ich euch befohlen habe" (Mt 28,20a). D.h. anders als Lukas in seinem Doppelwerk akzentuiert Matthäus nicht die Zäsur zwischen der Zeit Jesu und der Zeit der Kirche, sondern blendet beides übereinander und richtet es an der Gestalt des irdischen Jesus und seiner Lehre aus. Die „Lehre" Jesu wird damit zugleich durchsichtig und aktuell für die Leserschaft des Evangeliums. Sie findet sich im Sinne des Evangelisten zwar nicht nur, aber besonders konzentriert und hervorgehoben in den fünf großen Reden des Evangeliums.

6.3.1 Die Königsherrschaft der Himmel

Eine Eigentümlichkeit des Matthäus ist es, dass er in der Regel (Ausnahmen in Mt 12,28; 19,24; 21,31.43) den für die Lehre Jesu zentralen Begriff der Königsherrschaft Gottes als „Königsherrschaft der Himmel" wiedergibt. Sehr allgemein gesprochen, geht es um eine stärkere Verlagerung der Hoffnung auf die Himmelsherrschaft in eine Zukunft bzw. in ein „Jenseits". Hierbei muss man bedenken, dass im Judentum nicht wie in der Neuzeit strikt chronometrisch (auf einem Zeitstrahl) gedacht wurde. Zeitliche und räumliche Vorstellungen liegen hier eng beieinander. Ebenso ist in jedem Fall der Plural der „Himmel" zu beachten. Zugrunde liegt die jüdische Vorstellung, dass der Himmel in mehrere Etagen unterteilt ist. Gott ist auf der obersten Etage angesiedelt, auf den unteren Etagen können Engel bzw. auch widergöttliche Wesen „untergebracht" sein.

6.3.2 Die bessere Gerechtigkeit

Der erste Evangelist geht von biblischen und frühjüdischen Voraussetzungen aus, nach denen „Gerechtigkeit" sich am Tun oder Unterlassen des Willens Gottes Israels bemisst, wie er ihn in der seinem Volk am Sinai gegebenen Tora artikuliert hat. Auch dieser Zusammenhang wird nicht als systematische „Lehre" entfaltet. Er ist vielmehr eingezeichnet in die Trennungs- und

Konfliktsituation der matthäischen Gruppe mit der jüdischen Seite bzw. den Pharisäern und Schriftgelehrten. In dieser konfliktträchtigen Situation erklärt sich das matthäische Programm einer „besseren Gerechtigkeit".

a) Auch das Matthäusevangelium weiß, dass der Gabe des „Gesetzes" und der Forderung nach den Taten der Gerechtigkeit Gottes heilvolle Geschichte mit seinem Volk vorausgeht. Das „deus dixit" („Gott sprach") der Schöpfung und die Führung und Bewahrung des Volkes beim Auszug aus Ägypten und in der Wüste stehen, biblisch betrachtet, vor der Gesetzesgabe am Sinai. Ähnlich ist es zu verstehen, wenn im Matthäusevangelium vor der Bergpredigt die Geschichte des Davids- und Abrahamssohnes Jesus in Israel längst heilvoll begonnen hat. Insofern kann man in den Seligpreisungen das „Hungern und Dürsten nach Gerechtigkeit" kaum *nur* ethisch verstehen (vgl. Mt 5,6): Es geht nicht nur um den Hunger und Durst nach der rechten Praxis, sondern zugleich um die Sehnsucht danach, dass sich die von Gott gewollte Gerechtigkeit durch seine Gnade erfüllen wird.

Dass Matthäus nicht nur von der vom Menschen geforderten Gerechtigkeit sprechen kann, wird auch in Mt 6,33 deutlich, wo die Königsherrschaft Gottes und seine Gerechtigkeit parallel stehen und es heißt, dass man sie vor allem anderen suchen soll. Auch in Mt 3,15, wo in der Taufe Jesu durch den Täufer „alle Gerechtigkeit erfüllt" wird, ist deutlich, dass es mit dem Erfüllen um einen Heilsplan *Gottes* geht und nicht nur um die menschliche Gerechtigkeitspraxis. Allerdings ist unverkennbar, dass „Gerechtigkeit" im Matthäusevangelium zuallererst den Willen Gottes, des Vaters, an die Menschen beschreibt und damit auf die von den Menschen geforderte *Praxis* zielt (vgl. Mt 5,10.17-20 u.a.). Matthäisch gedacht kann es das eine überhaupt nicht ohne das andere geben: Indem Gott seinem Volk eine gerechte Lebensordnung gibt, bedeutet dies zugleich, dass die Menschen auch innerhalb ihrer handeln und wandeln. Gabe impliziert hier zugleich Aufgabe und Gnade handelnde Partizipation.

b) „Gerechtigkeit" praktiziert man nach dem judenchristlichen Matthäusevangelium aber in keinem Fall an der Tora vorbei, deren Forderungen nach Mt 5,17-19 unverbrüchlich sind. Die „bessere Gerechtigkeit" ist im matthäischen Sinn dabei nicht nur eine quantitativ vollgültigere Umsetzung der Gesetzesforderungen. Es geht nicht nur um eine gesteigerte Vermeidung von „Gesetzlosigkeit" (Mt 13,41 u.a.). Und es geht auch nicht nur um die in der Auseinandersetzung mit Schriftgelehrten und Pharisäern so deutlich betonte Vermeidung von heuchlerischem Handeln, welches das eine lehrt, jedoch das andere praktiziert (vgl. die Frömmigkeitsregeln in Mt 6; vgl. 23,2-8). Vielmehr zeigen die Antithesen der Bergpredigt (Mt 5,21-48), dass die Tora und die Propheten (vgl. Mt 5,17) in den Weisungen Jesu gewissermaßen eine neue innere Grundorientierung erhalten.

c) Matthäus vertritt deutlich die Auffassung, dass es innerhalb der Gebote der Mosetora „gewichtigere Forderungen" gibt, von denen her die anderen Forderungen zu deuten sind. In Mt 23,23 nennt er „Recht", „Barmherzigkeit" und „Glaube/Treue". Es gibt also so etwas wie eine zentrale Leitlinie, an der sich die „bessere Gerechtigkeit" ausrichten kann. Wie bereits bei Markus vor ihm dient auch bei Matthäus das Liebesgebot als entscheidender Orientierungspunkt. Deutlicher noch als bei Markus markiert es bei ihm das Zentrum und den Kristallisationspunkt christlicher Praxis.

6.4 Die Taten des Messias
Matthäus stuft Lehre und Taten Jesu als gleichwertig ein. Eben deshalb setzt er die Bergpredigt als normative Lehre in eine verbindende erzählerische Klammer mit dem folgenden Wundergeschichtenzyklus in Kapitel 8 und 9. Hier stellt Matthäus die „Taten des Messias" (vgl. Mt 11,2) umfassend dar.

Matthäus übernimmt nicht nur konventionelle Vorstellungen bezüglich eines königlichen Retters nach dem Vorbild Davids. Er füllt sie vielmehr mit neuen Inhalten und verwandelt sie. Der königliche Messias Jesus kämpft nicht mit Waffengewalt; vielmehr streitet er vorrangig mit seiner vollmächtigen Lehre. Vor allem aber ist der Messias im Matthäusevangelium auch ein messianischer Heiler. Nur im Matthäusevangelium heilt Jesus auch noch in Jerusalem: In der „heiligen Stadt" (vgl. Mt 4,5; 27,53) haben messianische Wunder ihren adäquaten Ort (Mt 21,14). Allerdings gibt es für die Vorstellung, dass eine messianische Figur derart viele Wunder tut, wie es bei Jesus im ersten Evangelium der Fall ist, keine früh-jüdischen Analogien.

Auffällig ist in Anbetracht des großen Gewichtes, das Matthäus Jesus als messianischem Heiler gibt, dass der Schluss des Matthäusevangeliums hieran nicht ausdrücklich anschließt. Der Auftrag an die Jünger am Ende des Matthäusevangeliums bezieht sich deutlich zurück auf die messianische Lehre Jesu (Mt 28,19). Dagegen ergeht an die Jünger nach Ostern nicht explizit der Auftrag, auch Kranke zu heilen. Hierin ist ein Unterschied zur Aussendungsrede in Mt 10,8 zu erkennen („Heilt Kranke, weckt Tote auf, reinigt Aussätzige, treibt Dämonen aus!" – Q-Stoff). Wahrscheinlich rechnet Matthäus auch in seiner Gegenwart noch damit, dass es in der Gemeinde zu wunderbaren Heilerfolgen Kranker kommen kann. Zugleich reflektiert die Erzählung hier jedoch auch einen Abstand. In der wunderbaren Heiltätigkeit ist ein zentraler Grund dafür zu erkennen, warum die Schüler nach Matthäus nie so groß wie ihr Meister werden können.

6.5 „Kirche" als Lern- und Nachfolgegemeinschaft
Matthäus erzählt die Geschichte Christi und die der Anfänge der Christenheit anders als Lukas in *einem* Buch. Er ist dabei der einzige Evangelist, der den griechischen Begriff *ekklesía* verwendet (nur an zwei Stellen: Mt 16,18; 18,17). Er verfährt dabei so, dass er nicht nur das vergangene Geschehen der Anfänge der Kirche mit im Blick hat. Vielmehr wird seine Erzählung durchgängig durchsichtig für die christliche Gemeinde seiner Zeit. Vergangenes wird als normativ für die Gegenwart berichtet. Im Vollzug der Lektüre des Evangeliums kann und soll sich damit das Leben der Leserinnen und Leser, die als die Jünger Jesu in der Jetztzeit erscheinen, an den Worten Jesu ausrichten und verändern.

6.5.1 Jüngerschaft als bleibende Nachfolge
Die Technik einer „erzählten Ekklesiologie", die sich in einem kommunikativen Prozess mit der Leserschaft vollzieht, hat Matthäus im Markusevangelium vorgefunden. Der zweite Evangelist hat in einer genialen Erzählweise in seinem Evangelium Platzhalter für seine Leserinnen und Leser geschaffen: Sie können und müssen sich kontinuierlich mit den erzählten Jüngern identifizieren und begleiten diese durch die Jesuszeit. Sie gehen zunächst gewissermaßen mit den Jüngern bei Jesus in die Lehre. Matthäus hat diese markinische Erzähltechnik weitgehend aufgegriffen und sie zugleich weiterentwickelt. Betont ist durchgängig das blei-

bende Mit-Sein der Jüngerinnen und Jünger mit Jesus, ihre dauerhafte Orientierung als Schülerinnen und Schüler an ihrem Meister.

So lässt sich die Ekklesiologie des Matthäus auf die Stichworte der Jüngerschaft und der Nachfolge konzentrieren: Kirche ist eine Gemeinschaft von Menschen, die sich bleibend als Schülerschaft des Lehrers Jesu begreift. In dieser Hinsicht sind alle Christinnen und Christen strikt gleichgestellt: Sie sind abhängig von den Worten und der Präsenz ihres Meisters. Man hat sich an all dem auszurichten, was Jesus ganz konkret von den Erstjüngern gefordert hat. „Nachfolge" heißt, den Dienst Jesu und die von ihm praktizierte und eingeforderte Praxis der Gerechtigkeit und der Liebe zu übernehmen.

In der nachösterlichen Perspektive, aus der die matthäische Jesusgeschichte geschrieben ist, ändert sich dabei jedoch der Rahmen der „Nachfolge" in zweierlei Hinsicht: Zum einen vollzieht sich Jüngersein in der Nachfolge Jesu nun auf der Grundlage des Bekenntnisses zur Auferweckung Jesu von dem Toten. Der, hinter dem man nun nachösterlich „hergeht", ist der, der von Gott mit der „Vollmacht im Himmel und auf Erden" dauerhaft betraut ist und der seiner irdischen Gemeinde im Schluss der Erzählung sein Mit-Sein zeitlich unbegrenzt zugesagt hat (s. Punkt 5.2). Zum anderen geschieht „Nachfolge" in dem Wissen, dass die Jetztzeit der Gemeinde auf das jüngste Gericht zuläuft, in dem der Menschensohn auf seinem Thron Platz nehmen wird (Mt 25). Der Gerichtsgedanke wirkt bei Matthäus auch stark in die Ekklesiologie hinein. Matthäus vertritt keine blauäugige Vorstellung der Kirche als Fortführung einer immerwährenden Heilsgeschichte.

6.5.2 Historische Fragen
Wie sich verschiedentlich schon andeutete, zeigt sich im Matthäusevangelium immer wieder ein hohes Maß an Kontinuität zu den frühesten judenchristlichen Jesusnachfolgern in Galiläa und Syrien. Wenn der Begriff „Kirche" (*ekklesía*) im Matthäusevangelium nur an zwei Stellen begegnet, so kann man dies so interpretieren, dass hier (noch) nicht primär von der an festen Orten ansässigen und nennenswert großen Vollversammlung der Christen her gedacht wird, die sich als fest definiertes gesammeltes Gottesvolk begreifen. Die Christenheit, die Matthäus als Jünger anspricht, ist mindestens in Teilen noch stärker fluktuierend und dynamisch.

Wandernde Propheten, wie sie zu Beginn des 2. Jh.s auch in der Zwölfapostellehre (Didache) begegnen, scheinen im Gesichtskreis des Evangeliums noch eine vitale Rolle zu spielen. Mt 10,41 und 23,34 zeigen, dass es im Umfeld der matthäischen Christenheit solche christliche Propheten gibt (vgl. die Warnung vor Falschpropheten in Mt 7,15-23; 24,24-28). Es sind solche Charismatiker gewesen, die die radikalen Forderungen Jesu nach Besitzverzicht, Lösung aus der beruflichen und gesellschaftlichen Ordnung, Distanzierung von den eigenen Familien und Bereitschaft zu einer ungesicherten und unbequemen Wanderexistenz wohl tatsächlich praktiziert haben. Sie standen vor der Aufgabe, als „Arbeiter" und „Boten" Israel mit dem endzeitlichen Anbruch der Königsherrschaft Gottes zu konfrontieren. Dies zeigt insgesamt die Spruchquelle Q.

Matthäus unterscheidet nicht hervorgehobene „Vollkommene" von „gemeinen Christen". Die matthäische Ekklesiologie sieht nämlich kein irgendwie „abgestuftes" Gemeindeleben vor. Ihm ist vielmehr wichtig, dass die Gemeinde *als ganze* mit allen Forderungen Jesu konfrontiert ist.

Christsein bedeutet für *alle*, ganz und gar gehorsam gegenüber den Worten Jesus zu sein, insbesondere auch gegenüber den radikalen Mahnungen. Programmatisch deutlich wird dies an den Adressaten der Bergpredigt: Matthäus lässt diese keineswegs nur an die Jünger als „Vollkommene" gerichtet sein, auch wenn auf den Jüngern ein besonderes Augenmerk liegt (vgl. Mt 5,1). Vielmehr werden die Mahnungen zur Feindesliebe, zum Verzicht auf Widervergeltung, zum Nicht-Schwören und zum Nicht-Richten etc. an das gesamte Volk gerichtet, und die Volksmengen erschrecken am Ende über seine Lehre (Mt 7,28f.). Ganz deutlich wird dies auch am Schluss des Matthäusevangeliums: Wenn hier der Erhöhte von den Jüngern fordert, dass sie alle Völker lehren sollen das zu bewahren, was er den Jüngern aufgetragen hat (Mt 28,19), so wird insbesondere noch einmal deutlich, dass die Forderungen der Bergpredigt, in der sich die Mahnungen des Matthäusevangeliums programmatisch verdichten, tatsächlich an *alle Menschen* zu richten sind.

6.5.3 Die sichtbare Kirche als „Bruderschaft" und „corpus permixtum"

Die Bindung an Jesus, den messianischen Lehrer, als einzige und alleinige Autorität der Gemeinde führt im Matthäusevangelium dazu, dass es neben ihm nur Schülerinnen und Schüler gibt. Damit versteht sich die christliche Gemeinde als „Bruderschaft", der nach Matthäus die Vollmacht zum „Binden und Lösen" übergeben ist (Mt 18,18). Wenn es innerhalb der „bruderschaftlich" verstandenen Gemeinde zu Konflikten kommt und wenn es „Abweichler" gibt, dann handelt in ihr kein autoritativer „Amts"-träger, sondern dann ist die Gemeinschaft als ganze gefordert. Ihr Leitprinzip soll die unbedingte Bereitschaft zum Vergeben sein (vgl. Mt 18,21f.).

Matthäus betont einerseits die „sichtbare Kirche" (*ecclesia visibilis*), die in ihrer geschwisterlichen Nachfolgepraxis erkennbare Gemeinde. Auf der anderen Seite steht diese Gemeinde unter einem kräftigen Vorbehalt: Sie ist zwar als von Gott „berufene" Gemeinde verstanden, jedoch kann sich niemand in ihr sicher sein, am Ende auch zu den „Erwählten" zu gehören. Dieser Vorbehalt wird besonders deutlich am Ende des Gleichnisses vom königlichen Mahl, wo in Mt 22,14 in dieser Weise zwischen „Berufenen" und „Erwählten" unterschieden wird. Man kann darum im Sinn des Matthäus sagen, dass die christliche Gemeinde in dieser Weltzeit immer ein Mischgebilde (ein *corpus permixtum*) von Guten und Schlechten darstellt. Wichtig ist diese Konzeption der Kirche nicht so sehr aufgrund ihres Realismus, sondern vielmehr darum, weil in ihr Gott bzw. Christus als Menschensohn das letzte Urteil vorbehalten bleibt.

6.6 Das kommende Gericht und die Frage der Zukunft Israels

Wie so weit schon deutlich wurde, ist die matthäische Theologie stark von der Vorstellung eines endzeitlichen Gerichtshandelns Gottes bestimmt, welches nicht allein die Frevler treffen wird, sondern mit dem sich auch die Jüngerinnen und Jünger Jesu konfrontiert sehen werden. Die zugrunde liegenden Vorstellungen sind dabei durch und durch jüdisch. Matthäus geht es dabei nicht darum, eine zusammenhängende „Lehre vom jüngsten Gericht" zu entwerfen, vielmehr will er die Botschaft Jesu weitervermitteln. Dass Jesus nicht nur Heil, sondern in einer Kontinuität zu Johannes dem Täufer auch Gericht verkündet hat, ist nach allem, was wir sagen können, unstrittig (man vergleiche nur Mk 13 par.; Lk 17 par.). Vom Gerichtsgedanken bestimmt sind viele Texte in der Spruchquelle Q, die Matthäus in seinem Evangelium neu zur Geltung zu bringen sucht.

Weiter gilt, dass Matthäus in seinen Gerichtsaussagen Bilder und Sprachformen verwendet, die im Judentum seiner Zeit geläufig und üblich sind. Wenn man hier neuzeitlich an „schwarze Pädagogik", Angst und Einschüchterung denkt, so muss man zunächst sehen, dass ein entsprechendes Denken im antiken Judentum nicht als problematisch galt, vielmehr einen gewichtigen Teil der Tradition dargestellt hat. Zudem ist das erste Evangelium tief verstrickt in Unterscheidungs- und Trennungsprozesse eines Judenchristentums, welches der Synagoge in vielem noch sehr nahesteht; „Nähe" impliziert hierbei zugleich einen erhöhten Druck der Abgrenzung.

Ein besonders dunkler Schatten fällt von dieser so stark vom Gerichtsdenken durchdrungenen matthäischen Theologie her, wo sie sich auf Israel richtet und die Frage nach der Zukunft des Gottesvolkes betrifft. Hier ist noch einmal an die eingangs angesprochene Fremdheit des Textes zu erinnern (s. Punkt 1). Besonders in den großen Gleichniserzählungen im Schlussteil des Matthäusevangeliums deutet sich an, dass Israel als ganzes zur Rechenschaft gezogen wird, dass die Königsherrschaft Gottes „von euch weggenommen und einer Nation gegeben" wird, „die seine Früchte bringen wird" (Mt 21,43) – nachdem die Winzer den „Sohn" getötet haben (Mt 21,37-39). Hierin deutet sich die spätere christliche „Substitutionstheorie" („Ersatztheorie") an, nach der die heilsgeschichtlichen Privilegien von Israel auf die christliche Kirche übergegangen sind.

Für den neuzeitlichen christlich-jüdischen Dialog sind solche Aussagen auch deshalb so schwierig, da Matthäus in seinem Evangelium mindestens implizit voraussetzt, dass die Katastrophe Jerusalems im Jahr 70 n. Chr. in einem ursächlichen Zusammenhang zur Abweisung Jesu durch das Jerusalemer Volk zu verstehen ist. Mit den antijudaistischen Spitzen des Matthäusevangeliums wird man nicht leicht fertig. Man muss allerdings sehen, dass das erste Evangelium nicht für einen interreligiösen „Dialog nach außen" verfasst worden ist, sondern vielmehr als eine lehrhafte Erzählung zur Stärkung und Stabilisierung einer urchristlichen Gruppe in ihrem „Innern". Diese Gruppe befindet sich zudem noch in einer Minderheitssituation. Löst man die antijudaistischen Spitzenaussagen des Matthäusevangeliums aus dieser Anordnung und bezieht sie in späterer Zeit auf eine großkirchliche Situation, in der die christliche Kirche eine überlegene Position gegenüber dem Judentum beansprucht, so werden sie höchst problematisch.

7. Ethischer Perfektionismus im Matthäusevangelium? – Schlussbemerkungen

Wie wir sahen, steht im Matthäusevangelium nicht die Glaubensgerechtigkeit im Vordergrund, sondern die Praxis der Gerechtigkeit, die Jesus von seinen Jüngern in der Nachfolge verlangt. Die matthäische Konzeption zeichnet sich durch eine kompromisslose „Ernsthaftigkeit" aus. Matthäus legt allen Akzent darauf, dass ein richtiges Bekenntnis und ein auf dieses gegründeter inhaltlicher Glaube allein nicht ausreichend sind. Neben die Orthodoxie (das Wort) muss die Orthopraxie (die Tat) treten – das eine ist ohne das andere gar nicht zu haben. Das Gleichnis von den beiden ungleichen Söhnen in Mt 21,28-32 zeigt exemplarisch, dass das bloße „Herr, Herr"-Sagen nicht reicht, wenn die entsprechende Lebenspraxis nicht erkennbar wird.

Matthäus denkt in einer für neuzeitliche Menschen unbequemen Weise vom Auftrag der Kirche in der Welt her. Es geht in der Lehre Jesu nicht lediglich um „Impulse", „Denkanstöße" und „Handlungsangebote". An der rechten Praxis entscheidet sich das Sein, entscheidet sich, ob man sein Haus auf Sand oder Fels gestellt hat (Mt 7,24-27). Doch herrscht auch im Matthäusevangelium kein gnadenloser Perfektionismus vor. Die Vollkommenheitsforderung (vgl. Mt 5,48) ist auch bei Matthäus eingebettet in einen hohen Grad von „Realismus" bezüglich dessen, was die Jüngerinnen und Jünger Jesu leisten können. Dafür spricht allein schon die Zeichnung des ersten und wichtigsten Jüngers Jesu Petrus, der bei allen Attributen, die ihm das Evangelium auch positiv zukommen lässt (vgl. Mt 16,16-19), zugleich als ein Paradebeispiel für „Kleinglauben" erscheint (vgl. Mt 14,31; 26,33-35.69-75). Die Realistik zeigt sich insgesamt an der Konzeption der Kirche als „Mischgebilde", in der Gute und Böse in dieser Weltzeit nicht voneinander geschieden werden können (s. Punkt 6.5.3).

Und wichtig ist zuletzt auch: Die zahlreichen Mahnungen beschreiben in der Summe ein *Gruppenethos*. Die radikalen Forderungen des messianischen Lehrers richten sich nicht an das isolierte Individuum, sondern an die *Gemeinschaft*, die *zusammen*, getragen von der barmherzigen Zuwendung Jesu, der durch ihn ermöglichten Errettung von Sünden (Mt 1,21) und seinem Beistand bis zum Ende der Weltzeit, darauf hinwirken soll, dass Gottes Wille in der Welt geschieht. Nur so sind die normativen Weisungen Jesu überhaupt in Ansätzen zu erfüllen.

Luther und die bessere Gerechtigkeit des Matthäus

Kerstin Offermann

Es wird oft ein Widerspruch zwischen dem matthäischen Verständnis der besseren Gerechtigkeit und Luthers reformatorischer Grundkenntnis der Gerechtigkeit allein aus dem Glauben behauptet. Matthäus ginge es dabei darum, was Menschen tatsächlich tun, während es bei Luther nun darauf ankäme, das Richtige zu glauben. Damit wird man ohne Frage beiden nicht gerecht. Luther hat das Matthäusevangelium sehr geliebt und oft darüber gepredigt. Daher wissen wir, wie er diese Texte verstand und auslegte. Offensichtlich hat er selbst diesen vermeintlichen Widerspruch nicht gesehen. Matthäus und Luther teilen die Erkenntnisse darüber, dass man in Jesus Christus den Gott der Barmherzigkeit erkennt und wie man zu ihm durch Jesus Christus in Kontakt kommt. Doch welche Bedeutung und Rolle hat für beide Jesus Christus und sein Tod am Kreuz und wie verhält sich das Leben und das Handeln der Menschen zu Jesu Leben und Sterben? Wir wollen uns das anhand der in diesem Buch behandelten Texte klarmachen.

Für Matthäus ist der Kreuzestod Jesu fundamental, sein ganzes Evangelium läuft darauf hinaus. Schon in den ersten beiden Kapiteln sagt er, wer Jesus ist: Immanuel, Gott mit uns, Gottes Gegenwart hier auf der Erde, Gottes Sohn. Und er macht deutlich, dass es genau deshalb auch zum Tod am Kreuz kommen musste – und zwar: „zur Vergebung der Sünden", wie Matthäus Jesus selbst beim letzten Abendmahl erklären lässt. Jesus ist es, der die Welt heilt und der Gottes Reich auf Erden beginnen lässt, wie er Johannes gegenüber deutlich macht, aber nicht mit den Methoden von Zorn und Gericht, sondern durch Heilung und Versöhnung. Sein Reich besteht fast stofflich gedacht aus Heilung und Versöhnung. Und der Zugang zu seinem Reich geht ausschließlich über ihn. Er allein ist König und Richter. Alles hängt an ihm.

Wenn Heilung und Vergebung der Stoff sind, aus dem sein Reich besteht, bedeutet das auch, dass alle, die dazugehören, aus diesem Stoff gemacht sind: Er baut sein Reich mit Menschen, die so sind, wie er: reinen Herzens, sanftmütig, nach Gerechtigkeit hungernd und dürstend. Die Menschen, die zu ihm gehören, werden dadurch verändert und verwandelt, dass sie mit ihm leben und ihn imitieren. Fundamental für Matthäus ist eine Entsprechung zwischen dem Handeln Gottes und dem Handeln der Menschen – und zwar in beide Richtungen. Man hat fast das Gefühl, dass er in viralen Kategorien denkt: Das Leben ist ansteckend. Gottes Handeln, das sich in Jesu Reden, Leben und Taten zeigt, infiziert den Menschen und verändert ihn so, dass sein Leben dem Leben Jesu ähnlich wird. Wenn der Mensch aber bewusst und absichtlich anders handelt, als Gott es tut, dann infiziert der Mensch quasi Gott und verhindert so seine liebevolle Zuwendung und Vergebung.

Man könnte es auch mit dem Begriff des Reiches Gottes erklären: Menschen, die zu Jesus gehören, leben unter den Bedingungen des Reiches Gottes – nehmen wir als Beispiel die Erdatmosphäre im Vergleich zu der Marsatmosphäre: Wenn wir als Erdenbewohner auf den Mars geschickt würden, müssten wir uns den dortigen Verhältnissen anpassen. Wer sich auf dem Mars nicht nach den Bedingungen des Mars verhält, sondern nach den Bedingungen der Erde, der ist bald tot. So schließt sich der, der sich im Reich Gottes nicht den atmosphärischen Grundbedingungen des Reiches Gottes entsprechend verhält, selbst vom Leben aus. Auf Mars und Erde bezogen würde das natürlich niemand tun. Und genauso unmöglich und absurd ist es, wenn

Menschen das angesichts des Reiches Gottes tun. Wie kann man sich, wissend um die eigene Abhängigkeit von Sauerstoff, die Sauerstoffmaske vom Gesicht reißen? Wie kann man, wissend, dass man von der Vergebung lebt, selbst nicht vergeben? Das geht doch eigentlich gar nicht!

Aber Matthäus beobachtet offensichtlich in seiner Gemeinde, dass es sehr wohl geht – und er schließt daraus, dass seine Mitchristinnen und Mitchristen nicht wirklich begriffen haben, wer Jesus ist und in welcher Atmosphäre wir leben. Damit die Menschen verstehen, wer Jesus ist, sind seine Worte und Reden bei Matthäus so wichtig. Darum ist das messianische Werk, das bis heute an die Jünger weitergegeben wird, das der Predigt des Evangeliums. Darum ist aber auch die Vergebung bei Matthäus so zentral. Wenn die Leute, im Bild bleibend, immer wieder so dumm sind, sich die Sauerstoffmaske selbst vom Gesicht zu reißen, dann ist Jesus auch immer wieder bereit, ihnen eine neue Maske aufzusetzen und sie in der Zwischenzeit durch seine Maske atmen zu lassen, damit sie nicht zugrundegehen – auch wenn das sein eigenes Leben kostet. Wer sich aber diesen Liebensdienst nicht gefallen lässt, oder wer anderen den Sauerstoff verweigert, der kappt sich selbst die Sauerstoffversorgung.

Luther hat sehr unter der Vorstellung von einem richtenden Gott gelitten. Er sah den Richter, der souverän über das Leben und den Zugang zu seinem Reich entscheidet, als grausamen Richter, der Unmögliches verlangte. Er war sich – wieder im Bild gesprochen – sehr bewusst, dass der Unterschied zwischen der Erdatmosphäre und der Marsatmosphäre kategorial ist und dass es für Erdbewohner überhaupt nicht möglich ist, unter Marsbedingungen zu leben. Wenn Gott das aber verlangt, dann ist er ein grausamer und zynischer Tyrann! Dann ging ihm auf, dass Jesus durch seinen Tod am Kreuz die Bedingungen geändert hat. Nun drehte sich alles komplett. Was vorher Grund zur Verzweiflung war: seine eigenen Unfähigkeit, die Bedingungen des Reiches Gottes zu erfüllen, wurde nun der Grund der Hoffnung und der Freude. Diese neuen Bedingungen sind wie eine neue Schöpfung: Wir können nichts dazu tun. Das kann Jesus nur ganz alleine und wir brauchen und können und sollen uns das nur gefallen lassen.

Für Luther war direkt nach seiner befreienden Entdeckung klar, dass doch jeder, der diese Entdeckung mit ihm teilt, nun gar nicht anders mehr kann, als unter den neuen Bedingungen des Reiches Gottes glücklich, endlich drin zu sein, nun auch neu, nämlich dem Reich Gottes entsprechend zu leben. Jesus hat ihm die Sauerstoffmaske gegeben. Warum sollte er sie sich oder anderen Leuten wieder vom Gesicht reißen? Das wäre doch Unsinn! Aber dann stellte er fest, dass für andere das gar nicht so unsinnig zu sein schien und sie die Freiheit, die in der Erkenntnis der eigenen Unfähigkeit liegt, dazu missbrauchen, fröhlich weiter nach den Bedingungen und Spielregeln der Welt zu leben.

Das Erschrecken über diese Erkenntnis teilt er mit Matthäus. Es hat ihn wütend gemacht. Allerdings hat es nicht dazu geführt, dass er seine fundamentale Erkenntnis zurückgenommen hätte. Denn an der absoluten Souveränität Jesu als Retter und als Richter hängt für ihn alles. Und dabei würde Matthäus ihm mit keinem Wort widersprechen. Die Ausbreitung des Reiches Gottes hat für Luther, wie für Matthäus die höchste Priorität und hängt für beide an der Predigt, deren Folge eine Lebensveränderung ist: Wer der Predigt glaubt, lebt mit Jesus in seinem Reich und wird ein anderer Mensch. Aber Luther betont mehr den ersten Aspekt, das Leben im Reich Gottes, und Matthäus betont deutlicher die Veränderung des Menschen: Wer nicht nach den

Bedingungen des Reiches Gottes lebt, der lebt gar nicht wirklich im Reich Gottes. (Vergleichen Sie hierzu zwei Zitate von Martin Luther und Dietrich Bonhoeffer, die Sie auf der DVD finden.)

Baustein: Verschiedene Bilder von Jesus auslegen: Wer ist Jesus hier? An welchen Jesus denken die TN, wenn sie an Jesus denken? Den Richter oder den Gekreuzigten oder den Heilenden? Wie passen für die TN Gericht und Gnade zusammen?
Was ist für die TN das Gute an der guten Nachricht? Das Befreiende? Das Weltverändernde? Wenn Sie mögen: Vermitteln Sie mit den TN das Bild von Mars- und Erdatmosphäre und der Sauerstoffmaske, die Jesus Ihnen gibt. Wer würde sich oder anderen dann die Sauerstoffmaske von Gesicht reißen? Wie liest sich in dem Zusammenhang der 6. Text?

Die Cartoons von Johann Mayr sind auf der beiliegenden DVD für eine Verwendung im Rahmen der Bibelwoche (etwa zur Projektion) abgespeichert. Von einer Nutzung darüber hinaus bitten wir abzusehen (das beinhaltet auch den Abdruck im Gemeindebrief und jegliche Nutzung im Internet).

Kanon zur Bibelwoche
Meine Hoffnung und meine Freude

Text: nach Jesaja 12
Melodie und Satz: Jacques Berthier, Taizé 1981
© Ateliers et Presses de Taizé, F-71250 Taizé-Communauté
(GL 365, s. auch die Regionalteile des EG: Ö 641; W 576)

1 | Unter einem guten Stern: Mt 2,1-12

1.1 Exegese

Reinhard von Bendemann

1. Zur Wirkungsgeschichte des Textes

Vor allem erzählende Texte haben, so wichtig auch viele zentrale Worte Jesu in der Auslegungs- und Wirkungsgeschichte bis heute sind, die spätere Rezeption unserer Evangelien bestimmt und dabei weit über kirchliche Binnenräume hinaus auf die Volksfrömmigkeit gewirkt. Dies gilt für die „erzählten Erzählungen", d.h. Geschichten, die von Figuren erzählt werden – hier allen anderen voran die großen Gleichniserzählungen Jesu. Weit darüber hinaus sind die Geschichten über Jesus in die „abendländische" Kultur eingegangen. Mt 2,1-12 als Teil des Erzählzusammenhanges von Mt 1 und 2 ist dafür ein prominentes Beispiel, wird hier doch die Neugier über die Vorgeschichte des eigentlichen Auftretens des Menschen- und Gottessohnes Jesus befriedigt. An der Wirkungsgeschichte dieses Textes kann man die Gesetzmäßigkeiten legendarischer Fortschreibung und Ausgestaltung studieren.

→ Die Rezeptionsgeschichte macht den Text *erstens* zu einem Paradebeispiel des „names for the nameless". Z.B. wurden die Magier (Lutherübersetzung: Weise) im Text – nachdem man sie, gegen den matthäischen Text, bereits als Könige verstand und ihre Zahl auf drei festschrieb – im frühen Mittelalter zu namentlich identifizierbaren Einzelcharakteren: Kaspar, Melchior und Balthasar heißen sie schließlich in Teilen der Überlieferung. Zugleich verteilte man auf die Figuren verschiedene Altersstufen: Kaspar der Jüngling, Melchior der alte Mann; und Balthasar wird bei Elisabeth von Schönau im 12. Jh. zu einem Farbigen.
→ Das Figureninventar wird dann auch Teil von Mysterienspielen und des deutschen Reliquienkultes: Die Gebeine der „Könige" werden von Friedrich Barbarossa aus Mailand nach Köln überführt, wo sie heute im Dom aufbewahrt sind und im Volksglauben immer noch verschiedene Unheil abwehrende Funktionen übernehmen.
→ Mit dem Programm „names for the nameless" geht *zweitens* das des „filling the gaps" einher: Leerstellen in der Erzählung, an denen spätere Leserinnen und Leser Informationen vermissen, werden aufgefüllt; in einem Zug werden die Geschichten mit verschiedensten Absichten weitergesponnen. Dieser Prozess beginnt vor allem in den apokryphen Kindheitsevangelien. Hier interessieren neben dem Täufer, seinen Eltern und seiner Geburt zunächst die Eltern Jesu, die als Erzählcharaktere weiter ausgearbeitet werden.
→ In der Wirkungsgeschichte wird eine *dritte Tendenz* der kirchlichen und volkstümlichen Rezeption neutestamentlicher Erzählungen greifbar: das „blending of stories" (Übereinanderblenden von Erzählungen). Hierfür stehen die Kindheitsgeschichten in Mt 1 und 2 und Lk 1 und 2 par excellence: Der nur bei Matthäus zu findende Stern wird über den (bei Lukas gar nicht ausdrücklich genannten) Stall versetzt. Matthäus hat dagegen weder Stall noch Höhle (die man z.B. bei Origenes findet), sondern ein festes Wohnhaus. Im Stall ist dann nicht nur die Mutter Jesu, wie bei Matthäus, sondern die gesamte Jesusfamilie; im Gebäude findet man den Futtertrog / die Krippe. Hinzu kommen dann zahlreiche Staffageelemente, die erst der apokryphen Erzählliteratur entstammen, etwa Ochs und Esel (Ps.-Mt 14,1; vgl. Jes 1,3; Hab 3,2LXX: „In der Mitte zwischen zwei Tieren wirst du bekannt werden.") und Palmen und Kamele aus dem Pseudomatthäusevangelium. In den Rahmengeschichten werden dann der – bei Matthäus fehlende – Kaiser Augustus, die – bei Matthäus nicht vorkommende – Volkszählung und der böse König Herodes miteinander vermischt.
→ Die Konfusion des Figuren- und Motivinventars erreicht dabei in der frühmittelalterlichen apokryphen Evangelienliteratur z.T. fast bizarre Züge. Im arabischen Kindheitsevangelium erhalten die Magier aus der Geschichte in Mt 2 als Dankesgabe für ihr Kommen die – aus Lk 2 stammende – Windel Jesu

überreicht. Hier setzt dann ein Volksglaube an, nach dem Körperausscheidungen einer heiligen Figur als wunderwirksam gelten können: Die Windel vermag nach der Rückkehr der Magier in das in Mt 2 nicht genannte Persien die Kraft heiligen Feuers zu überstehen.

→ Blickt man auf die in sich äußerst vielfältige Wirkungsgeschichte, so ist festzustellen: All diese Traditionen haben in späterer Zeit literatur-, kunst- und kulturgeschichtlich oft ungleich stärker gewirkt und die Frömmigkeit von Menschen beeinflusst, als man sich dies in kirchlicher Binnenperspektive häufig klarmacht.

Eine Haupterausforderung im Umgang mit der Geschichte von Mt 2 besteht darum darin, die Erzählung des Matthäus von ihren späteren Transformationen unterscheidbar zu machen.

2. Erzählkunst in Mt 2,1-12

Dass der Text Mt 2,1-12 die spätere Phantasie derart beflügeln konnte, hängt damit zusammen, dass hier eine kunstvoll und spannend komponierte Geschichte erzählt wird, die die Leserschaft aller Zeiten stimuliert und herausfordert. Mt 2 ist ein kleines Modell für die hohe Erzählkunst des ersten Evangelisten. Hierzu einige Beobachtungen:

Ein die Ereignisse sehr stark raffender Erzähler leitet durch die Geschehnisse, das Tempo der Geschichte ist hoch. Trotz des relativ geringen Umfangs der Episode finden sich in der ersten Hälfte mehrere Abschnitte direkter Rede – ein wichtiges Mittel, um erzählte Zeit und Erzählzeit zusammenzuführen, die Erzählung an entscheidenden Stellen zu verlangsamen und Nähe zur Leserschaft zu erzeugen (V.2.5f.8). Die zweite Hälfte der Erzählung erzeugt im Vergangenheitstempus ein „Hintergrund"-Bild, welches nach der Lektüre „stehen bleibt". Dies gilt insgesamt für die Geschichten in den ersten beiden Kapiteln des Evangeliums.

Diachrone Tiefenschärfe wird in der Episode durch ein Erfüllungszitat erzeugt (Mt 2,5f.). Erfüllungszitate sind im Matthäusevangelium eine ganz wesentliche Schaltstelle zwischen erzählter Welt und Welt der Leserschaft. Matthäus variiert dabei. Die Erfüllungsformel entfällt in Mt 2,5f. im Mund von Hohepriestern und Schriftgelehrten, für die Jesus nach dem Matthäusevangelium nicht der „Fürst" aus Juda sein kann, der in Bethlehem zur Welt kommt. Anders ist dies jedoch für die Leserschaft: Für sie steht die Messianität Jesu vom ersten Vers des Evangeliums an fest (Mt 1,1) und für sie fügt sich Mt 2 in die Ausarbeitung des wunderbaren Planes Gottes, in dem die Geschichte Israels und der Verheißungen Gottes für sein Volk in Erfüllung gehen.

An diesem Punkt wird deutlich, wie die Erzählung mit unterschiedlichen Ebenen von Wissen und Gewahrsein arbeitet: Die Leserschaft hat vom Erzähler einen deutlichen „Vorsprung" erhalten; sie kann damit Zug um Zug selbständig das Geschehene deuten. Sie weiß, wer der „wahre" König in der Geschichte ist; sie muss sich mit den Magiern aus dem Osten identifizieren, mit ihnen „mitzittern" – obwohl diese „Heiden" sind. Sie betet am Ende innerlich mit den Magiern das neugeborene Kind an. Sie nimmt damit zusammen mit den Magiern die Haltung ein und praktiziert das, was man nach Matthäus gegenüber Jesus tun soll: kniefällige Huldigung und Anbetung (Mt 2,2.11 u.a.).

Die Leserschaft weiß umgekehrt, dass die Gegner Jesu – aus der Sicht Gottes betrachtet – chancenlos sind. Matthäus bedient sich des Mittels erzählerischer Ironie, wenn in seiner Jesusgeschichte Figuren und Gruppen gleichwohl immer wieder gegen den heilvollen Plan zu agieren versuchen.

Eine didaktische Absicht des Matthäus liegt in besonderer Weise darauf, dass sich seine Leserinnen und Leser stets mit den „richtigen" Erzählcharakteren identifizieren und hier keinesfalls in die Irre gehen. In Mt 2 ist diese Technik in komplexer Weise eingesetzt; man braucht nämlich Hintergrundwissen und die umgebenden Erzählungen.

1 | UNTER EINEM GUTEN STERN

1.1 EXEGESE

In der Sache ist das Verfahren glasklar und eindeutig: Die Leserschaft weiß von Mt 1 her längst, dass Jesus der König aus dem Stammbaum und nach der Art Davids ist; er ist der Messias, er ist in Wahrheit vom heiligen Geist gezeugt (Mt 1,18), er wird Israel von den Sünden erretten (Mt 1,21), in ihm kommt das „Gott mit uns" des Immanuel zur Erfüllung. Diesem Jesus stellt Matthäus in einer Kontrastgeschichte den jüdischen König Herodes gegenüber. Er setzt dabei voraus, dass dieser nicht nur bei *Insidern*, sondern nach weit verbreitetem Urteil im Judentum eine höchst ambivalente Gestalt gewesen ist. Herodes verstand sich selbst zeitlebens als frommer Jude, doch seine Allianz mit den Römern, sein imperiales Gebaren und auch seine hellenisierende Baupolitik machten ihn im Volk überaus unbeliebt.

Mt 2,1-12 ist auch ein gutes Beispiel dafür, dass Erzählungen nie nur informieren wollen. Eine gute Erzählung hat in aller Regel auch nicht nur eine „Anwendung", eine Lehre, die man aus ihr ziehen soll: Vielmehr arbeiten Erzähltexte stets auch mit Emotionen. Wenn Herodes die – im Sinne der Leserschaft – wohlgesonnenen Magier zu instrumentalisieren sucht, wenn der Erzähler ihm im weiteren Verlauf des Kapitels auch noch das Vergehen eines Kindermordes zuschreibt, welches an die Tötung der hebräischen Knaben durch den Pharao in der Exodusgeschichte erinnert, erzeugt dies Antipathien. Und die Leserschaft wird auf die Erzählnotizen, nach denen die Magier fortan einen Bogen um den jüdischen König machen (Mt 2,12) und dieser schließlich stirbt (Mt 2,19) mit Erleichterung und der Gewissheit reagieren, dass sich Gottes guter Wille und Plan gegen einen ausgesprochenen Finsterling durchgesetzt haben. Gefühle können auch dort ins Spiel kommen, wo sich Leserinnen und Leser über die reichhaltigen Geschenke für das neugeborene Kind freuen.

Die Erzählung von Mt 2 beachtet nicht nur sorgfältig die Gesetze der Zeit- und Figurengestaltung, sondern auch die der Rauminszenierung. Mt 2,1 ist der erste Beleg für den Ort Jerusalem im ersten Evangelium. Die Erzählung rechnet hier bei ihrer Leserschaft mit dem biblischen Hintergrund: In den alttestamentlich-biblischen Schriften ist Jerusalem die Stadt schlechthin, sie ist der Ort, an dem Gott auf Zion bzw. im Tempel wohnt (vgl. Ez 43,7 u.a.), die Stätte, an der er seinen Namen wohnen lässt (vgl. Dtn 12,5.11 u.a.), die (hochgebaute) Stadt Gottes (vgl. Ps 46,5 u.a.). Vergleicht man das Jerusalembild im Matthäusevangelium mit dem des Markusevangeliums, so ist die Nähe zur Mutterstadt des Judentums hier deutlich größer. Matthäus ist der einzige Evangelist, der Jerusalem als „heilige Stadt" bezeichnet (vgl. Mt 4,5). Ihm ist auch in der Passionsgeschichte wichtig, dass der davidische Messias Jesus – anders als in den übrigen Evangelien – noch in Jerusalem Wunder tut (Mt 21,14). Er setzt außerdem jüdische Vorstellungen voraus, gemäß denen die Totenauferweckung am Ende der Tage in Jerusalem stattfinden wird – und das, obwohl Jerusalem zur Zeit des Erzählers bereits zerstört ist. Jerusalem wird so in ambivalenter Weise gezeichnet: Einerseits erwartet es den Messias, andererseits wird es Jesus nicht annehmen. Dies deutet sich bereits in Mt 2,3 an, wo es zusammen mit dem jüdischen König Herodes genannt ist, welcher in dem Neugeborenen einen Feind und Widersacher sieht.

Deutlich wird auch hier, dass Matthäus die verschiedenen Ebenen von Wissen und Gewahrsein in seiner Erzählung berücksichtigt: In den Erzählungen des Anfangs brechen sich für seine Leserschaft bereits Erfahrungen des Endes. Die jüdische Tempelaristokratie und schließlich das gesamte Jerusalemer Volk (vgl. Mt 27,25) werden Jesus als Messias zurückweisen; und mit Jerusalem verbindet sich das böse Gerücht (Mt 28,15), nach dem die Auferweckung Jesu ein Betrug der Jünger gewesen sei, den – gegen alle historische Wahrscheinlichkeit – Juden und Römer gemeinsam verhindern wollten.

Indem Matthäus also im 2. Kapitel schon das Ende seiner Jesusgeschichte vorschattiert, wird auch klar, warum bereits hier „Hohepriester und Schriftgelehrte des Volkes" (Mt 2,4) zu Rate gezogen werden. Die Erzählung setzt voraus: Ursprünglich gab es in Israel nur einen jeweils am Jerusalemer Tempel amtierenden Hohepriester; dieser wurde durch Erbfolge bestimmt und amtierte lebenslang. In neutestamentlicher Zeit war dieses Prinzip außer Kraft gesetzt. Da das Hohepriesteramt politisch wichtig und sensibel war, setzten in der Zeit Jesu die römischen Präfekten bzw. die Prokuratoren den jeweiligen amtierenden Priester ein. Darum wird im Neuen Testament vielfach von „Hohepriestern" im Plural gesprochen. Gemeint sind dann u.U. bereits abgesetzte Hohepriester; angesprochen kann aber auch allgemein die kollegial begriffene Priesteraristokratie sein, die mit dem umfangreichen Betrieb des Tempels betraut war (Tempeloberste, Tempelaufseher, Tempelschatzmeister u.a.). Diese Priesteraristokratie hatte zur Zeit der Abfassung des Matthäusevangeliums nicht nur bei den frühen Christen z.T. ein schlechtes Image. Vielmehr finden sich sehr stark priesterkritische Stimmen auch in rabbinischen Schriften, die nach der Tempelzerstörung entstanden sind.

Die „Schriftgelehrten" sind historisch schwerer zu fassen. Des Schreibens Kundige begegnen in Israel und im Judentum in sehr verschiedenen Funktionen, von „Sekretären", über Regierungsangestellte bis hin zu verbeamtetem Tempelpersonal. In Mt 2 und 21,14-17 sind die Schriftgelehrten in Jerusalem bzw. im Tempelareal; man wird hier also an Tora-Gelehrte denken, die die Priesterschaft bei ihren Tempelaufgaben unterstützten. Es handelt sich insgesamt jedoch nicht um eine historisch homogene Gruppe. Vereinfacht kann man sagen: Während die Priesteraristokratie mit der Zerstörung des Tempels ihr Berufsfeld verlor, gewann das der „Schriftgelehrten" dort an Bedeutung, wo es um Fragen der Auslegung der Tora ging. Der Tempel war zerstört, was blieb, war die Tora und die Aufgabe, diese für die veränderte Gegenwart fruchtbar zu machen. Hier dürfte der Grund dafür liegen, warum „Schriftgelehrte" im Sinne von Experten für die Toraauslegung schon im Markusevangelium, vor allem aber auch bei Matthäus als Gegner erscheinen: Sie stellen eine reale Erfahrungsgröße der Christenheit in ihrer Gegenwart dar; und ihre Deutungen der biblischen Weisungen kollidieren mit denen des Urchristentums.

Im Matthäusevangelium begegnen die Schriftgelehrten zusammen mit den Pharisäern als eine Gruppe, von der sich das Evangelium vehement abgrenzt (vgl. Mt 6,1-18; 23); vor allem wird ihnen Heuchelei angelastet, d.h., dass sie gegen ihre eigenen Überzeugungen und besseres Wissen handeln und dass sie anderen mit ihrer Lehre den Sinn der Schrift verdunkeln. Allerdings zeigt das Matthäusevangelium, dass es wahrscheinlich auch christliche Schriftgelehrte kennt (vgl. Mt 13,52). Es grenzt diese von den jüdischen, d.h. von „ihren Schriftgelehrten" (Mt 7,29b) ab. Darin spiegelt sich die Verwurzelung des Matthäusevangeliums im Judentum und die – trotz erfolgter Trennung – immer noch große strukturelle Nähe, die zu aktuellen Konflikterfahrungen in der Gemeinde des Matthäus führt. Matthäus trägt hier also auch seine Gegenwart in die Erzählung ein: Er nutzt die erste Erwähnung der „Schriftgelehrten", um sie an der Seite des verhassten jüdischen Königs und der Tempelaristokratie von Beginn an in ein schlechtes Licht zu setzen.

Die eigentlichen Hauptfiguren sind – neben dem neugeborenen König, der in der Geschichte rein passiv verbleibt – die Magier aus dem Osten. Auch mit diesem Gruppencharakter deutet sich bereits etwas ganz Typisches für die matthäische Jesusgeschichte an: Der Anbruch der Heilszeit bedeutet eine Umkehrung des Erwartbaren („reversal"). Nicht die, von denen man es eigentlich erwarten könnte, stehen auf der Seite des Messias Jesu, sondern neue, überraschende Figuren treten in den Radius des Heils und erweisen sich als vorbildlich und konstitutiv. Matthäus sieht in den Magiern dabei nicht „Zauberer", die illegitime Dinge tun (s.u.). Vielmehr stehen die Magier als Chiffren für Experten aus der Heidenwelt, gebildete Philosophen und insbesondere auch Fachkundige in astrologischen Fragen. Bereits das Alte Testament weiß von chaldäischen Wahrsagern und Sterndeutern (vgl. Jes 44,25; 47,9.12 u.a.). Diese heidnische Elite ist es, die sich vor dem in der Stadt Davids neugeborenen König der Juden verneigt – und nicht die Stadt Jerusalem mit ihren Experten und ihrem König. Damit deutet sich im Prologteil der Erzählung an, was bereits mit der Bezeichnung Jesu als Abrahamssohn in Mt 1,1 und den vier Frauen im Stammbaum Jesu (Mt 1,3-6: Tamar, Rahab, Ruth und „die des Uria", d.h. die Frau eines Nichtisraeliten) angelegt ist: Das für Israel bestimmte Heil greift in die Völkerwelt aus, und im Prozess dieses Ausgreifens entsteht etwas grundsätzlich Neues.

3. Gottes wunderbare Führung

Die Erzählkunst von Mt 2,1-12 zeigt sich auch in der Art und Weise, wie hier die „Transzendenz" in die Geschichte eingeführt ist. Generell ist es die Eigenart der neutestamentlichen Evangelienliteratur, dass Gott nicht direkt als Erzählfigur auftritt. Dies steht im Einklang mit alttestamentlichem und jüdischem Denken: Anders als in den Heroengeschichten und Mythen der hellenistisch-römischen Welt kann Gott nach jüdischem Verständnis nicht Teil der menschlichen Welt werden; er steht dieser und auch der Geschichte seines Volkes immer transzendent gegenüber. Er ist ein Gott, der nicht im Kultbild verehrt werden darf; und die biblischen Geschichten sind auch zurückhaltend, wo es um sprachliche oder erzählerische Bilder vom Handeln dieses Gottes geht.

Im Einklang mit dieser Sicht nutzt Matthäus biblische Möglichkeiten, Gott gleichwohl souverän in die Geschichte eingreifen zu lassen. Ein erstes Mittel ist eine Form von Geschichtstheologie: Dort, wo sich die Jesusgeschichte als Fortschreibung der von Gott geführten Geschichte Israels begreifen lässt, kann sie auch gegenwärtig als von Gott getragen und bestimmt gelten. Zweitens ist im Sinn des Matthäus das Wort der biblischen Schriften Gottes Wort. Dort, wo sich Vorschattierungen und Verheißungen dieses Wortes bewahrheiten, wird damit der Wille des himmlischen Vaters erkennbar und eingelöst. Drittens gibt es narrativ bereits konventionalisierte Mittel, den transzendenten Gott Israels in der Geschichte operieren zu lassen. Im Werk des Lukas ist es vor allem der „Heilige Geist", mit dem Gott – auch nach der Himmelfahrt Christi – weiter direkt die Geschichte lenkt.

Vom „Heiligen Geist" spricht Matthäus ebenfalls, wo es um den eigentlichen Ursprung Jesu geht (Mt 1,18.20). Er spielt jedoch in seiner weiteren Erzählung nur eine sehr nachgeordnete Rolle (vgl. 3,11; 12,32; am Schluss: Mt 28,19b). Dagegen sind in den matthäischen Vorgeschichten vor allem Träume Mittel, um Gottes himmlischen Plan und Ratschluss Menschen bekannt zu machen. Die übergeschichtliche Transparenz wird dabei gewahrt, wenn in Mt 1,20 und 2,13.19 nicht Gott selbst im Traum erscheint, sondern sein namenloser Bote/Engel. Mt 2,12 spricht von einer göttlichen Weisung, die die Magier veranlasst, einen anderen Weg zu nehmen, und eine solche führt schließlich zum Umzug der Jesusfamilie in ihre eigentliche Heimat: nach Galiläa (Mt 2,22f.). Im Corpus der Jesusgeschichte des Matthäus begegnen solche Träume nicht mehr; sie sind Signatur der Anfangszeit. Doch auch hier schafft der Evangelist ein inklusives Moment: In der Passionsgeschichte träumt die Frau des Pilatus und erkennt in Jesus voll Sympathie einen Gerechten (Mt 27,19).

Ein in der Antike weitverbreitetes literarisches Mittel, Gott in eine erzählte Welt einzuführen, ist auch die Sternerscheinung im Text. Dass historische Fragen nach astronomischen Konstellationen in dieser Zeit wie z.B. der Halleysche Komet (12/11 v. Chr.) nicht weiterführen, zeigt sich schon an der Route des Sterns: Sie ist narrativ-theologisch bestimmt, nicht astronomisch. Der Stern ist Instrument der göttlichen Führung, welche die Magier punktgenau zu dem Haus in Bethlehem mit Mutter und Kind in ihm bringt. Zu beachten ist, dass zugleich auch die antike Vorstellung einfließt, dass berühmten Menschen besondere Gestirne zugeordnet werden: In Mt 2,2 ist von „seinem Stern" die Rede. Dabei kann man in der biblisch-beziehungsreichen Erzählung von Mt 1–2 Bezüge zu alttestamentlichen Geschichten und Vorstellungen nicht ausschließen, an die die Leserschaft denken kann: Hierzu gehört die Prophetie Bileams, die von einem Stern aus Jakob weiß (Num 24,17) – ein Text, der im Judentum auch messianisch gedeutet wurde. Wenn man an das Ende der Jesusgeschichte des Matthäus denkt, welches im Zusammenhang des Todes Jesu mit der Verfinsterung der Sonne, dem Zerreißen des Tempelvorhanges, Erdbeben und Spaltung der Felsen apokalyptische Motive enthält (vgl. Mt 27), könnte man auch an apokalyptische Texte denken, in denen am Ende der Tage die Gestirne in Bewegung geraten bzw. neue Bedeutungen gewinnen (vgl. Mt 24,29; vgl. vor allem Texte der Johannesoffenbarung: Offb 1,20; 2,1.28; 6,13, 8,12 u.a.). Summarisch geht es darum: Von der Geburt dieses besonderen jüdischen Königs bleiben nicht nur irdische Regenten und Fachleute, sondern bleibt vielmehr auch die himmlische Welt nicht unberührt; ja, von dieser himmlischen Welt her findet die eigentliche Regie statt.

Der Stern ist da und leuchtet

[...] Es leuchtet der Stern. Viel kannst du nicht mitnehmen auf den Weg. Und viel geht dir unterwegs verloren. Lass es fahren. Gold der Liebe, Weihrauch der Sehnsucht, Myrrhe der Schmerzen hast du ja bei dir. Er wird sie annehmen.

Karl Rahner, Kleines Kirchenjahr. Ein Gang durch den Festkreis © Verlag Herder GmbH, Freiburg i. Br. 1981.

4. Zusammenfassung – Theologische Gehalte

Mt 2,1-12 ist keine Weihnachtsgeschichte. Die Erzählung setzt die Geburt des Jesuskindes, die vom Heiligen Geist initiiert und getragen ist, bereits voraus (Mt 1,18ff.; 2,1). Beim Kind, das die Leserschaft mit seiner Mutter in dem Haus zu Bethlehem findet, darf man nicht an das Neugeborene in einem Stall denken – wie alt Jesus hier tatsächlich zu denken ist, bleibt im Text offen. Auch Lk 2,1-20 ist streng genommen keine Weihnachtsgeschichte, auch hier steht die Geburt des Kindes als solche nicht im Fokus.

Erst in Kombination beider Texte, die sehr früh in der Alten Kirche in der apokryphen Jesusliteratur einsetzt, und in der Anreicherung mit weiteren Elementen wurde die erzählte Welt von Mt 2,1-12 zur „Bühne" des jungen christlichen Weihnachtsfestes. Die Interpretation muss diese spätere Rezeptions- und Frömmigkeitsgeschichte zunächst auseinandernehmen, um die Geschichte des Matthäus selbst wieder freizulegen. Insgesamt gilt vor allem: Obwohl die Vorgeschichten im Lukasevangelium (Lk 1f.) und die im Matthäusevangelium (Mt 1f.) sich in einigen auffälligen Punkten berühren (Geburt zur Zeit des Herodes: Mt 2,1; Lk 1,5; Joseph aus dem Haus Davids: Mt 1,16.20; Lk 1,27; 2,4; Geburt in Bethlehem: Mt 2,1; Lk 2,4-7; ein Engel vom Himmel kündigt die Geburt Jesu an: Mt 1,20f.; Lk 1,28-31; die Empfängnis Jesu unter Einfluss des heiligen Geistes: Mt 1,18.20; Lk 1,35 u.a.), können beide nicht voneinander oder von einer gleichlautenden Quelle abhängig sein, vielmehr sind sie im Kern völlig verschieden und verfolgen unterschiedliche Erzählabsichten.

Innerhalb der zyklischen Erzählung von Mt 1,18–2,23, für die Matthäus vielleicht auf mündliche Tradition zurückgreifen kann, setzt die Geschichte in Mt 2,1-12 bereits voraus: Die Leserschaft weiß, dass Jesus der erhoffte König der Juden aus dem Haus Davids sein wird. Das Bekenntnis zur Messianität Jesu steht von Mt 1,1 über der Erzählung; es wird durch den folgenden Stammbaum vertieft. Damit ist zugleich sichergestellt, dass Gott den Weg der Hauptfigur schützen und fördern wird. Dieser Weg beginnt episodisch verschlungen: Ein Mann hat eine Verlobte, die unvermittelt schwanger wird – unter orientalischen Bedingungen ein beträchtlicher Skandal. Er verhält sich jedoch als „Gerechter", stellt seine Frau Maria nicht bloß, sondern entlässt sie zurück in ihr Haus. Sichergestellt ist das gerechte Handeln des Mannes, der seine Aufgaben in der Erzählung damit im Wesentlichen erledigt hat, durch die Anweisungen eines Boten aus der himmlischen Welt. Aus diesen Anweisungen wissen die Leser zugleich, dass das neugeborene Kind eigentlich aus der Welt Gottes stammt, von Geist gezeugt ist, und dass die Sinnbestimmung seiner Wirksamkeit die Errettung des Volkes Israel von seinen Sünden sein wird (Mt 1,20f.). In ihm wird sich die jesajanische Verheißung vom „Immanuel" („Gott sei/ist mit uns") erfüllen. D.h. die christologische und soteriologische Basis für die weiteren Erzählungen ist klar und unverrückbar gelegt.

Wenn der Erzähler von Mt 2,1-12 in den zwei Hauptteilen seiner Geschichte (V.3-9a.9b-12) zwei Könige gegenüberstellt, den in seinen Plänen und Handlungen zwielichtigen jüdischen Großkönig Herodes und den in der Davidsstadt Bethlehem neugeborenen König Jesus, dann geschieht das auf diesem Hintergrund in keinem Fall mit dem Ziel, die Leserschaft vor eine echte Entscheidung zu stellen. Nach göttlichem Plan ist vielmehr bereits entschieden, wem man wie einem König zu huldigen hat. In diesem Sinne verhalten sich die Magier vorbildlich. Alle weiteren Figuren müssen mit innerer Notwendigkeit in den Augen der Leser mit ihren Absichten ins Leere laufen.

Ein Stachel kommt früh dadurch in die Erzählung, dass nicht nur Herodes, von dem man nichts Besseres erwarten wird, sondern auch „ganz Jerusalem" bereits kritisch auf den neugeborenen König aufmerksam wird. Hier antizipiert die Erzählung, dass Israel mehrheitlich den Davidssohn zurückweisen wird. Die dramatische Eskalation in der Passionsgeschichte wird vorschattiert. Auf das tödliche Ende weist auch die Gruppe der Schriftgelehrten und Hohepriester bereits voraus. Das Verhältnis von erzählter Welt und Welt der Leserschaft erscheint damit viel komplexer, als man auf den ersten Blick meinen könnte. Bereits in die wunderreiche Magiergeschichte aus dem Zyklus der Vorgeschichten spielen Negativerfahrungen hinein, die die matthäische Christenheit mit der jüdischen Seite macht; bereits hier fällt ein Schatten. Von hier aus knüpft sich zugleich ein Spannungsbogen, der nicht die Frage beinhaltet, wie es am Ende ausgeht – Matthäus rechnet mit einer informierten Leserschaft. Er beinhaltet jedoch die Frage, wie es am Ende dazu kommen konnte.

Für Matthäus überwiegt in der Erzählung freilich das Wunder der göttlichen Führung und Rettung, wie es sich im weiteren Verlauf der Geschichte von Mt 2 fortsetzt. Mt 1 und 2 sind dabei voller möglicher Anspielungen auf die ersten Bücher der Bibel, von den Stammbäumen der Genesis bis hin zur Moseerzählung. Matthäus bringt so zum Ausdruck, dass sich Gottes Geschichte mit seinem Volk in diesem partikularen Geschehen qualitativ vollgültig fortsetzt. Mit dem Mischzitat aus Micha 5,1 und 2. Samuel 5,2 ist zudem der messianische Bezug klar hergestellt (Mt 2,5f.). Mitten in Israel kommt der erhoffte Herrscher zur Welt. Das Weltgeschehen folgt dabei nicht den Sternen, sondern ein Stern folgt dem heilsgeschichtlichen Geschehen um den wahren König der Juden. Die Magier nehmen das Wunder vorweg, dass das eigentlich für Israel bestimmte Heil, das im Land Juda anhebt, für das Jesus einsteht (vgl. Mt 10,5f.) auch vor den Heiden, und sogar vor den Intelligentesten unter ihnen, nicht haltmacht (vgl. Mt 4,15; 12,18-21; Jes 42,1-12; 24,14; 26,13; 28,19f.). Und so wie die Magier den in der Davidstadt geborenen Messias auf Knien verehren, sollen es auch die Jünger Jesu und mit ihnen die Leserschaft tun.

1.2 Der Text heute – Themen und Bausteine

Kerstin Offermann

1. Vorüberlegungen und didaktische Herausforderungen

Die Bibelwoche beginnt mit einem sehr vertrauten Text. Bei den TN tauchen sofort Bilder und Erinnerungen auf. Evtl. werden die TN sogar hinterfragen, warum sie sich mit einem Weihnachtstext beschäftigen sollen. Diese spontanen Reaktionen auf den Text erschweren es aber, neu auf den Text zu sehen und ihn eigens zu entdecken. Damit hinter den vertrauten Assoziationen die Erzählabsicht von Matthäus und die Tragweite des Textes auch für heutige Lesende entdeckt werden können, wird es nötig sein, zunächst bewusst zu machen, welche Assoziationen im Raum stehen. Sie sollen benannt werden, damit sie dann bewusst eingesetzt oder beiseitegelassen werden können.

2. „Bist du es?" – Wer ist Jesus für uns?

Im Text finden sich viele implizite und explizite Aussagen über Jesus: König, Christus/Messias, Fürst, Hirte, Kindlein, Gott (den man anbeten darf). Die matthäischen Leser wissen schon von Anfang, wer Jesus ist. Sie können die Person Jesu und das, was ihm im Folgenden passiert, einschätzen und ahnen daher auch schon, welche Konflikte sich einstellen werden (s.u. Punkt 3).

Damit ist aber auch deutlich, was Jesus für die Lesenden damals und was Jesu für uns heute bedeuten kann:
Jesus wird von Anfang an als Quelle der Freude dargestellt – wo er ist, gibt es Hoffnung und Liebe und Leben und Freude. Jesus wird ebenso von Anfang an als Unruheherd gezeichnet – wo er ist, gibt es Konflikte.
Jesus ist „Immanuel". Damit erzählt der Text das bis heute Tröstlichste und zugleich Anstößigste des christlichen Glaubens: nämlich dass Jesus „Gott mit uns ist", also die Repräsentanz Gottes auf Erden, Gott selbst, den man anbeten darf. Die Erzählung beschreibt, wie Menschen aus dem arabischen Raum zu dieser Erkenntnis finden! Heute ist es vor allem diese Aussage über Jesus, die für Menschen muslimischen Glaubens anstößig ist.

Baustein: Suchen Sie im Text heraus, was über Jesus gesagt wird. Finden Sie Adjektive, die diese Aussagen über Jesus für Sie näher beschreiben. Ein König z.B. ist mächtig und souverän, ein Fürst steht den Menschen gegenüber, ist distanziert aber doch verantwortlich, ein Hirte ist zugewandt und fürsorglich ... Beschreiben für Sie diese Adjektive Jesus? Welches passt gar nicht? Welches fehlt? Welche Aussagen schließen sich aus?
Baustein: Jesus ist „Immanuel" – wie wirkt sich die Gegenwart Gottes in dieser Geschichte für die Menschen in ihr aus? Was bedeutet „Gott ist mit uns" für Herodes, für die Hohepriester und Schriftgelehrten, für die Weisen, für Maria? Was bedeutet die Nähe Gottes uns heute? Mit welcher der dargestellten Haltungen können Sie sich identifizieren? Was ist eine angemessene Reaktion auf Gottes Bei-uns-Sein?
Baustein: Dass sich Freude ausbreitet angesichts dieses Kindes, ist eine Hoffnung, die wir Jahr für Jahr zu Weihnachten mitbringen. Erzählen Sie davon, wie es Ihnen mit dieser Weihnachtsfreude geht, wo Sie sie erlebt oder vermisst haben, und bitten Sie die TN, ebenfalls davon zu erzählen.
Baustein: Schreiben Sie aus dem, was sie von der Geschichte über Jesus erfahren, eine Geburtsanzeige für Jesus. Wie sehen sonst Geburtsanzeigen aus? Was kann man in ihnen schon über das Kind erfahren?

3. Im Konflikt mit den Mächtigen dieser Welt

Die Geschichte erzählt, dass es fast zwangsläufig so ist, dass Jesus und die Menschen, die zu ihm gehören, mit den herrschenden Kräften in Konflikt geraten. Das hat mit dem Anspruch zu tun, Jesus sei ein „König" und „Fürst". Damit tritt er in Konkurrenz zu den anderen Herren dieser Welt. Wer sich Jesu Herrschaft unterwirft, wird frei von jeder anderen Herrschaft. Er ist dem Herrschaftsbereich anderer Mächte entzogen und steht den Herrschenden frei gegenüber. Offensichtlich mögen gerade totalitäre Herrscher so etwas nicht. Es beschränkt ihre Macht und davor haben sie Angst.

Herodes ist ein Muster des autoritären Herrschers. Wir können für seinen Namen andere einsetzen, die uns gleich die potentielle Dimension der Gefährdung ins Bewusstsein rufen. Auch heute erleben Christinnen und Christen Verunsicherung, Unterdrückung und Verfolgung wegen ihres Glaubens oder wegen ihres Eintretens für Gerechtigkeit.
Baustein: Lesen Sie den Text und legen Sie, wenn der Name „Herodes" genannt wird, Bilder von Diktatoren aus. Erarbeiten Sie mit den TN den Bezug und die Unterschiede zwischen der Darstellung des Herodes und dem, wie es Christinnen und Christen unter den anderen Diktatoren ergeht oder erging.
In unserer Gesellschaft gibt es auch Widerstände dagegen, Jesus „Herr" zu nennen und ihm einen weltweiten, universalen Anspruch zuzugestehen. Man verbannt Jesus lieber in den persönlichen Bereich. Wer den Ideologien der Autonomie des Individuums und der Selbstvervollkommnung widerspricht, stößt auf gesellschaftlichen Widerstand. Im Sinne Steven Crofts kann man sagen, dass eine Kirche, die treu versucht, Jesu Wesen entsprechend zu leben, automatisch mit Schwierigkeiten und Verfolgung rechnen muss. „Wenn wir dazu nicht bereit sind, dann wird unser gesamter Glaubensweg davon bestimmt sein, uns der Kultur entsprechend zu verbiegen. Und wir werden nichts vorzuweisen haben, das uns von den andere unterscheidet." Die christliche Kirche „muss nach einer andern Melodie tanzen, und das wird manches Mal unbequem sein und uns etwas kosten." (Format Jesus. Unterwegs zu einer neuen Kirche, BEG Praxis, Neukirchen-Vluyn 2012, 55+57)
Baustein: Nach welchen Grundüberzeugungen lebt Herodes? Was sind die Motive seines Handelns in diesem Text? Welche Grundüberzeugungen vermuten Sie bei den Schriftgelehrten? Was könnten ihre Handlungsmotive sein? Welche Grundüberzeugungen und welches Handlungsmotiv liegt vom Text her bei den Weisen nahe? Wie passt Jesus zu ihren jeweiligen Grundüberzeugungen und Handlungsmotiven?
Welche Grundüberzeugungen unserer Gesellschaft fallen den TN ein? (Z.B.: Jeder ist frei und gleichberechtigt. Meinen Reichtum hab ich mir selbst erarbeitet. Was ich glaube, geht keinen was an. Jeder ist seines Glückes Schmied.) Was sind die ungeschriebenen Gesetze unsere Zeit? (Z.B.: Mach das Beste aus dir. Sei schön, sei stark! Kämpf für dich selbst. Du musst der Beste sein, sonst gehst du unter.) Schreiben Sie diese Aussagen auf. Stellen Sie ihnen Aussagen Jesu gegenüber oder an die Seite. Welche gesellschaftlichen Grundüberzeugungen stehen im Widerspruch zu Jesus? Welche sind mit seiner Botschaft vereinbar?

4. Luther und die Schriftgelehrten

Als einen Beitrag zur oben gestellten Frage, was wohl die Schriftgelehrten antreibt, kann man folgendes Zitat von Luther aus einer Predigt zum Matthäusevangelium verstehen (s. WA 32, 310): „Darum dient diese Predigt [...] für die Welt nicht, schafft auch nichts, denn sie bleibt dabei, dass sie ihres Dings will gewiss sein und nicht glauben, sondern vor Augen sehen und in der Hand haben. Und spricht, es sei besser, einen Sperling in der Faust, denn nach einem Kranich in der Luft gaffen." Wobei die Schriftgelehrten ja durchaus Gottes Wort gelesen haben, aber sie konnten oder wollten dem Wort Gottes nicht so viel Macht und Autorität zuerkennen, dass sie sich selbst davon in Frage stellen lassen würden.
Baustein: Wie lese ich die Bibel? Darf sie mich in Frage stellen? Kann man die Bibel tatsächlich so praktisch und aktuell verstehen, dass man sich von ihr in Bewegung setzen lässt? Finden Sie beim Bibellesen Antworten auf Ihre Fragen? Auch überraschende Antworten?

5. Anbruch des Neuen / Zeitenwende

Im Text wird durch kosmische Phänomene deutlich, dass etwas Neues, etwas Großes, Weltveränderndes geschehen ist, als Jesus geboren wurde, das auch Menschen anderer ethnischer und religiöser Herkunft betrifft. Durch Jesu Geburt ist tatsächlich eine neue Zeit und Welt angebrochen. Der Text ist daher auch eine Ermutigung und ein Ausblick: Seht hinter die Kulissen! Gott ist da und er ist am Werk – gegen alle Widerstände, auch in deinem Leben; selbst wenn es so scheint, als wäre alles beim Alten: das Neue hat schon begonnen. Gott handelt im Verborgenen und bringt seinen Plan zum Ziel. Dabei bedient er sich der Naturphänomene, der Träume und der Heiligen Schriften.

Jesu Leben wird von Anfang an bedroht. Diese Widerstände sind kein Beweis dafür, dass Gottes Plan gescheitert ist, sondern eher ein Beleg dafür, dass Gottes neue Welt tatsächlich schon begonnen hat. Die Bedrohung, die von Jerusalem ausgeht, weist von Anfang an auf das Kreuz hin. Wenn Menschen in der Nachfolge Jesu also Widerstände erleben, spricht das nicht gegen, sondern für Gottes Wirken. Wer mit Jesu lebt, lebt eben auch unter den Bedingungen von Kreuz und Auferstehung.

Baustein: In dem Weihnachtsgedicht von Jochen Klepper („Mein Gott, dein hohes Fest des Lichts"; s. DVD) oder in der Geschichte „Die drei Gaben" von Werner Reiser (Link: hl-geist-gemeinde-balingen.de/3gaben.html) werden sowohl Weihnachten und Kreuz miteinander in Verbindung gebracht als auch mit dem gegenwärtigen Erleben und Erleiden zusammengedacht. Die zeitgenössischen Texte können den TN heute den Blick für diese Dimension des Textes auch in ihrem Leben eröffnen.

Baustein: Auch bei uns ist es üblich, Naturphänomene und Gottes Handeln zusammenzudenken, indem man Gott in (schönen, ergreifenden) Naturphänomenen begegnet oder angesichts gewaltiger und zerstörender Naturphänomenen nach Gottes Hilfe fragt („Gott, wo warst du?") Evtl. kann man hier Naturbilder aus beiden Bereichen (schön und schrecklich) als Gesprächsimpuls benutzen. Entdecken die TN Gott in der Natur am Werk? Vermuten sie ihn hinter Träumen? Wie haben sie schon einmal Gottes Eingreifen in ihr Leben erfahren?

6. Wie sollen wir uns verhalten? Vorbildcharakter der Weisen

Die Weisen suchen und setzen viel ein, als sie sich auf die Suche machen. Sie investieren Zeit und Kraft, um zu finden, was sie suchen. Sie sind offen für Neues und sie lassen sich von dem Stern (also von Gott) leiten. Sie lassen sich auf Gottes Neubeginn ein. Als sie Jesus finden, erkennen sie in ihm Gottes Neubeginn und beten ihn an. Sie freuen sich! Sie gehorchen und tun, was Gott von ihnen will: Anstatt Herodes zu gehorchen, ziehen sie auf einem anderen Weg nach Hause.

Die Weisen sind Fremde, die als Vorbild dargestellt werden. Diese Fremden haben uns was zu sagen, und sie haben Jesus was zu geben. Dies fordert uns heraus, unser Bild von den Fremden, die gerade zu uns kommen, zu revidieren und mehr von ihnen zu erwarten: Auch sie können uns bereichern und haben uns etwas zu geben, statt nur Empfänger unserer Gaben zu sein. Die Weisen haben ihre Suche durch intensives (naturwissenschaftliches) Studium begonnen. Die Hohepriester und Schriftgelehrten haben Bücher gelesen. Die Weisen haben sich aber auch aufgemacht und sind gepilgert. Sie haben gefragt, zugehört und geträumt.

Baustein: Wie suchen Menschen heute nach Gott? Halten Sie Zettel bereit, auf denen jeweils ein Auge, ein Ohr, eine Sprechblase, ein Fuß, eine Hand oder ein Herz abgebildet sind. Bitten Sie die TN, auf die jeweiligen Zettel zu schreiben, wie man Gott mit den Augen, mit dem Ohr, mit den Gedanken, mit den Füßen, mit den Händen oder mit dem Herzen suchen und finden kann. Wie kann ich mit den Augen wahrnehmen, dass es Gott gibt? Wie kann ich ihn mit den Augen begreifen und verstehen? Wie mit dem Ohr, den Gedanken, den Gefühlen?

Baustein: Die Weisen haben sich über Jesus gefreut, und ihn angebetet. Planen Sie mit den TN eine Gebets- und Anbetungszeit. Stellen Sie drei Kästchen (für die drei Gaben) in die Mitte – in einem sind Kerzen, in einem Edelsteine oder Perlen und in einer ist Sand. Bitten Sie im ersten Durchgang die TN, im Gebet Jesus zu sagen (laut oder leise), was sie an ihm gut finden, wer er für sie ist. Bitten Sie die TN weiter, dazu eine Perle oder einen Edelstein für jedes ihrer Gebete aus dem Kästchen zu nehmen und in das Kästchen mit Sand zu legen. Singen Sie dann gemeinsam Lob- oder Anbetungslieder. Anschließend fordern Sie die TN auf, für jede Bitte, die sie an Jesus haben, eine Kerze anzuzünden und dabei, wenn sie möchten, ein Stichwort zu ihrer Bitte zu sagen: den Namen einer Person oder ein Anliegen.

Baustein: Der Text lädt uns dazu ein, von Menschen anderer Kulturen oder anderen Glaubens zu lernen: Laden Sie Geflüchtete zu diesem Abend ein und erörtern Sie mit ihnen gemeinsam diesen Text. Vielleicht kann ja jemand übersetzen, vielleicht geht es auch auf Englisch. Oft ist die Sprache ein viel kleineres Problem, als man zunächst vermutet.

Lieder

GL 261	Stern über Bethlehem, zeig uns den Weg (EG: BEL 551 u. weitere Regionalteile)
GL 457	Suchen und fragen, hoffen und sehn
GL: L 840	Wir haben Gottes Spuren festgestellt (EG: BEL 665 u.a.)
EG 16 / GL 220	Die Nacht ist vorgedrungen
EG 37 / GL 256	Ich steh an deiner Krippen hier
EG 66	Jesus ist kommen, Grund ewiger Freude
EG 74	Du Morgenstern, du Licht vom Licht
EG 407	Stern, auf den ich schaue

1.3 Vorschlag für eine Bibelarbeit

Katharina Wiefel-Jenner

Inhaltlicher Schwerpunkt

Die Weisen haben einen Stern gesehen und sind aus ihrer Welt aufgebrochen, aber sie wussten nicht, was sie suchen. Sie haben einen König erwartet und Jesus gefunden. Und sind überwältigt von Freude. Herodes dagegen hat vielleicht gewusst, dass der Messias kommt, ihn aber weder gesucht noch ist er aufgebrochen. Die Botschaft der Heiligen Schrift – vermittelt durch die Erläuterung der Schriftgelehrten – gibt ihm zwar Auskunft, wo die Rettung Israels zu suchen ist, aber er macht sich trotzdem nicht auf den Weg. Statt Sehnsucht nach Rettung vor den Sünden liegt Herodes vor allem am eigenen Machterhalt. Statt Freude erfüllt ihn Angst und Schrecken.

Im Kontrast zu Herodes zeigen die Weisen, wozu die Begegnung mit Jesus befähigt. Sie erkennen in dem Kind den Grund der Freude. Sie fallen auf die Knie, sie beten Jesus an und verschenken ihren kostbaren Besitz. Sie zeigen, was die Hingabe an Jesus Christus auszeichnet: Freude, Anbetung und Sich-selbst-Verschenken.

Raumgestaltung

Eine Kerze in der Mitte – Untergrund nach Belieben, Blumen, Tücher, Sterne ...

Materialien und Medien

→ Gesangbücher
→ Plakate mit den Namen der Hauptpersonen des Textes
→ jeweils zwei verschiedenfarbige Stifte für jeden
→ Schreibunterlagen, falls die TN nicht an Tischen sitzen
→ Moderationskarten in unterschiedlichen Farben, dicke Stifte
→ Blätter und Stifte zum Schreiben
→ Kerze

Zur Gestaltung des Abends

Liturgische Eröffnung

Entzünden der Kerze
L: Im Namen des Vaters und des Sohnes und des Heiligen Geistes.
→ Lied: Wie schön leuchtet der Morgenstern (EG 70,1+7 | GL 357,1+7)

→ Gebet:
Gott, lebendiges Wort in unserem Leben,
täglich hören wir viele Worte,
aber dein Wort ist anders.
Dein Wort ist das Leben.
Täglich sprechen wir viele Worte,
aber dein Wort ist anders.

Dein Wort klingt und heilt,
dein Wort ist wahr und trifft.
Lass uns auf dich hören.
Amen.

Auf den Text zugehen (20 min)
Impuls: Die Unterschiede zwischen Herodes und den Weisen aus dem Morgenland werden sichtbar.

Der Bibelabschnitt wird zwei Mal von verschiedenen TN vorgelesen (am besten ist es, wenn sich die Stimmen der Vorlesenden deutlich voneinander unterscheiden, z.B. männlich/weiblich).

Rollengespräch:
L erklärt zuerst der Gruppe, was es mit der Methode auf sich hat: „Ich lade Sie ein, hinter die Kulissen des Textes zu schauen. Das geht zum Beispiel dadurch, dass wir uns mit einzelnen Personen der Erzählung eingehender beschäftigen. Was denken diese Personen, welche Ziele haben Sie, welche Befürchtungen ...? Gehen Sie nun durch den Raum und stellen Sie sich zu einer der Personen, der sie nachspüren wollen."
Im Raum liegen Plakate mit den Namen der Hauptpersonen des Textes.
Die TN gehen durch den Raum und ordnen sich bestimmten Personen zu, über die sie nachdenken wollen.

L lädt nun ein, die Personen zum Sprechen in der Ich-Form zu bringen: „Ich, ein Gelehrter aus dem Orient habe schon viel gehört über einen Messias, der da kommen soll ..."
„Ich, Herodes, finde es bedrohlich, dass ..."

Es dürfen auch Fragen von Personen an andere Personen gestellt werden. Das Gespräch läuft 15-20 min.
Anschließend erfolgt eine Auswertung, in der es darum geht, wie sich die einzelnen in ihrer Rolle gefühlt haben und welche Erkenntnisse über den Text gewonnen wurden.

Dem Text begegnen (35 min)
Die TN bekommen den Bibeltext auf einem Blatt und zwei unterschiedlich farbige Stifte.
Sie werden aufgefordert, die Verben, die die Handlungen von Herodes und von den Weisen beschreiben, jeweils in einer Farbe zu markieren (nicht aus der wörtlichen Rede).

Die Gesprächsleitung fordert dazu auf, erst die Verben für Herodes zu nennen, und schreibt sie jeweils auf eine Karte. Danach die Verben zu den Weisen (jeweils eine andere Farbe für Herodes und die Weisen).
Die Karten werden auf den Boden ausgelegt oder an eine Wand geheftet, sodass eine Gegenüberstellung sichtbar wird.

Herodes	*Die Weisen aus dem Morgenland*	
hörte,	kamen,	sahen,
erschrak,	sprachen,	fielen nieder,
ließ zusammenkommen,	gehört hatten,	beteten an,
erforschte,	zogen,	taten ihre Schätze auf,
rief heimlich,	sahen,	schenkten,
erkundete genau,	wurden hocherfreut,	kehrten nicht wieder zu
schickte, sprach: dass auch ich komme und es anbete	gingen	Herodes zurück, zogen

Austausch darüber,
- was an Herodes hervortritt.
- was bei den Weisen herausragt.
- worin sich Herodes und die Weisen voneinander unterscheiden.
- ob die Eindrücke aus dem Rollengespräch bestätigt werden.

Dann kann der Text mit den weiteren Impulsen aus dem Teilnehmerheft betrachtet werden:
- Welche Gefühle treten bei wem auf?
- An welchen Stellen hätte der Text einen anderen Fortgang haben können? Mit welchem Ergebnis?
- Welche Aussage über Jesus macht Matthäus, indem er diese Erzählung an den Anfang seiner Darstellung des Lebens Jesu stellt?

Mit dem Text weitergehen
Impuls:
Schon die frühesten Auslegungen des Evangeliums deuten die Gaben: Gold für die Armut Marias, Weihrauch gegen den Geruch im Stall, Myrrhe zur Kräftigung des Kindes und zur Abwehr von Würmern.

Weitere symbolische Deutungen:
Gold als Steuer für Jesus als König, Weihrauch als Opfer für Jesus als Gott, Myrrhe für das Begräbnis Jesu als sterblicher Mensch.
Gold als Zeichen der göttlichen Liebe, Weihrauch als Zeichen für das andächtige Gebet, Myrrhe zur Ertötung des Fleisches.
Gold bezeugt, dass Jesus ein wahrer König; die Myrrhen, dass Jesus ein wahrer Mensch; der Weihrauch, dass Jesus wahrer Gott sei (vgl. Die Legenda aurea des Jacobus de Voragine, aus dem Lateinischen übersetzt von Richard Benz, Darmstadt 1993, 110).

Die Weisen geben dem Kind ihre Gaben, weil sie sich freuen. Sie fallen vor dem Kind nieder und beten es an. Freude und Gebet geben den Gaben einen anderen Charakter. Sie verändern sich. Wie fühlen sich die Gaben, die wir bringen, an, wenn sie mit Freude und Gebet verbunden sind?

Vierergruppen:
- Austausch der TN darüber, welche Schätze die Weisen heute vor Maria und Jesus ausgebreitet hätten. Was würde heute an Stelle von Gold, Weihrauch und Myrrhe verschenkt werden und welche Bedeutung hätten diese Gaben?
- Teilung der Vierergruppen und Gespräch zu zweit: Welche Gaben und Kostbarkeiten habe ich und könnte sie Jesus zu Füßen legen? Welche Bedeutung haben sie für mich und welche Bedeutung für die Gemeinde und meine Umgebung?
- Anschließend zu zweit: Schreiben von Akrostichen (bei einem Akrostichon ergeben die Anfangsbuchstaben hintereinander gelesen ein neues Wort) zu Gold, Weihrauch und Myrrhe. Die einzelnen Worte = Gaben werden auf einer Karte aufgeschrieben.

Als Beispiel: GOLD

G Geduld	oder mit Verben	geduldig sein
O Offenheit		offen sein
L Liebe		lieben
D Dankbarkeit		dankbar sein

- Vorlesen aller Akrostichen. Dabei soll jedes Wort eingeleitet werden durch: „Ich freue mich über Jesus und schenke dem Kind aus Freude ..."
- Die Karten mit den „Gaben-Worten" werden um die Kerze in der Mitte abgelegt.
- Jeder TN nimmt sich von den Blättern mit den Akrostichon-Worten ein Blatt mit dem Wort, das sie am meisten angesprochen hat, und ein weiteres mit einem Wort, das ihr Mühe bereitet.
- Die TN nennen die Worte, die Mühe bereiten, und legen sie an die Kerze zurück.
- Anschließend werden die positiven Worte benannt. Die TN beschreiben, wie die Gabe sich verändert, wenn sie wie die Weisen vor Jesus gebracht wird. Anschließend wird das Blatt einem anderen TN überreicht.

Schlussrunde:
- Der Bibelabschnitt wird noch einmal vorgelesen.
- Die TN nennen nun noch einmal ein Wort über die Weisen, ein Wort über Herodes und eines über sich selbst.

Liturgischer Abschluss
- Lied: Ich steh an deiner Krippen hier (EG 37,1+4 / GL 256,1+4)

- Gebet:
Herr und Gott, wir danken dir für dein Wort.
Es ist größer, als wir zu verstehen vermögen.
Es betrifft uns und unser Leben.
Es fordert uns heraus und stellt uns Fragen.
Lass uns deinem Wort folgen
durch Jesus Christus.
Amen.

1.4 Bildbetrachtung: Anbetung

Johannes Beer

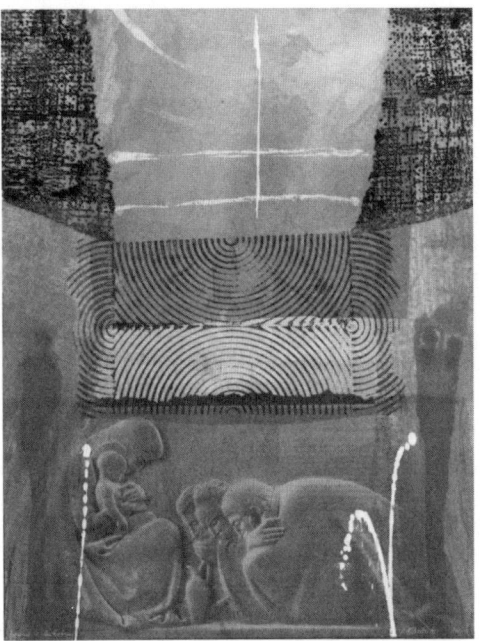

Jörgen Habedank, „Bewachte Anbetung" 2011, Acryl und Collage auf Papier, 40 x 30 cm, Bildzitat: John Flaxman: Anbetung der Heiligen drei Könige (Mamorrelief um 1793)

Der Blick wird magisch durch die untere Szene angezogen. In Grau gehalten erkennen wir die Darstellung eines Reliefs, auf dem drei ältere Herren vor einer Mutter mit ihrem Kind niedergefallen sind. Natürlich assoziieren wir sofort Maria und Jesus, zumal das Kind durch einen Heiligenschein hervorgehoben ist. Und natürlich bringen wir die Herren sofort mit den Weisen aus dem Morgenland in Verbindung, auch wenn sie in dieser Darstellung durch nichts zu identifizieren sind. Da fehlen alle Zutaten der vielen durch die Legenden geprägten Darstellungen. Nicht einmal die in der Bibel genannten Geschenke sind dort dargestellt. Einzig ein Krug steht zwischen Maria und den Anbetenden. Ist es ein Krug mit Öl, der auf den Gesalbten hinweist? Oder ist es ein Krug mit Wasser, der als Symbol für die Reinheit steht?

Aber diese Darstellung ist nun in einen größeren Bildzusammenhang gesetzt. Wie Fontänen springen rechts und links weiße Strukturen hervor, die das Motiv des Wassers aufzunehmen scheinen. Noch weiter außen stehen jeweils aufrecht schlanke menschliche Gestalten. In leuchtendem Rot sind sie in den hellen Bildraum gesetzt. Sind es Statisten, wie Joseph zum Beispiel, die zwar anwesend sind, aber für die Geschichte hier nichts austragen? Aber wenn wir sie genauer betrachten, erkennen wir, wie durchscheinend und doch präsent diese beiden sind, als gehörten sie nicht wirklich zu dieser Welt. Und der Bildtitel „Bewachte Anbetung" bestätigt, dass es sich hier um himmlische Boten handelt, die später die Weisen genauso lenken werden, wie sie Joseph zur Flucht drängen.

Und so tut sich in warmen gelb-orangenen Tönen über der Szene der Himmel auf. Weiße, lichte Strukturen bestimmen auf diesem Blatt den Gegenpol zur Anbetungsszene. Die dunklen Strukturen, die sich rechts und links noch zeigen, sind aufgebrochen. Allerdings erkennen wir zwischen der Anbetungsszene und dem aufgebrochenen Licht des Himmels Strukturen, die beides trennen. Ein enges Raster von Halbkreisen bildet jeweils den Abschluss der Bewegung von unten nach oben und umgekehrt. Gott ist zwar in seinem Sohn auf die Erde gekommen, aber Gottes Nähe ist doch noch nicht uneingeschränkt erlebbar.

2 | Überraschend glücklich: Mt 5,3-12

2.1 Exegese

Reinhard von Bendemann

1. Die Frage nach dem Glück des Menschen in neutestamentlicher Zeit

Mit der Frage nach dem Glück des Menschen beschäftigen sich im 21. Jh. unter stark divergierenden Voraussetzungen verschiedenste Wissenschaftszweige. Neben der teils auf antiken Annahmen und Voraussetzungen aufbauenden Glücksforschung in der modernen Philosophie werden die physiologischen, psychologischen, sozialen und ökonomischen Aspekte und Möglichkeitsbedingungen menschlichen Glücks erforscht. Ganze Wissenschaftszweige untersuchen auch die Anwendungsbereiche moderner Glücksforschung. Hinzu kommen der uferlose Markt von populärwissenschaftlicher Ratgeberliteratur und die verschiedensten Akteure in neuzeitlichen Gesellschaften, deren Bestreben dahingeht, Menschen, ggf. gegen Bezahlung, „glücklicher" zu machen.

Es ist nicht einfach, die biblischen Voraussetzungen und Sinngehalte der Rede von menschlichem Glücklichsein mit diesen modernen Zugängen zu vermitteln. Sehr stark verallgemeinert kann man sagen: Erstens wäre die Frage nach emotional geprägten Glückszuständen, die neuzeitliche Menschen vielfach umtreibt, den Verfassern der biblischen Texte grundsätzlich fremd gewesen. Diese nehmen ihren Ausgangspunkt nicht von subjektiven Gefühlen, sondern von geschichtlichen Gegebenheiten, die *coram deo* (vor Gott) reflektiert werden. „Heil" kann zwar auch irdisches Glück bedeuten, muss es aber nicht notwendig, bzw. hier kommen ganz andere Ebenen ins Spiel. Hinzu kommt zweitens: Zwar intensiviert sich in der hellenistisch-römischen Zeit, in der die neutestamentlichen Texte entstehen, der Blick für den Einzelnen und sein Ergehen in der Gesellschaft. Doch ist die individualistische Auslegung, welche die Frage nach Glück neuzeitlich zumeist erfährt, mit den frühchristlichen Schriften im Ansatz nicht vergleichbar. Entsprechend fokussiert die Frage auch nicht auf Strategien oder Techniken, wie der Einzelne Unglück minimieren und sein persönliches Glück bzw. die Erfüllung seiner Wünsche steigern könnte. Jede Art von *happiness economics* („Glücksmaximierung") wäre den Autoren der biblischen Schriften gänzlich fern. Glück ist hier zum einen das Fehlen bzw. Abwenden von schädlichen und zerstörerischen Lebensumständen; zum anderen aber ist es Erfüllung im Beschenktsein mit Gnade. Es vollzieht sich in der Praxis der von Gott seinem Volk gnädig geschenkten Tora.

Wenn im Deutschen von „Glück" die Rede ist, kann man dem zwar ein weites Spektrum semantischer Felder in den biblischen Texten gegenüberstellen. Eine genaue Entsprechung gibt es jedoch im Deutschen nicht. Die griechische Übersetzung kann mit *makarios* „glücklich" oder auch „selig", also „glückselig" meinen, ihr liegt das hebräische Verb *aschar* zugrunde, was so viel wie „glücklich preisen" bedeutet.

Mit der Frage nach „Glück" steht in hellenistischer Zeit das Problem des Schicksals zur Disposition. In der Zeit der römischen Kaiser wird darüber nachgedacht, wie Menschen ihr individuelles Geschick beeinflussen können. Ein stärkerer Rückzug in das private Leben, das Suchen nach Glück in der Muße deutet sich an. Dagegen schwinden die Möglichkeiten, in der Verwirklichung eigener Fähigkeiten und Begabungen im öffentlichen Raum „glücklich" zu werden.

Doch nähert sich das Neue Testament z.T. auch popularphilosophischen Vorstellungen an, die mit der Frage nach dem Glück des Menschen zu tun haben. Die griechisch-römische Philosophie ist von Hause aus auf das Ziel von Glück/Glückseligkeit ausgerichtet. In der sokratischen Tradition wird grundsätzlich optimistisch geurteilt: Der Mensch kann im Umsetzen seiner je besonderen Fähigkeiten und im Gebrauch seiner Urteilskraft ein vernunftbestimmtes Leben führen und in diesem zu „Glück" gelangen. In der platonischen Tradition wird „Glück" dagegen stärker in einer übergeschichtlichen Welt beheimatet, von der die Menschen zunächst getrennt erscheinen. Die stoische Popularphilosophie der Kaiserzeit betrachtet Glück vorrangig als Freiheit von äußeren Störungen und inneren Affekten; Glückseligkeit wäre demnach die Seelenruhe des inneren Menschen, der autark ist, da er sich durch keinerlei Widerfahrnisse beunruhigen lässt.

Das Matthäusevangelium gibt insgesamt jedoch sehr wenig zu erkennen, dass es sich auf derartige griechisch-römische Konzepte einlässt. Ausgangspunkt seines Zugangs ist die Ausrichtung des Lebens an der von Gott seinem Volk gegebenen Tora, wie sie nun qualitativ vollgültig durch den davidischen Messias Jesus zur Geltung gebracht wird. Dabei spielen zugleich die Impulse apokalyptischen Denkens eine Rolle: Die Apokalyptik rechnet mit einer Wiederherstellung der innerweltlich gestörten Glücks- und Gerechtigkeitsverhältnisse durch den Gott Israels in einer „neuen Zeit". Glück kann damit zu einer im Ratschluss Gottes verankerten zukünftigen Option werden, die insbesondere den in der Jetztzeit / „alten Zeit" leidenden und unglücklichen Gerechten zugesprochen wird.

2. Zur Überlieferungsgeschichte, Form und zum Sinngehalt der Makarismen

Im Alten Testament finden sich Makarismen kaum in den Geschichtsbüchern, dagegen immer wieder in den Psalmen (vgl. Ps 1), in der Weisheitsliteratur und vereinzelt auch in der Prophetie. Die Reihung von neun „Glücklichpreisungen"/„Seligpreisungen" ist im Neuen Testament einmalig. Das Lukasevangelium bietet lediglich vier Makarismen (Lk 6,20f.). Diese Reihe hat der Evangelist Matthäus durch vier weitere, traditionell gefärbte Seligpreisungen erweitert und durch einen finalen längeren Makarismus abgerundet, den er wahrscheinlich selbst formuliert hat (Mt 5,11).

Makarismen informieren nicht lediglich über einen zu erwartenden Zustand bzw. ein entsprechendes Ergehen. Sie besitzen eine Kraft, die auf das real Erwartbare verweist; was hier zugeschrieben wird, tritt ein. Verdeutlichen kann man sich dies, indem man den umgekehrten Sinn eines Wehe-Rufes bedenkt (vgl. Lk 6,24-26): Tadel und Gerichtsdrohung liegen hier in einem, und auch im Wehe wird nicht nur informiert oder belehrt, sondern das Wehe führt einen unglücklichen Zustand unbedingt herbei.

Traditionsgeschichtlich liegt den Makarismen zunächst weisheitliches Denken zugrunde. Man bewegt sich im Bereich eines erfahrungshaften und dann auch theologisch durchdrungenen Zusammenhanges, nach dem ein bestimmtes Handeln oder Verhalten von Menschen Folgen für deren Ergehen zeitigt („Tun-Ergehen-Zusammenhang"; „schicksalwirkende Tatsphäre"). Die matthäischen Makarismen basieren dabei auf einer Fortentwicklung entsprechender Vorstellungen unter den Vorzeichen apokalyptischen Denkens. Bildet der Zusammenhang von Tun und Ergehen eine Ordnung in der Welt ab, die sich im Guten wie im Schlechten immer wieder einstellen wird, so geht apokalyptisches Denken von Störungen in dieser Ordnung aus. Was ist, wenn es den Ungerechten und Gesetzesübertretern – gegen die theologisch begründete Erwartung – gut ergeht, und wie geht man damit um, dass die Gerechten und Frommen in dieser Weltzeit leiden müssen? Solche Fragen können in der Apokalyptik in der Weise beantwortet werden, dass der Gott Israels die erwartete Ordnung gewiss wiederherstellen wird, allerdings nach einem Ratschluss und in einer Zeit, die den Menschen jetzt noch nicht (gänzlich) erkennbar und einsichtig sind. Eine neue Welt ist von Gott bereits beschlossen und wird von ihm heraufgeführt werden, in der insbesondere die Gerechten – entgegen ihrem gegenwärtigen Geschick – glücklich sein werden.

Ohne einen solchen eschatologischen Rahmen kann man die Makarismen Jesu nicht verstehen. Ihre Besonderheit besteht darin, dass Gruppen, die man normalerweise als unglücklich bezeichnen würde (Arme, Hungernde, Trauernde, Verfolgte), als „glückselig" angesprochen sind. Dies ist nur möglich, weil Jesus diese Menschengruppen quasi transparent auf ihre Zukunft bei Gott hin ansieht: Gott wird sich ihrer gewiss annehmen und ihr unglückliches Geschick wenden. Darin artikuliert sich eine Eigenart der Rede Jesu von der Königsherrschaft Gottes, die in seinem Wirken bereits nahe ist: Eine Umkehrung der Verhältnisse in der Welt, gewissermaßen eine Drehung der Strukturen um hundertundachtzig Grad, wird erhofft und bricht sich bereits Bahn. Diese Umkehrung betrifft dabei nicht nur Materielles, sondern den Menschen in seiner physischen, emotionalen, sozialen und religiösen Realität in umfassendem Sinn.

Feiertäglich

**Wir sitzen
in einer wirklich
überaus schönen Kirche,
wohlgekleidet,
wohlgenährt und von
Wohlbehagen erfüllt.**

**Von der Kanzel verlautet,
dass Armut
selig macht.**

**Es war
eine wirklich
schöne Predigt.**

Lothar Zenetti, Sieben Farben hat das Licht: Texte, die den Tag begleiten, © Matthias Grünewald Verlag der Schwabenverlag AG, Ostfildern, 4. Auflage 2006, www.verlagsgruppe-patmos.de.

3. Die neun Makarismen im Matthäusevangelium

Matthäus findet in der Spruchquelle Q die Seligpreisung von Armen, Hungernden und Weinenden sowie Gehassten, Ausgegrenzten und Geschmähten am Beginn der Jüngerinstruktionsrede bereits vor. Durch eine planvolle Überarbeitung und Erweiterung (s.o.) aktualisiert er die Makarismen. Er rahmt sie durch den Zuspruch des Besitzes der Königsherrschaft der Himmel (Mt 5,3b.10b); d.h. die eschatologische Orientierung wird gewahrt. Zugleich sind zwei Grundtendenzen in den matthäischen Makarismen zu beobachten, die eng zusammenhängen: Zum einen wird der ethische Aspekt, der in Seligpreisungen immer angedeutet sein kann, durchgängig verstärkt. Man soll sich nun auch so verhalten, dass einen das zugesagte glückliche Geschick erreicht; in der Sprachform der Seligpreisung deutet sich Mahnung zu Gott wohlgefälligem Handeln an. Die folgenden Bildworte vom Salz und vom Licht (Mt 5,13-16) nehmen dies an die Adresse der Jünger auf: Es geht um das praktizierte Evangelium, das im Leben konkret und sichtbar wird. Zum anderen tritt damit teilweise eine stärkere Verdiesseitigung der Makarismen ein: Im jetzigen Leben und Handeln kann das zugesprochene Glück bereits manifest werden. Die Himmelsherrschaft ragt in das Handeln der Jünger schon jetzt hinein.

Der **erste Makarismus** (Mt 5,3) hat Prologfunktion. Die „Armen" sind in der Verkündigung Jesu und in der Spruchquelle Q Menschen, die nichts haben und ihren Zustand auch in keiner Weise ändern können. Der Makarismus spricht vom „Bettelarmen", nicht vom Armen, der sich und die Seinen durch anstrengende körperlicher Arbeit mit dem Allernötigsten zu versorgen vermag. Die „Bettelarmen" sind auf die Zuwendung Gottes angewiesen und darin modellhaft. Matthäus schließt mit seiner Ergänzung „im Geist" hier an und bezieht die Seligpreisung stärker auf die Jünger, damit aber zugleich auch auf seine Adressaten. Die Wendung „Arme im Geist" basiert nicht auf der Vorstellung vom Geist Gottes: Sie ist anthropologisch zu verstehen. Zu vergleichen sind Wendungen wie die vom „Geist der Bedrückten" bzw. vom „Herz der Zerschlagenen" (vgl. Jes 57,15) oder auch die biblische Rede von Demut im Geist (vgl. Ps 34,19). Wer demütig ist und „arm vor Gott", wird von diesem alle Hilfe erwarten. Dabei geht es jedoch nicht um eine „Technik" der Selbsterniedrigung und Selbstdemütigung, die man praktizieren könnte. Es geht um Reinheit des Herzens (Mt 5,8). (Zur Königsherrschaft der Himmel s. die Einleitung Punkt 6.3.1.)

Der **zweite Makarismus** (Mt 5,4) fährt nicht, wie in Q, mit dem erhofften Glück für die Hungernden fort. Vielmehr formuliert der Evangelist hier die Seligpreisung der Weinenden (vgl. Lk 6,21b) in eine solche der Trauernden um. Auch hier wirkt biblische Sprache ein; Hoffnung auf Tröstung der Trauernden findet sich z.B. in Jes 61,1ff. im Verbund eines Textes, der für das Verständnis des Wirkens Jesu im Neuen Testament verschiedentlich herangezogen wird (vgl. Lk 14,16-30). Das Abwischen der Tränen kann Metapher für die von Gott erhoffte neue Weltzeit sein (vgl. Offb 7,17; 21,4; Jes 25,8).

Auch der **dritte Makarismus** (Mt 5,5) ist mit biblischer Sprache gesättigt. Nach Ps 36,11 (LXX) werden die „Sanftmütigen" das Land besitzen und ihre Lust haben an der Fülle von Heil; nach Ps 22,27 werden die „Sanftmütigen" essen und satt werden; nach Ps 25,9 werden die „Sanftmütigen" im Recht geleitet u.a. Zugleich meldet sich deutlich die Tendenz zu einer Ethisierung.

„Sanftmut" kann in der Antike als ausgesprochene Herrschertugend gelten. Zugleich besteht eine Nähe zur Niedrigkeitsthematik des ersten Makarismus.

In der frühchristlichen Briefliteratur ist „Sanftmut" eine Tugend, die regelmäßig von den christlichen Adressaten eingefordert wird; sie kann neben Begriffen wie „Großmut", „Freundlichkeit" und „Barmherzigkeit" stehen. „Sanftmut" beschreibt das Gegenteil zur Affekthaftigkeit des Zorns, der nach jüdischem und christlichem Verständnis eine Hauptquelle für Übel ist (vgl. Mt 5,22). Nach Mt 11,29 ist der weise Messias vorbildhaft „sanftmütig" (vgl. Mt 21,5 beim Einzug; Sach 9,9). Die Verheißung des Besitzes des Landes / der Erde bindet sich nicht exklusiv an das biblische Israel als verheißenes Land; es geht um die Erde, die Welt – ohne jegliche ethnische oder geografische Einschränkung. Bemerkenswert ist, dass hier nicht ein himmlisches Gut verheißen ist, sondern die irdischen Bezüge nicht übersprungen werden.

Der **vierte Makarismus** (Mt 5,6) bezog sich ursprünglich auf die (Armen), die tatsächlichen Hunger leiden. Die Ethisierung wird hier bei Matthäus besonders greifbar, wenn sich die Seligpreisung nun auf diejenigen richtet, die nach „Gerechtigkeit" hungern und dürsten. Man soll sich mit seiner ganzen physischen Existenz in den Dienst der „Gerechtigkeit" stellen, die hier auf eine Praxis verweist. Dies steht in Einklang mit der Gesamtsicht auf das Thema Gerechtigkeit bzw. die „bessere Gerechtigkeit" im Matthäusevangelium (s. die Einleitung Punkt 6.3.2; vgl. Mt 5,10.20 u.a.). Zu beachten ist jedoch, dass „Sein" und „Tun" bei Matthäus durchgängig zwei Seiten derselben Medaille darstellen, und dass damit das Tun der Gerechtigkeit auch hier nicht abseits von der durch Gott gewährten Gerechtigkeit (vgl. Mt 6,33) zu begreifen ist: Es ist der Gott Israels, der insbesondere durch die Gabe der Tora, die jetzt durch den davidischen Messias Jesus qualitativ vollgültig zur Geltung gebracht wird, seinem Volk eine Lebensordnung gesetzt hat, die gerechtes Handeln allererst ermöglicht. Matthäus geht es mit dem Gerechtigkeitsbegriff darum, dass Lebensgabe und Lebensgestaltung zusammenstimmen müssen. Der Nachsatz wahrt dabei grundsätzlich wieder den Diesseitsbezug: Es geht nicht um die Sättigung mit übergeschichtlichen, himmlischen „Gütern", sondern um das reale Satt-Werden.

Der **fünfte Makarismus** (Mt 5,7) spiegelt die den Seligpreisungen durchgängig zugrunde liegende Korrespondenz von Tun und Ergehen präzise im Sprachlichen: Vordersatz und Nachsatz enthalten jeweils den Begriff der „Barmherzigkeit". Dieser verweist traditionsgeschichtlich stärker auf ein Gefälle der beteiligten Akteure als die Rede von „Liebe"/„Lieben"; er steht der matthäischen Rede vom „Erbarmen" sehr nahe und kennzeichnet das messianische Handeln Jesu ebenso wie seine Forderungen an die Jünger. Nach Mt 23,23 gehören „Recht", „Barmherzigkeit" und „Glaube" unter die „wichtigeren Dinge" in der Tora, welche Pharisäer und Schriftgelehrte übergehen. Auch hier gilt, dass man das, was Matthäus meint, nicht als „Werkgerechtigkeit" verstehen darf.

Der **sechste Makarismus** (Mt 5,8) überträgt einen kultisch konnotierten Begriff, der insbesondere in der pharisäischen Theologie eine besondere Rolle spielt, auf eine Haltung und Orientierung des Menschen. Der kultische Hintergrund der Reinheitsvorstellung wird noch sichtbar in Ps 24,4 – im Zusammenhang des Eintritts in den Tempel. „Herz" meint in biblischer Sprache nicht ein bestimmtes Organ im menschlichen Körper, sondern den gesamten Menschen in seiner fühlenden, denkenden und handelnden Ausrichtung. Die „Herzensreinheit" berührt sich in der Sache mit der ersten Seligpreisung (vgl. die Korrespondenz von „reinem Herz" und „neuem, beständigem Geist" in Ps 51,12): Es geht um eine innere Distanzierung von allem Profanen, Verkehrten und Trügerischen, die dann auch handelnd sichtbar wird. Die verheißene „Gottesschau" reflektiert wiederum biblische Sprache (vgl. Ps 11,7; 17,15; 27,4 u.a.). Dabei geht es weder um Vorgänge einer bloßen Visualisierung – die im Judentum im Blick auf Gott grundsätzlich unmöglich sind –, noch um Vorgänge innerer „mystischer" Erfahrungen. Das Futur im Nachsatz ist hier ganz ernst zu nehmen.

Der Begriff „Friedenschaffende" im **siebten Makarismus** (Mt 5,9) kommt im Neuen Testament nur an dieser Stelle vor. Auch sonst spielt die Rede vom „Frieden" im Matthäusevangelium keine zentrale Rolle (vgl. die auf Q-Stoff basierenden Stellen Mt 10,13.34 par.). Ganz deutlich ist, dass es hier um die aktive Praxis geht, die nicht zuerst von der Gewährung von Frieden durch Gott her denkt, nicht lediglich eine friedvolle Zukunft erhofft oder nur eine innerlich friedvolle Haltung anzielt, sondern heilvollen *Schalom* sozial und auch politisch realisieren möchte. Was gemeint ist, kann man auch hier exemplarisch an einigen Stellen aus dem Psalter verdeutlichen. Nach Ps 120,7 ist „Frieden" das Gegenteil von „Krieg". In Ps 34,15 bedeutet „dem Frieden nachjagen" in grundsätzlicher Weise vom Bösen abzulassen und Gutes zu tun. Ps 85,11f. bringt „Friede" mit „Gerechtigkeit" und „Wahrheit" in enge Relation. Ps 119,165 verweist auf den Zusammenhang von Frieden und Liebe des Gesetzes.

Im *Corpus* der Bergpredigt wird diese Seligpreisung im Gebot der Feindesliebe konkretisiert und zugespitzt (Mt 5,43-47). Allerdings wird es von Jesus nicht mit einer sozialen bzw. ethischen Motivation des Erreichens eines „besseren Zustandes" motiviert. Man soll nicht seine Feinde lieben, damit am Ende ein besseres Zusammenleben der Menschen möglich wird o.ä. – wobei dies quasi als Nebenwirkung durchaus gewünscht ist. Die primäre Motivation der Feindesliebe ist jedoch, dass sie dem Willen des Gottes Israels entspricht (Mt 5,45). Die Verheißung der Gotteskindschaft ist – wie im Fall Jesu (zur Gottessohnschaft Jesu s. Einleitung Punkt 6.2) – bei Matthäus natürlich nicht physiologisch bzw. biologisch gedacht. Es geht um engste Zugehörigkeit und Repräsentanz in der eschatologischen *familia dei*.

Der **achte Makarismus** (Mt 5,10) bildet zusammen mit Mt 5,3 einen Rahmen. Das Stichwort der Königsherrschaft der Himmel wird als Verheißung im Nachsatz und zugleich der matthäische Gerechtigkeitsbegriff aus der vierten Seligpreisung im Vordersatz erneut aufgegriffen. Ging es dort um einen aktiven Einsatz und ein Sich-Ausstrecken nach der Gerechtigkeit, so ist nun die Situation eines passiven Erleidens um der Gerechtigkeit willen im Blick.

Das griechische Verbum für „verfolgen" wird im **neunten Makarismus** erneut aufgegriffen, im Zusammenhang mit Beschimpfungen und lügnerischer Rede von „allem Schlechten" gegen die Angesprochenen. Die letzte Seligpreisung wirft Licht auf die Frage, wie die vorausgesetzte „Verfolgungssituation" zu verstehen ist. Man darf hier keinesfalls an römische „Christenverfolgungen" denken. Reichsweite Verfolgungen von Christen wegen ihres *Christseins* hat es im römischen Imperium im ersten Jahrhundert ohnehin nicht gegeben. Insbesondere liegen aber auch die konkreten Auswirkungen der Regentschaft des Domitian in den römischen Provinzen nicht im Gesichtskreis der matthäischen Jesusgeschichte. Auf das Gesamtbild gesehen, welches Matthäus vermittelt, ist bei der Erfahrung des „Verfolgtseins" am ehesten an Schikanen und Distanzierungsmaßnahmen von der pharisäisch-jüdischen Seite zu denken. Die neunte Seligpreisung ist ein Ort, an dem man in diesen „Geschwisterzwist" hineinschaut (s. die Einleitung Punkt 2); berührt ist dabei nach Mt 5,11 vorrangig die Ebene der verbalen Auseinandersetzung. Dies schließt keineswegs aus, dass man die achte und neunte Seligpreisung in späteren Jahrhunderten auch auf Verfolgungen von Seiten des Imperiums beziehen konnte.

Das Motiv der „verfolgten" Propheten, das abschließend als Begründung verwendet wird, verallgemeinert und stellt die Jünger in eine Linie mit dem Prophetengeschick. Die Vorstellung von einem eschatologischen Lohn („in den Himmeln") findet sich vermehrt im Matthäusevangelium. Hier darf man nicht an spätere Zerrbilder denken, die man auch in der Forschung z.T. von einem lohn- und leistungsgerechten Judentum gezeichnet hat. Es geht um echte Freude über die Anerkennung des eigenen Lebens durch Gott.

4. Zusammenfassung

Die bereits in der großen Jüngerinstruktionsrede von Q stehenden vier Makarismen hat Matthäus zu einer neun Glieder umfassenden Reihe ausgearbeitet. Diese bildet zusammen mit den folgenden Bildworten vom Salz und vom Licht den prologhaften Auftakt der Bergpredigt. Zugrunde liegt die in der Verkündigung Jesu begründete Umkehrung aller Werte, die mit dem Anbruch der Königsherrschaft Gottes anhebt. Die von der konkreten materiell-physischen Erfahrung her ansetzenden Makarismen Jesu hat der Evangelist insgesamt stärker ethisiert: Er hat sie auf Verhaltensweisen und Tugenden abgestimmt, die in der alttestamentlichen Tradition und insbesondere in der Sprache des Psalters wurzeln, aber auch über sie hinaus vermittelbar sind und insbesondere in den Anfängen frühchristlicher Ethik in der neutestamentlichen Briefliteratur begegnen. Es geht also bei den angesprochenen Gruppen bzw. den implizierten Verhaltensweisen für Matthäus insgesamt nicht um einen Rückzug in die Innerlichkeit; es geht nicht lediglich um Gesinnungsperspektiven. Es geht um die konkrete Praxis der Jünger, um Lebensdispositionen. Die konkrete Ausrichtung an den Möglichkeitsbedingungen des Handelns kann zu einer stärkeren Verdiesseitigung in einzelnen Makarismen führen. Gesättigt wird man auch bei Matthäus nicht erst „in den Himmeln", sondern auf der Erde, und die Sanftmütigen sollen die Erde ererben (Mt 5,5) etc.

Zugleich zeigen die Makarismen insgesamt, dass es um zukünftige Gnade geht, die das in den Seligpreisungen implizit *geforderte* menschliche Handeln erst ermöglicht. Den Akzent und Grundton trägt der Zuspruch „glückselig", d.h. einer qualitativ vollgültigen, nur von Gott her zu erhoffenden Glückseligkeit. Insofern ist es nicht verfehlt, wenn man die Seligpreisungen am Beginn der Bergpredigt als „Evangelium" aufgefasst hat, das den zahlreichen mahnenden Forderungen Jesu im *Corpus* der Bergpredigt grundlegend vorausgeht.

2.2 Der Text heute – Themen und Bausteine

Kerstin Offermann

1. Vorüberlegungen und didaktische Herausforderungen

Die Seligpreisungen sind einer der prägendsten, einflussreichsten und bekanntesten Texte aus dem Matthäusevangelium. Allerdings wurden sie im Laufe der Zeit aus unterschiedlichen Perspektiven gelesen. Luther z.B. identifizierte sich in seinen Predigten über die Seligpreisungen mit den von Jesus seliggepriesenen Schwachen, Armen und Verfolgten und brandmarkte damit seine Gegner als Gegner des Reiches Gottes. Seine Intention bei der Auslegung ist es, zu einem Leben und zu einer inneren Haltung, die dem Evangelium gemäß ist, aufzurufen und damit seine Hörer in ihrer neuen evangelischen Erkenntnis zu bestärken. Allerdings entschärft er dabei die Radikalität der Seligpreisungen und passt sie dem alltäglichen Leben an. Aus Friedensstiftern werden Menschen, die sich deeskalierend in Nachbarschaftsstreitigkeiten einsetzen, oder Ordnungskräfte, die für inneren Frieden in der Gesellschaft sorgen. In den 80er Jahren des letzten Jahrhunderts wurden die Seligpreisungen auf dem Hintergrund der politischen Diskussionen der Friedensbewegung vor allem von der Friedensstifter-Seligpreisung her gelesen. Damit wurden die Seligpreisungen auch zu einem politischen Statement. Auch hier ging es darum, die gegenwärtigen Leser zu einer Haltung und zu einem Leben gemäß dem Evangelium aufzurufen, nämlich zu einem pazifistischen Leben. Allerdings gilt es hier zu beachten, dass Friedensstifter kein zentraler Begriff bei Matthäus ist! Sein zentrales Anliegen ist eher die Versöhnung.

Die Seligpreisungen lesen sich also sehr unterschiedlich, je nachdem, in welchem gesellschaftlichen Kontext man sie liest. Vielleicht ist das ja auch grade ein Zeichen für die Größe des Textes, dass er zu ganz unterschiedlichen Menschen in sehr unterschiedlichen Situationen so spricht, dass sie darin konkrete Anweisungen für ihren Alltag hören.

Allerdings verändert es das Verständnis des Textes auch elementar, wenn man ihn als Handlungsaufforderung oder als Zuspruch und Trost liest. Sicherlich ist beides in ihnen angelegt. Es könnte für die TN hilfreich sein, beide Seiten im Text zu entdecken und damit ihre Sicht auf den Text zu erweitern.

2. Ein Bibeltext für alle Generationen

Baustein: Da die Seligpreisungen zu so unterschiedlichen Menschen sprechen, ist dieser Text geeignet, ihn auch in der Gemeinde mit ganz unterschiedlichen Menschen zu lesen und zu besprechen. Es bietet sich an, die Seligpreisungen in verschiedenen Gruppen und Kreisen zu behandeln und die Ergebnisse in einem gemeinsamen Gottesdienst einander vorzustellen.
Im Religionsunterricht in der Schule oder **im Konfirmandenunterricht**: Wie stellen sich die Kids ihr zukünftiges Leben vor? Was sagen sie, wer glücklich ist? Sind die Seligpreisungen dagegen bloß Unsinn, oder steckt in ihnen eine tiefere Weisheit? Methodisch könnte man eine Kollage erstellen, die beide Seiten eines glücklichen Lebens einander gegenüberstellt.
Im Gesprächskreis/Hauskreis könnten neben dem Bibeltext auch zeitgenössische Seligpreisungen gelesen und besprochen und dann eigene Seligpreisungen geschrieben werden.
Im Kindergottesdienst lassen sich kurze Spielszenen zu den einzelnen Seligpreisungen entwickeln – evtl. mit kontrastierenden Gegenszenen (sanftmütig – cholerisch / reines Herz – verschlagen / nach Gerechtigkeit suchen – andere übers Ohr hauen).
Im Seniorenkreis könnte es um die eigene Lebenserfahrung gehen: Wann war ich glücklich? Wann war mein Leben nach Jesu Meinung glücklich? Gibt es da Überschneidungen?

3. „Bist du es?" – Jesus oder wir – Wer ist gemeint und wie hängt das zusammen?

Wir hören die Seligpreisungen individualistisch – es könnte aber auch die Gemeinschaft der Christen, die Kirche, gemeint sein.
Jesus ist der, auf den alle Seligpreisungen zutreffen. Sie beschreiben sein Wesen. Da wir als Kirche „sein Leib" sind, wären sie auch die Beschreibung des Wesens der Kirche.

> Außer Jesus wird kein Mensch je in der Lage sein, alle acht dieser wunderbaren Merkmale eines christlichen Charakters umzusetzen. Als Kirche aber könnte uns dies gelingen, weil verschiedene Christen verschiedene Gaben und Sichtweisen mitbringen. Wir lernen sie nur in Gemeinschaft, in der Auseinandersetzung mit anderen, die die Wesensmerkmale auf andere Weise widerspiegeln, und in der Konfrontation mit unseren eigenen Schwächen und Stärken.
>
> [...] Weil der Auferstandene Jesus Christus auch heute noch denselben Charakter hat und er daher mit seinem Charakter bei uns ist, sind die Seligpreisungen auch eine kraftvolle Ermutigung. Jesus will mit diesen Sätzen Kirche formen.
>
> _{Steven Croft, Format Jesus. Unterwegs zu einer neuen Kirche, BEG Praxis, Neukirchen-Vluyn 2012, 23,
© Neukirchener Verlagsgesellschaft mbH.}

Was heißt also: Jesus nachfolgen und wie kann es gelingen?
Baustein: Legen Sie die Seligpreisungen auf Blätter geschrieben einzeln auf den Boden und bitten sie die TN, sich zu der Seligpreisung zu stellen, die ihnen am wichtigsten ist. Lassen Sie zunächst die TN in den acht Gruppen austauschen, was ihnen diese Seligpreisung bedeutet. Dann öffnen sie die Runde für einen Austausch zwischen allen acht.

Baustein: Finden Sie für die acht Charakteristika jeweils Situationen aus Jesu Leben, in denen dieser Wesenszug Jesu deutlich wird.
Kennen die TN Menschen aus ihrem Umfeld, in deren Charakter und Leben sich eine der Seligpreisungen spiegelt? Welchen der acht Charakteristika hätten die TN gerne selbst (mehr) als Charakterzug? Wie stellen sie sich einen Menschen vor, der diesen Charakter lebt?
Versuchen Sie, für alle acht Seligpreisungen zu beschreiben, wie diese sich in einer Kirche/Gemeinde umsetzen lassen würden.

> **Mein Vorschlag wäre, diese Sätze zu unserer Vision zu machen, mit der wir an christlichen Gemeinschaften für das 21. Jahrhundert bauen können. Sie sind unser Kompass bei der Aufgabe, Kirche zu leiten und über sie zu wachen. Sie zeigen uns die Richtung auf und helfen uns dabei, unseren Weg durch die Zeit des großen Wandels zu finden.**
>
> Steven Croft, Format Jesus. Unterwegs zu einer neuen Kirche, BEG Praxis, Neukirchen-Vluyn 2012, 27, © Neukirchener Verlagsgesellschaft mbH.

4. Königsherrschaft der Himmel

Seligpreisungen sind eine „Regierungserklärung des Himmels". Wer Bürgerin oder Bürger dieses Königsreiches ist (also: wer zu Jesus gehört!) soll sich schon hier und jetzt nach den Gesetzmäßigkeiten dieses Königreiches verhalten. Gleichzeitig sind wir aber auch noch „Weltenbürger", gehören also zu beiden Welten. Jesus behauptet aber, dass es unserem Leben und Wohlergehen gut tut, wenn wir uns nach den Gesetzmäßigkeiten des Himmels verhalten. Seiner Logik nach gelten diese Gesetzmäßigkeiten auch schon hier, quasi als Logik im Hintergrund, die sich aber als die eigentlich angemessene Logik des Lebens letztlich durchsetzen wird. Wer sie jetzt schon Ernst nimmt, der unterstützt ihren Durchbruch bei sich selbst und auch in seinem Umfeld.
Baustein: Nicholas T. Wright gebraucht in seinem Buch „Matthäus für heute" ein sehr eindrucksvolles Bild: Er beschreibt, wie es Piloten zunächst nicht gelingen wollte, erfolgreich die Schallmauer zu durchbrechen, weil in eben jenem Moment die Instrumente in ihren Cockpits verrücktspielten. Wer aber nicht weiß, wie er seine Instrumente lesen soll, kann sein Flugzeug nicht fliegen. Erst nach und nach erkannten sie, dass die Instrumente jenseits der Schallmauer genau umgekehrt anzeigten als zuvor. Eine ähnliche Logik findet sich auch bei Jesus. Allerdings haben wir keine Instrumente, sondern nur die Worte Jesu. Kann man sich so auf sie verlassen, wie sich ein Pilot auf seine Instrumente verlässt?

5. Martin Luthers Auslegung der Seligpreisungen

Auf der DVD finden sie eine Materialsammlung zu Luther und den Seligpreisungen.

In der Auslegung der einzelnen Seligpreisungen ist Luther nah bei den Menschen und ermahnt sie, daraus keine elitäre Ethik für Asketen zu machen. Im Gegenteil, er betont ihre Alltagstauglichkeit: Diejenigen, die sich um die Gerechtigkeit bemühen, also in Luthers Verständnis um den Glauben an und die Ausbreitung des Evangeliums, werden von denen verspottet, die sich nur um weltliche Dinge kümmern. Denen wird in den Seligpreisungen der Rücken gestärkt, damit sie den Spott aushalten können. Die Menschen werden in den Seligpreisungen ermutigt und aufgerufen, Mitleid zu zeigen (aber nicht: immerzu mit sauertöpfischer Miene rumzurennen), für Ruhe und Ordnung in der Zivilgesellschaft zu sorgen und ihr Leben in Frieden und Versöhnung mit ihren Nachbarn und Arbeitskollegen zu leben, ohne starrsinnige Rechthaberei oder engstirnigen Geiz. Luther bricht die Seligpreisungen auf das Alltägliche herunter und macht sie damit lebbar, aber nicht weniger widerständig. Denn sich für den Weltfrieden einzusetzen, ist ehrbar und groß, aber mitunter fordert es mindestens so viel Charakter und Stärke, Frieden mit dem Nachbarn zu halten oder den eigenen Stolz in seine Grenzen zu weisen.

Baustein: Welche alltägliche Weisheit finden Sie in den Seligpreisungen? Wem wird hier von Gott der Rücken gestärkt? Welche alltäglichen Herausforderungen stecken in ihnen? Gehen Sie die acht Seligpreisungen durch und überlegen Sie für jede einzelne: Ist das weise? Ist das alltagstauglich? Was würde es konkret im Alltag bedeuten?

6. Plan für ein seliges Leben

Ist „selig" gleichbedeutend mit „glücklich"?
Der Duden deutet Glück als „angenehme und freudige Gemütsverfassung, in der man sich befindet, wenn man in den Besitz oder Genuss von etwas kommt, was man sich gewünscht hat." Es ist der Zustand innerer Befriedigung und Hochstimmung. „Selig" ist für den Duden im Unterschied dazu ein vollkommenes, überhöhtes, himmlisches Glück; aber eben auch ein jenseitiges.
Die Glücksforschung hat für „Glück" folgende Faktoren bestimmt: stabile Liebesbeziehung, Gesundheit, den eigenen Fähigkeiten entsprechende Beruf, Freunde, Kinder, Geld für die Grundbedürfnisse. Der Glücksindex in Butan nennt als Maß für das Bruttoglücksprodukt seiner Bewohner: Lebensstandard, Gesundheit, psychisches Wohlergehen, Bildung, Zeiteinteilung, gute Regierungsführung, Gemeinschaftsgefühl.
Baustein: Assoziieren Sie mit den TN zum Begriff „selig". Überlegen Sie gemeinsam, ob es einen Unterschied zum Begriff „glücklich" gibt.
Trifft das, was die TN zum Begriff „selig" gesagt haben, auch ihre Vorstellung von einem glücklichen, erfüllten, gelingendem Leben?
Baustein: Lesen sie im Kontrast dazu mit den TN aktuelle Übertragungen der Seligpreisungen Z.B.: www.neu-bybarny.de/info/selig.htm.

Bieten Sie den TN die verschiedenen (biblischen und modernen) Seligpreisungen einzeln auf Blätter geschrieben an. Bitten Sie sie, sich selbst eine Liste der Seligpreisungen zusammenzustellen, die für sie plausibel ist. Die TN dürfen auch andere Seligpreisungen ergänzen und so ihre eigene Reihe erschaffen. Wen würden die TN als selig bezeichnen?

Lieder

GL 140	Kommt herbei, singt dem Herrn (BEL 617 u. in weiteren Regionalteilen)
GL 458	Selig seid ihr, wenn ihr einfach lebt (BEL 667 u.a.)
EG 262 / GL 481	Sonne der Gerechtigkeit

EG 358	Es kennt der Herr die Seinen
EG 416	O Herr, mach mich zu einem Werkzeug deines Friedens
EG 425	Gib uns Frieden jeden Tag
EG 428	Komm in unsere stolze Welt

2.3 Vorschlag für eine Bibelarbeit

Rita Müller-Fieberg

Inhaltlicher Schwerpunkt

In ihrer Verschränkung von Zuspruch und Anspruch, von Gabe und Aufgabe zeigen die matthäischen Seligpreisungen: Gott schenkt „Seligkeit" und „Glück" in überraschend großem Maß. Und gleichzeitig hat dieses Glück viel mit dem eigenen Handeln, mit der Antwort auf dieses Geschenk zu tun – für uns und für andere.

Raumgestaltung

Stuhlkreis mit genügend großer Mitte für die verschiedenen Aktionen.

Materialien und Medien
- ggf. Liedblatt
- Plakat mit der Aufschrift: „Wer's glaubt, wird selig" (alternativ: T-Shirt)
- Moderationskarten und dicke Stifte
- Bibeltext (DVD, Teilnehmerheft)
- große Vase, trockene Zweige und Blumen
- bunte Blätter, Formvorgaben für das Gedichteschreiben, ggf. Hintergrundmusik

Zur Gestaltung des Abends

Liturgische Eröffnung
- Lied: Wo Menschen sich vergessen (T: Thomas Laubach, M: Christoph Lehmann; in: Kommt, atmet auf. Liederheft für die Gemeinde, 2011, Nr. 075)

Auf den Text zugehen: „Wer's glaubt, wird selig!" (ca. 20 min)

a) Hinführung

Berge sind Orte, an denen sich „Himmel und Erde berühren". Es sind Orte, die die Perspektive des Überblicks ermöglichen, neue Horizonte erschließen und Relationen neu bestimmen lassen. Sowohl im Alten wie auch im Neuen Testament ist die Begegnung mit dem zentralen Zuspruch und Anspruch Gottes gegenüber uns Menschen mit einem Berg verbunden: Wie Mose auf dem Berg Sinai den Dekalog empfängt (Ex 19,3), so steigt auch Jesus auf einen Berg (Mt 5,1), um eine neue Perspektive auf das zu eröffnen, was Gerechtigkeit in Gottes angebrochenem Reich bedeuten kann. Die Seligpreisungen stellen den programmatischen Einstieg in diese „Bergpredigt" dar.

b) „Selig"?! – Assoziationen und Fragen

In die Mitte wird ein Plakat mit dem (ursprünglich auf Mk 16,16 zurückgehenden) Sprichwort „Wer's glaubt, wird selig" gelegt. Die TN schreiben ihre Assoziationen und Fragen zum Sprichwort auf Karten und legen diese ebenfalls in die Mitte. Im sich anschließenden Austausch werden die Assoziationskarten thematisch geclustert.

Bei manchen Print-on-Demand-Unternehmen (z.B. www.spreadshirt.de) gibt es auch T-Shirts mit Aufdrucken wie „Jesus lebt! – Wer's glaubt, wird selig!" oder „Jesus liebt auch dich! – Wer's glaubt, wird selig!" Alternativ zum mit Karten kommentierten Plakat könnte man auch ein solches T-Shirt (oder ein Bild davon) von TN zu TN mit der Bitte um ein spontanes Statement reichen.

Als mögliche Fragestellungen für eine erste Gesprächsrunde im Plenum könnten sich ergeben:
→ Was bedeutet es eigentlich, „selig" zu sein? Was benötigt man dazu? Was wäre umgekehrt ein „unseliger" Zustand?
→ Sind die Verheißungen der Seligpreisungen glaubhaft? Entsprechen sie meinen Erfahrungen? Was erwarte ich – von wem? Was wird von mir erwartet?

Dem Text begegnen: Zuspruch erfahren – sich auf den Anspruch einlassen (ca. 40 min)

a) Texterschließung

Der Bibeltext wird reihum Vers für Vers gelesen. In einer anschließenden Einzelphase haben die TN die Gelegenheit, den Text je nach eigenen Bedürfnissen mit Markierungen zu versehen (Västerås-Methode):

? Hier habe ich eine Frage.
! Hier habe ich eine Idee / eine Einsicht.
↔ Das geht mir gegen den Strich / ärgert mich.
♥ Das geht mir zu Herzen / rührt mich an.

Die Markierungen werden im folgenden Plenumsgespräch thematisiert. Dabei können sowohl inhaltlich-exegetische Klärungen als auch aktualisierende Übertragungen zur Sprache kommen. Als Gesprächsaspekte kommen z.B. in Frage:

→ Das griechische Wort *makarios* kann im Deutschen auch mit **„glücklich"** übersetzt werden. Eventuell lohnt es sich, den Text noch einmal zu lesen und dabei die Vokabel „selig" durch „glücklich" zu ersetzen. Welcher Eindruck entsteht jeweils bei den Horenden?
→ Der zentrale Begriff der **Gerechtigkeit** (Mt 5,6.10) ist im biblischen Kontext ein „Verhältnisbegriff": Gerecht verhält sich, wer im Einklang mit Gott und zugunsten der Gemeinschaft handelt. „Gerechtigkeit" ist somit nicht sachlich-neutral, sondern engagiert-parteiisch assoziiert.
→ Die zwei Strophen der Seligpreisungen (Mt 5,3-6 und 5,7-10) werden gerahmt vom Zuspruch des „Himmelreiches"; sie zielen so in das **Zentrum der Botschaft Jesu**.
→ Eventuell bietet sich der **synoptische Seitenblick** in die lukanische Feldrede an (Lk 6,20-23). Gerade dort wird Menschen, die eigentlich in einem heil-losen Zustand sind – weil arm, hungernd und weinend – ganz bedingungslos, unerwartet und sehr handfest Heil zugesprochen. (Umgekehrt folgen mindestens ebenso handfeste Weherufe an die Adresse der Reichen, Satten und Lachenden; vgl. Lk 6,24-26.)
→ Auch bei Matthäus geht es um den Zuspruch Gottes. Wer „geistlich arm" ist, der setzt all seine Erwartungen in Gott. Und den Trauernden wird Trost versprochen. Gleichzeitig aber können die Seligpreisungen als ein **Modell christlichen Handelns** dienen. „Selig" werden

diejenigen genannt, die keine Gewalt anwenden, sich nicht zum Zorn hinreißen lassen, die Sehnsucht nach gerechtem, barmherzigem Handeln haben und sich aktiv für den Frieden einsetzen.
- → **Christenverfolgungen** sind damals wie heute aktuell. Die Verse Mt 5,10f. zeigen realistisch mögliche Kehrseiten konsequenter Nachfolge auf.
- → Die **Verheißungen** der Seligpreisungen sind überwältigend groß. Sie umfassen sowohl das Stillen menschlicher Grundbedürfnisse (Trost, Land zum Leben, Sattsein, die Erfahrung von Barmherzigkeit) als auch die volle Gemeinschaft mit Gott (Schau seines Angesichts, Gotteskindschaft).
- → Das Wort Himmel bzw. Himmelreich kommt mehrfach vor. Anhand der Parallelstellen im Teilnehmerheft kann darüber nachgedacht werden, was Mt damit meint. Zu dieser Thematik passt das Lied von Wilhelm Willms: „Weisst du wo der Himmel ist" (Text im Teilnehmerheft, Noten in einigen Liederbüchern, z.B. von Kirchen- und Katholikentagen; vertont zu finden auf der CD: „Weisst du wo der Himmel ist – Die schönsten religiösen Lieder von Ludger Edelkötter", die im Kinder Musik Verlag erschienen ist.)

b) Hoffnung und Ermutigung zwischen „schon-jetzt" und „noch-nicht"

Die Seligpreisungen wenden sich nie an Einzelne, immer ist von einem Kollektiv im Plural die Rede. Gemeinsam gelesen können sie – gerade bei „Gegenwind" – zur gegenseitigen Ermutigung und Rückenstärkung im Denken und Handeln werden. Dazu soll dieser Schritt Gelegenheit geben.
- → Es können Erfahrungen miteinander geteilt werden, die „überraschend glücklich" gemacht haben: wenn – oft wider allen Erwartens – Trost im Leid erfahren wird, Frieden gelingt, Barmherzigkeit geschenkt oder erlebt wird etc. (Symbol der blühenden Blume).
- → Es sollen aber auch schmerzliche Erfahrungen zur Sprache kommen dürfen: Orte und Momente, in denen die Gerechtigkeit mit Füßen getreten wird, das Leid unerträglich ist, das Friedenstiften misslingt – wo die Verheißungen der Seligpreisungen utopisch fern erscheinen (Symbol der trockenen Zweige).

In die Mitte wird eine große Vase gestellt. Einzelne Blumen und trockene Zweige liegen bereit. Die TN werden eingeladen, ihre „Glückserfahrungen", Ermutigungen, Wünsche und Anliegen zum Ausdruck zu bringen und je nach dem eine Blume oder einen trockenen Zweig in die Vase zu stellen.

Mit dem Text weitergehen: Ein Gedicht schreiben (ca. 30 min)

Die TN werden eingeladen, ihre Gedanken zu den Seligpreisungen in einem kleinen Gedicht zum Ausdruck zu bringen. Die Gedichtform „Definition" bietet sich diesbezüglich an, weil sie einerseits Kreativität und Freiheit ermöglicht, andererseits durch die Formvorgaben das Schreiben erleichtert. Die Formvorgaben werden gut sichtbar während des gesamten Schreibprozesses ausgehangen. Das Schreiben kann von Musik im Hintergrund begleitet werden.

- → Zeile 1: Begriff, der das Thema des Gedichtes nennt (In diesem Fall können die TN zwischen den beiden Adjektiven „**selig**" oder „**glücklich**" entscheiden.)
- → Zeile 2: zwei Adjektive zu diesem Begriff
- → Zeile 3: drei Verben zu diesem Begriff

→ Zeile 4: ein ganzer Satz zu diesem Begriff
→ Zeile 5: ein Wort, das das Gedicht zusammenfasst und abschließt

Im Anschluss kann, wer möchte, sein Gedicht vorlesen und um die Anfangsassoziationen herum in die Mitte legen. Ob noch Austauschbedarf besteht oder die Gedichte besser unkommentiert bleiben, ist je nach Gruppe zu entscheiden.

Liturgischer Abschluss
→ Gebet:
Herr, gib uns die Weisheit,
auf die Toren dieser Welt zu hören,
gib uns die Kraft,
auf die Schwachen zu lauschen,
damit wir durch jene,
die nichts sind,
das Wort Christi begreifen mögen.
unbekannte Autorin aus Kenia, 20. Jh.
(gefunden in: Ulrich Meyer, Poetische Texte zu den Lesungen im Kirchenjahr, Hannover 2005, 61)

→ Gemeinsames Vaterunser (als das Gebet, das im Mittelpunkt der Bergpredigt steht)
→ Lied: Sonne der Gerechtigkeit (EG 262 / GL 481)

2.4 Bildbetrachtung: Ansprache

Johannes Beer

*Jörgen Habedank, „Dialog unter dem Kreis" 2013,
Acryl und Collage auf Papier, 40 x 30 cm*

Auf den ersten Blick hat dieses Bild etwas fröhlich Tanzendes. Nichts scheint so wirklich in Ruhe oder statisch zu sein. Die Figuren stehen nicht still, sondern sind voller Dynamik. Von oben kommt ein Kreis ins Bild und setzt sich wellenartig fort. Und selbst die auf den ersten Blick monochromen Flächen vibrieren in ihren kreisenden Mustern. Hier ist Musik drin.

Mehrere aufrechte Gestalten beherrschen den unteren Bildraum. Fünf weiße und zwei schwarze fallen uns sofort auf. Nach einiger Zeit des Schauens treten auch zwei türkise hervor. Unklar bleibt, wenn auch unwahrscheinlich, ob die orangenen Striche an der unteren Kreislinie weitere nur angedeutete Figuren sind. All diese Menschen stehen in Beziehungen zueinander. Sie bilden Gruppen und scheinen zum Teil im Gespräch zu sein. Gleichzeitig sind alle auf diesen Kreis ausgerichtet, der sich in unterschiedlichsten Linien zeigt. Da ist ein helles Zentrum und eine klare weißgelbliche Linie. Da ist ein grünlicher Bogen mit klarer unterer Kante. Da sind die Wiederholungen dieser Linie, die sich wie Wellen auf der blauvioletten Fläche nach unten fortsetzen. Und da ist schließlich eine Fläche in derselben Farbigkeit, die wie ein See oder ein Becken auf uns wirkt, worum sich die Gestalten versammelt haben.

Die ganze Farbigkeit dieser Arbeit ist hell und licht, ja, von transparentem Glanz. Sie wirkt warm und angenehm. Sommer und Himmel assoziieren wir mit diesen Farben. Und wir vermeinen die Stimmen der Gespräche zu hören, aber mehr wie ein Flüstern, denn eigentlich erwarten wir, dass eine Stimme oder wenigstens ein guter Klang von der Mitte her ausgeht, eine Stimme, die den Bewegungen der Farblinien folgt und letztlich die Gestalten ergreift.
Jesus hat sich auf den Berg gesetzt und predigt. Von ihm geht aus, was die Menschen hören und sie ergreift. Einzeln stehen sie vor ihm und auf ihn ausgerichtet. Gleichzeitig richten sie sich auf einander aus. Und begeistert werden sie zu Hörenden: „Selig seid ihr!"

3 | Das Ende des Wartens: Mt 11,2-15.25-30

3.1 Exegese

Reinhard von Bendemann

1. Die Erfüllung von Prophetie und Weisheit

Die für die Ökumenische Bibelwoche gewählte Zusammenstellung von Stücken aus dem 11. Kapitel des Matthäusevangeliums gibt einige Verständnisprobleme auf. In Mt 11 kehrt der Evangelist nach der Aussendungsrede (Mt 10,1–11,1) noch einmal zum Täuferfaden seiner Erzählung zurück. Damit kommen Texte ins Spiel, die schon vor der Entstehung des Matthäusevangeliums gewachsen sind und deutliche Spuren von Diskussionen innerhalb der frühen Gemeinde zu erkennen geben. Durch Zufügung von Sondergutstoffen entsteht insgesamt ein komplexes und mehrdimensionales Gefüge der Jesusrede. Ein möglicher Zugang ergibt sich, wenn man sich den Textzusammenhang von zwei komplementären Brennpunkten her erschließt.

Im Matthäusevangelium gilt insgesamt, dass der Tora besondere und unverwechselbare Bedeutung zukommt, soweit sie im Wirken und in der Verkündigung des davidischen Messias qualitativ vollgültig realisiert wird. Neben der Tora spielen jedoch auch die Propheten für die matthäische Christologie eine ganz entscheidende Rolle (vgl. nur Mt 1,22f.; 5,12 u.a.). Nach Mt 5,17 ist Jesus nicht nur zur „Erfüllung" der Tora gekommen, sondern vielmehr auch, um die Propheten zu „erfüllen". Im Gefüge von Mt 11 wird diese Erfüllung prophetischer Verheißungen in einer Verhältnisbestimmung zu Johannes dem Täufer durchgespielt, der seinerseits bereits „mehr" war, als nur ein Prophet.

Auf den Kanon der biblischen Schriften gesehen tritt in Mt 11 nun neben den Brennpunkt der (Tora und der) Propheten noch ein weiterer Fokus: nämlich der der Weisheit. Beide, Jesus und der Täufer, werden in ihrer Zuordnung zum Handeln der göttlichen Weisheit in der Welt beleuchtet. Der Messias Jesus nimmt am Ende zentrale Verheißungen, die in Israel mit der Weisheit einhergehen, in sich auf. Für Matthäus gilt dabei: Wie die Propheten nicht ohne die Tora zu verstehen sind, so hat auch die göttliche Weisheit eine Affinität zum Gesetz, die nun freilich im sogenannten Heilandsruf Jesu (Mt 11,28-30) ebenfalls in ein neues Licht rückt.

Matthäus schreibt für eine Leserschaft, für die dies wichtig ist: Die Praxis Jesu erschließt sich nicht allein im Licht der Erfüllung der Tora, sondern auch der prophetischen und weisheitlichen Traditionen Israels. Das 11. Kapitel des Matthäusevangeliums umfasst damit zugleich die Verheißungs- und Erfüllungspotentiale der gesamten hebräischen Bibel im Licht des Christuszeugnisses.

2. Die Taten des Messias – endzeitliche Erfüllung der prophetischen Verheißungen

Die Situation der ersten Szene in Mt 11 gestaltet sich so: Der Täufer ist bereits inhaftiert, er hört vom Wirken Jesu und lässt daraufhin durch seine Schüler („Jünger") diesen nach seiner Rolle im Heilsplan Gottes fragen. Die Antwort Jesu in Mt 11,4f. setzt dabei an dem Punkt an, der wahrscheinlich auch historisch die augenfälligste Differenz zwischen Johannes und Jesus beschreibt: Von Johannes ist keinerlei Heiltätigkeit berichtet. Dagegen gehören Krankenheilungen, Dämonenbannungen und Totenerweckungen zur unverwechselbaren Signatur der Praxis Jesu. Von Matthäus werden diese als „Taten des Messias", d.h. des davidischen Messias Jesus verstanden. Sie sind Ausdruck des Anbruchs der messianischen Heilszeit.

Bereits in der Spruchquelle Q, auf der Matthäus hier aufbaut, wird dies durch Bezüge zu einigen Texten aus dem Jesajabuch herausgestellt (vgl. Jes 29,18; 42,7.18 u.a.). Collageartig entsteht ein „Katalog der Taten des Messias". Der Evangelist arrangiert diesen „Katalog" so, dass er in sich noch einmal aufnimmt und abbildet, was in den Kapiteln 8 und 9 in dem großen Zyklus der Wundertätigkeit Jesu erzählt worden ist. Im Sinn des Matthäus sind diese Taten des Messias gleichgewichtig mit der Lehre des Davidssohns. Mt 8f. hat der Evangelist nämlich sorgfältig als ein Gegenüber zur Bergpredigt ausgestaltet, welches mit dieser unablösbar zusammengehört (s. auch die Einleitung Punkt 6.4). Die hier erzählten Geschichten werden mit Mt 11,5f. als messianische Praxis in Erinnerung gerufen. Es geht dabei insgesamt nicht nur um ein „übertragenes" oder „symbolisches" Heil-Werden; vielmehr sind es tatsächlich Taten, durch die Menschen real-physisch gesund werden, und es geht um handgreifliche Zeichen des Anbruchs der messianischen Zeit.

An erster Stelle stehen im „Katalog" von Mt 11,5 die Blinden, die ihre Sehfähigkeit zurückerlangen; Matthäus setzt solche Blindenheilungen an mehreren Stellen in seinem Evangelium in Szene (vgl. Mt 9,27-31; 12,22-24; 20,29-34; 21,14). Wie schon im Markusevangelium wird dabei vorausgesetzt, dass Erkrankungen von Sinnesorganen in besonderer Weise für die Rezeptionsfähigkeit von Menschen gegenüber dem Heil transparent werden können; es geht nicht allein um Prozesse äußerer Visualisierung, sondern auch um ein „inneres" Sehen/Erkennen der Wahrheit. Auch die weiteren Elemente des „Katalogs" finden eine narrative Entsprechung im ersten Evangelium: Die Heilung eines Gelähmten war von Matthäus in Mt 9,2-8 (im Anschluss an Markus) mit der Vollmacht des Menschensohnes, Sünden zu vergeben, verbunden worden. Mt 9,32f. hat von der Heilung eines Tauben/Stummen erzählt, der zugleich als dämonisch besessen gilt; das Volk hatte hier mit dem Wort: „So etwas ist noch nie in Israel geschehen" (Mt 9,33) reagiert; zuvor wurde die Auferweckung der toten Tochter des „Vorstehers" berichtet, die zu Resonanzen im „ganzen Land" geführt hat (vgl. Mt 9,23-26).

In den jesajanischen Texten, die dem „Katalog" von Mt 11,5 zugrunde liegen, findet sich kein ausdrücklicher Hinweis auf das „rein" werden von Aussätzigen. Matthäus trägt diesen schon im Markusevangelium wichtigen Bereich der Praxis Jesu nach, um auch hier den Wunderzyklus Mt 8f. abbilden zu können: Der Zyklus hatte mit Heilung eines Aussätzigen begonnen (Mt 8,1-4 par. Mk 1,40-44). „Aussatz" ist dabei im antiken Judentum ein vorrangig religiös definiertes Leiden und nach Lev 13f. wahrscheinlich keine körperlich gefährliche Erkrankung; man darf den griechischen Begriff *lépra* hier nicht mit der (später so benannten) Hansen'schen Krankheit verwechseln („Lepra"). Welche physiologischen Veränderungen der Haut und weiterer Oberflächen beim biblischen Aussatz gemeint sind, ist sehr schwer zu sagen; möglicherweise geht es um eine vergleichsweise harmlose Schuppenflechte. Entscheidend ist, dass mit diesen Auffälligkeiten der Haut die Gemeinschaftsfähigkeit von Menschen als beeinträchtigt gilt, und dass nicht der Arzt, sondern allein der Priester entsprechende Störungen der Gemeinschafts- und Kommunikationsfähigkeit aufzuheben vermag.

Mit dem „Evangelium" für die „Armen" in Mt 11,5 (vgl. Jes 61,1) wird der Täufer von Jesus nicht allein auf seine wunderhafte Praxis, sondern auch auf seine Verkündigung verwiesen. Innerhalb des narrativen Verbundes von Mt 5–9 kann die Leserschaft hier noch einmal an die Bergpredigt denken (vgl. die Seligpreisungen in Mt 5,3-11).

Die Täuferfrage ist damit auf der matthäischen Erzählebene ganz eindeutig beantwortet: Man soll auf keinen anderen warten (Mt 11,3). In Jesus sind die relevanten messianischen Verheißungstexte deutlich eingelöst; in ihm ist alle Evidenz vorhanden, in seiner Praxis bricht sich die bereits herankommende Königsherrschaft der Himmel Bahn.

3. Die höhere Weisheit Jesu – Der Heilandsruf in Mt 11,28-30

Der Text ist von Imperativen bestimmt („kommt alle zu mir!"; „tragt!" / „hebt auf euch!"; „lernt!"), die in eine Verheißung münden und die Beziehung zu Christus zum Ausdruck bringen (V.28: „zu mir" / „und ich"; V.29: „mein Joch"; „lernt von mir"; „ich bin sanft"; V.30: „mein Joch"; „meine Last"). In vergleichbarer Weise steht der letzte Spruchkomplex des 11. Kapitels unter dem Vorzeichen unmissverständlich heilvoller Evidenz. Jesus erscheint hier nicht nur als der von den Propheten – und zuletzt auch von Johannes dem Täufer – erhoffte Messias, sondern auch als Integral und Garant der Weisheit. Die kleine dramatische Episode Mt 11,25-30 hat der Evangelist als Abschluss des ersten großen Hauptteils seiner Jesusgeschichte ausgestaltet. Sie trägt damit besonderes Gewicht. Das „anfangen" von V.25 meint dabei nicht, dass Jesus nun erst hier mit seiner Unterweisung beginnt; das griechische Verb ist vielmehr etwa so wiederzugeben: Jesus nimmt seine Rede / seine Lehrtätigkeit wieder auf. Das „zu jener Zeit" (Mt 11,25) verknüpft mit dem Folgenden (vgl. Mt 12,1: „zu jener Zeit"); ab Mt 12 folgt Matthäus im Wesentlichen dem Bauplan des Markusevangeliums, und es dominiert fortan stärker die Erzählerrede; die Jesusrede tritt dagegen bis Kapitel 13 zurück.

V.28-30 sind matthäisches Sondergut. Sie werden oft isoliert zitiert, und die Rede von den „Mühseligen und Beladenen" ist im Deutschen sprichwörtlich geworden. Wie ist das Sinnpotential dieser Verse am Ende des ersten großen narrativen Spannungsbogens des Matthäusevangeliums und am Beginn einer stärker von Konflikten mit Israel bestimmten Erzählstrecke zu bestimmen?

Traditionsgeschichtlich steht das Schlussstück von Mt 11 Vorstellungen der jüdischen Weisheitsliteratur sehr nahe (vgl. in verschiedener Hinsicht Prov 8,1-21.32-36; Sir 51,23-29 u.a.). Die Weisheit kann durch einen Lehrer vertreten oder auch selbst als eine Person vorgestellt werden und einlädt, die sich gezielt an die wendet, die sich um sie bemühen und sich an ihr ausrichten. Die Weisheit kann dabei auch einem „Joch" verglichen werden, d.h. einem Instrument, das man sich lebenspraktisch auferlegt (vgl. Sir 51,26LXX u.a.). In der Weisheitsliteratur kann die *sophia* auch mit der Verheißung von „Ruhe" einhergehen (vgl. Sir 51,27 u.a.). „Ruhe" impliziert einen Zustand von Souveränität, Gelassenheit und Freude. Insofern ist das „Joch der Weisheit" kein schweres Joch, sondern eines, das man mit Gewinn trägt und das freimacht. Dabei kann die Weisheit im jüdischen Denken zugleich mit dem Mose-Gesetz gleichgesetzt werden: Es ist die Tora, aus der man Weisheit lernt und die die Ordnung eines weisen Lebens ermöglicht (vgl. zu einer solchen Konzeption insgesamt den Jakobusbrief).

Jesus schlüpft also in V.28-30 in die Rolle der „Weisheit". Die eigentliche Zuspitzung besteht dabei darin, dass man nun an *Jesus* lernen soll, was und wer eigentlich weise ist, und dass man *sein* Joch übernehmen soll. Es ist *sein* Joch, welches „mild" ist, und *seine* Last, die „leicht" ist, insofern er nach V.29 selbst „freundlich" und „von Herzen demütig" ist (vgl. zur Verbindung Zef 3,12 u.a.).

Doch wer sind die „sich Mühenden und Belasteten", die in ihrer Gesamtheit zu Jesus kommen sollen (V.28)? Das Verb „sich mühen" / „sich abplagen" / „sich anstrengen" hat einen *aktiven* Sinn. Eingeladen sind die, die anstrengungsbereit sind bzw. hart körperlich arbeiten. Die Übersetzung mit „Mühselige" gibt dies nur bedingt wieder. In der paulinischen und deuteropaulinischen Literatur steht das Verb auch für die Missionsarbeit des Apostels Paulus, der insbesondere mit eigenen Händen für seinen Broterwerb arbeitet, um seinen Gemeinden nicht zur Last zu fallen (vgl. 1Kor 4,12 u.a.). Mt 11,28 hat allerdings keinen ausdrücklichen Bezug zur Praxis frühchristlicher Zeugen bzw. „Missionare".

Das zweite Attribut für die Angeredeten ist nicht aktivisch, sondern passivisch aufzufassen: Sie gelten als „Belastete". Auch hier wird nicht präzisiert, wie es zu solcher Belastung kommt bzw. wer den Angesprochenen entsprechende Lasten auflegt. Der Wortstamm erscheint außer in Mt 11,28.30 noch in Mt 23,4: Hier sind es die Schriftgelehrten und Pharisäer, die den Menschen schwere Lasten aufbürden, diese jedoch selbst nicht zu tragen bereit sind. Es geht dabei in Mt 23 nicht um das Problem, dass die Forderungen der Tora als solche „belastend" wären; es geht um die religiöse Demarkation der eigenen Praxis gegenüber der der Pharisäer. Wer das Matthäusevangelium wiederholt liest, wird in Mt 11,28-30 an die Vorwürfe gegen die Pharisäer denken können – auch, weil sich ab Kapitel 12 der Konflikt mit der (anderen) jüdischen Seite verschärft.

Doch ist Mt 11,28-30 am Ende des ersten Hauptteils des ersten Evangeliums noch bewusst offen und allgemein gehalten. Und zudem gilt: Nach Matthäus werden die Menschen nicht von allem und jedem „entlastet"; sie übernehmen vielmehr in der Jesusnachfolge neue und große Aufgaben. Das „Joch" des Messias Jesus ist allerdings von besonderer Qualität, es ist „mild" und „leicht"; es macht, so könnte man im Sinn des Matthäus sagen, die Grenzen von Fremd- und Selbstbestimmung durchlässig.

4. Zur hinter Mt 11,2-15 stehenden religionsgeschichtlichen Problematik

Wenn aus einer religiösen Gruppierung eine neue Gruppe hervorgeht und es zu einer „Trennung der Wege" bzw. einer „Abspaltung" kommt, gibt es ein gemeinsames Erbe. Dieses ist dann in der Regel besonders heftig umstritten, wenn die Gruppen sich charismatischen Führungspersönlichkeiten verpflichtet wissen und sich die Entstehung einer neuen Gruppe mit einer konkurrierenden Figur verbindet; in jedem Fall wird auch der Vorgang der Abspaltung in unterschiedlichen Perspektiven und Deutungen umstritten sein.

Entsprechende Phänomene kann man in der frühchristlichen Erzählliteratur am Verhältnis von Johannes dem Täufer und Jesus bzw. dem der Johannesgruppe zur Jesusgruppe studieren. Man erhält hier Einblick in eine lange Geschichte der wechselseitigen Wahrnehmung, die von einem Ansatz bleibender Verbundenheit ebenso wie von rivalisierenden Wahrheitsansprüchen geprägt ist. Das Neue Testament überliefert dabei naturgemäß vorrangig die Sicht der „Jesus-Seite". In diesem Zugang wird die Bedeutung des Täufers und seiner Anhänger zunehmend minimiert und in den Evidenzanspruch der Jesusbewegung integriert. Die Tendenz dieses Vorgangs einer „Christianisierung" des Johannes wird dem Täufer im Johannesevangelium selbst in den Mund gelegt (Joh 3,30): „Er muss wachsen, ich aber abnehmen."

Historisch gesehen ist es sehr wahrscheinlich, dass Jesus sich vom Täufer im Jordan hat taufen lassen (vgl. Mk 1,9-11 par.). Dies bedeutet zugleich, dass Jesus den Täufer anerkannt und sich ihm zunächst unter- und zugeordnet hat. Aus einem Text des Flavius Josephus (Jüdische Altertümer XVIII,116-119) ist wahrscheinlich zu machen, dass es um das Jahr 28 n. Chr. gewesen sein wird, dass Johannes seine Taufe am Jordan praktiziert hat; in dieser Zeit wird Jesus sich aus Galiläa kommend zu ihm begeben haben. In der Folgezeit gehörte Jesus wahrscheinlich zu den Schülern des Täufers. Die Evangelien zeigen noch in verschiedener Weise, dass Jesus tatsächlich beim Täufer „in die Schule gegangen" ist. Wie der Täufer spricht auch Jesus von einem Gericht Gottes, durch welches alle bisherigen heilsgeschichtlichen Gewissheiten überholt werden (vgl. Mk 13 par. u.a.); er bedient sich dabei teilweise ähnlicher Bildfelder: Israel erscheint in Vegetationsmetaphorik als ein Baum, der Frucht bringen müsste, dies jedoch nicht tut; das deshalb drohende Gericht Gottes wird im Fällen des Baumes versinnbildlicht (vgl. Mt 3,7-10 u.a.). Besonders auffällig und bemerkenswert ist, dass beide, Jesus und der Täufer, jeweils von einem (nach ihnen) „Kommenden" (vgl. Mt 3,11; 11,3) sprechen. Im Fall des matthäischen Jesus ist dieser „Kommende" der Menschensohn, der zum Weltengericht erscheinen wird (vgl. Mt 10,23; 13,41; 16,27 u.a.).

Beide, der Täufer und Jesus, haben Resonanz bei den Menschenmengen, geraten jedoch in Konflikte. Diese sind dabei auch politisch konturiert. Herodes Antipas war sowohl der Landesherr des Täufers als auch der Jesu; im Fall des Täufers endet der Konflikt mit Herodes Antipas, der über die legendarische Erzählung in Mk 6,17ff. hinaus politische Aspekte gehabt haben dürfte, tödlich (vgl. den Bericht des Josephus). Im weiteren Sinn kann dieses gewaltsame Geschick hinter dem dunklen „Stürmerspruch" (Mt 11,12 par.) stehen (s.u.). Möglich ist auch, dass Jesus mit dem Täufer eine distanzierte Haltung gegenüber dem Jerusalemer Tempel und seiner amtierenden Aristokratie verband (vgl. Mk 11,11-18 par.; vgl. das sogenannte Tempelwort Jesu Mk 14,58; 15,29 par. – von Markus ausdrücklich als Falschzeugnis eingestuft). Allerdings sagen die Quellen nirgends ausdrücklich, dass sich der nach Lk 1 aus priesterlichem Geschlecht stammende Täufer bewusst vor dem Jerusalemer Kult in die Wüste zurückgezogen habe. Bemerkenswert ist, dass sich sowohl mit dem Täufer als auch mit Jesus Erwartungen über ihren Tod hinaus verbinden (vgl. im Fall des Johannes: Mk 6,14; 8,28).

Wie Johannes der Täufer Jünger besaß, so sammelt auch Jesus Schüler um sich. Historisch ist zu vermuten, dass beide Führungspersönlichkeiten mit ihren Schülergruppen noch parallel gewirkt haben.

In der Jesus-Überlieferung spiegelt sich dabei **einerseits** die bleibende Achtung und Wertschätzung des Täufers durch Jesus und seine Anhänger. Der Täufer gilt ihnen weiterhin als „groß". Den Respekt Jesu gegenüber Johannes gibt Mt 11,7-19 im Kern deutlich zu erkennen (vgl. auch Mk 11,27-33 par.), und Mt 11 hält in den Konturen der Weisheitstheologie der Spruchquelle Q deutlich fest, dass *beide*, Jesus und Johannes, Boten der Weisheit sind (Mt 11,19; par. Lk 7,35).

Andererseits kommt in Mt 11 jedoch auch klar zum Ausdruck: An einem bestimmten Punkt sind die Wege zwischen Johannes und Jesus auseinandergegangen. Die Jesusjünger knüpften dabei an der Täuferbotschaft an, und sie identifizierten den von Johannes vorhergesagten „Kommenden" bzw. den „Stärkeren" (vgl. Mt 3,11 par.) mit Jesus. Ob sich die Rede vom „Stärkeren" beim historischen Johannes tatsächlich auf eine messianische Mittlergestalt gerichtet hat oder auf den zum Gericht erscheinenden Gott Israels selbst, ist nicht sicher zu entscheiden. Jedenfalls ist Johannes in Mt 11 längst zum „Vorbereiter" bzw. „Wegbereiter" Jesu geworden. Im Rückblick gilt: Er war „groß" (Mt 11,11 par.: „unter den von Frauen Geborenen ist kein Größerer aufgestanden als Johannes der Täufer"; vgl. Lk 1,15: „er wird groß sein vor dem Herrn"), er war bedeutend, er gehört insofern integral zu der mit Jesus angebrochenen Heilszeit. Aber die mit Jesu Wirken anhebende Königsherrschaft Gottes übertrifft die Bedeutung des Täufers bei Weitem.

Auf dem Hintergrund dieses spannungsreichen Bildes sind V.2-19 im 11. Kapitel des Matthäusevangeliums zu verstehen.

5. Mt 11,7-15: Jesu Zeugnis über den Täufer an die Menschenmengen

Der Abschnitt Mt 11,7-15 gibt Jesu Meinung über den Täufer wieder. Die Rede Jesu richtet sich dabei an die Menschenmengen, nachdem die Täuferjünger gegangen sind. Innerhalb der erzählten Welt wird damit gespiegelt: Die „Wege" sind auseinandergegangen (s.o. 4.). Der gesamte Verbund bis V.15 zeigt dabei jedoch den hohen Respekt und die bleibende Wertschätzung für Johannes.

a) V.7-9 sind durch drei sich steigernde Fragen klar strukturiert. Es handelt sich um rhetorische Fragen, auf die man jeweils nur eine Antwort geben kann.

Die Menge wird **erstens** in Frageform darauf hingewiesen, dass sie nicht in die Wüste zum Täufer kam, um ein „vom Wind hin- und herbewegtes Schilfrohr" zu betrachten. Diesen Hinweis kann man verschieden verstehen. In der Wüste am Jordan wächst Schilf – aus naturkundlichen Gründen hat sich die Menge jedoch nicht dort hinbegeben. Impliziert sein kann in dem Spruch auch: Der Täufer, um dessentwillen man in die Wüste ging, stellt eine unbeugsame Figur dar, die sich – metaphorisch – von einem Wind nicht verbiegen lässt. Möglich ist eventuell aber auch, dass in der Frage ein verdeckter Hinweis auf Herodes Antipas steckt, der bis 26. n. Chr. Münzen mit einem Schilfrohr prägen ließ. Gemeint wäre dann, dass der Täufer keine Figur nach der Façon des Herodes darstellt; er ist vielmehr eine Art Kontrastbild zu Herodes.

Hierzu würde auch der „Mensch, angetan mit weichen Kleidern" in der **zweiten Frage** passen – eine Figur, die „in die Häuser der Könige" gehört (V.8). Auch hierzu gibt der Täufer ein Gegenbild ab.

Schließlich kommt in der **dritten rhetorischen Frage** (V.9) zum Ausdruck, dass Johannes nicht in den Konturen eines Propheten Israels aufgeht, in die man ihn zunächst einzeichnen möchte. Er ist „mehr als ein Prophet". Mit einem Mischzitat aus Ex 23,20 und Mal 3,1, das sich an entsprechender Stelle auch im Markusevangelium findet (Mk 1,2), gehört der Täufer vielmehr als Wegbereiter in die Zeit der messianischen Erfüllung hinein. Trotz der Trennung hält der Rückblick der Jesusanhänger auf Johannes fest: Der Täufer war und ist integraler Bestandteil der neuen Zeit. Seine Botschaft ist nicht lediglich ein Präteritum.

b) V.11 nimmt dies in einem Amen-Spruch auf, wenn es heißt, dass unter den von Frauen Geborenen kein größerer „erweckt" wurde als Johannes der Täufer. Die Spitze der Verse 11-15 liegt dabei in der Aussage Jesu, dass der Täufer der erwartete *Elia redivivus* (wiederbelebter/-gekehrter

Elia) ist – eine Konstruktion, die sich vor Matthäus ebenfalls schon im Markusevangelium findet, welches den Täufer mit dem wiederkehrenden Elia identifiziert. Das zuvor in V.10 aktivierte Zitat aus Mal 3,23f. konnte auch im antiken Judentum auf Elia bezogen werden. Der sogenannte Weckruf in V.15 hebt diesen Punkt deutlich hervor.

In deutliche Spannung zum Kontext tritt V.11b, wonach der Kleinste in der Königsherrschaft der Himmel größer als der Täufer ist. Warum erfolgt diese „Relativierung" in einem Gesamtverbund, der so sehr auf die *positive* heilsgeschichtliche Funktion des Täufers abhebt? Eine Möglichkeit ist, dass sich der Erzähler in einem Kommentar direkt an seine Leserschaft wendet. Den Matthäuslesern wird in einer Art Parenthese deutlich gemacht: Jesus spricht jetzt über die menschliche Welt, die „von Frauen Geborenen" (V.11a); unter dem Aspekt der erhofften Himmelsherrschaft verschieben sich jedoch nach christlicher Erwartung die Maßstäbe grundlegend. V.11b ist jedenfalls Ausdruck rivalisierender Wahrheitsansprüche der Jesusjünger und der Täuferjünger: Entsprechend V.6 kann in V.11b nur einstimmen, wer an Jesus keinen Anstoß nimmt.

Der sogenannte „Stürmerspruch" in V.12 (eine ungefähre Parallele steht in Lk 16,16) gehört zu den großen Rätseln der Synoptikerforschung. Bei Matthäus kann man ihn kaum positiv lesen in dem Sinn, dass die Königsherrschaft Gottes / der Himmel von den Tagen des Johannes an „heftig begehrt" würde. Zweimal ist im Vers von „Gewalt" die Rede, einmal im Verb, sodann im Substantiv der „Gewalttäter". In einem Gesamtzusammenhang, der von der Wertschätzung und der Respektbekundung für den Täufer getragen ist, geht es möglicherweise um Erfahrungen politischer Gewalt mit dem Landesherrn Herodes Antipas, die Jesus mit dem Täufer verbinden (s.o. 4.) – doch bleibt der Spruch mehrdeutig und dunkel.

Die Begründung findet sich in V.13: Alle die Propheten und das Gesetz „bis zu Johannes" haben es geweissagt. Damit ist im Sinn des Matthäus auf keinen Fall gemeint, dass der Täufer in eine abgeschlossene und überholte Phase der Vergangenheit gehört; der Täufer behält auch in Hinsicht auf mögliche „Gewalterfahrungen" paradigmatisch-aktuelle Bedeutung.

6. Zusammenfassung

Zusammengefasst zeigt sich in Mt 11,2-15 die unbedingte Anerkennung für den Täufer, die Jesus auch den Menschenmengen gegenüber klar zum Ausdruck bringt. Der Täufer ist nicht einfach Gestalt einer überholten Vergangenheit; er behält auch für die christliche Leserschaft einen bleibenden und unverwechselbaren Wert. Matthäus hatte dies schon darin deutlich gemacht, dass Täufer und Jesus bei ihm gleichlautend zur Umkehr/„Buße" rufen und dies ebenso gleichlautend mit dem Nahegekommensein der Himmelsherrschaft begründen (Mt 3,2; 4,17).

Nun gilt: Der Täufer ist „mehr als ein Prophet", er gehört als Bote der Weisheit und als jemand, in dessen Gestalt die Gottesherrschaft analoges (Gewalt-)Geschick erfahren hat (vgl. V.12) und ähnlichen Missverständnissen ausgesetzt war (vgl. V.18f.), ganz eng an die Seite Jesu. Die Parallelordnung beider großer Gestalten zeigen auch die folgenden V.20-24 (Q-Stoff): Gerichtsverkündigung ist nicht nur die Sache des Johannes; sie ist vielmehr auch integraler Bestandteil der

Botschaft Jesu.

Trotz der grundsätzlichen funktionalen Gleichordnung und Hochschätzung des Täufers ist jedoch die höhere Bewertung Jesu im Text unübersehbar, und die Sicht der matthäischen Gemeinde, die sich der Hoffnung auf die Königsherrschaft der Himmel verpflichtet weiß (V.11b), kommt klar zum Tragen: Johannes wird auf die Vor- und Wegbereiter-Rolle festgelegt. Anders als es die Johannesjünger gesehen hätten (vgl. V.6), wird Johannes für die Jesusjünger trotz seiner Bedeutung (V.11) als *Elia redivivus* zu einer lediglich auf Jesus hinweisenden Figur. Es ergibt sich ein Sprungbrett für die Zeit der messianischen Erfüllung, die sich allein in Jesu Heiltaten und im Evangelium für die Armen als „Taten des Messias" augenfällig dokumentiert (V.5).

Der davidische Messias Jesus sprengt für die matthäische Christenheit alle Kategorien des Dagewesenen; von der Erfüllung her ordnen sich die Hoffnungs- und Zukunftspotentiale in Israel neu und können im Rückblick übereinandergeblendet werden (Täufer – Elia). Jesus repräsentiert am Ende des ersten Hauptteils des Matthäusevangeliums eine Weisheit, die die belasteten Menschen einlädt und ihnen ein „mildes" Joch verheißt (Mt 11,28-30).

> **Jesus Johannes der Täufer**
> **Stephanus Petrus Paulus**
> **Bonhoeffer Korczak Kolbe**
> **Gandhi King Sadat Rabin**
> **zahllose andere Zeugen**
> **deines Versöhnungswillens**
> **ermordet –**
> **O Gott**
> **was treibt uns Menschen**
> **dazu?**
>
> Ulrich Meyer, Poetische Texte zu den Lesungen im Kirchenjahr, Hannover 2005, 61.
> © Lutherisches Verlagshaus

3.2 Der Text heute – Themen und Bausteine

Kerstin Offermann

1. Vorüberlegungen und didaktische Herausforderungen

Der Text ist schwierig – was in einem auffälligen Widerspruch zu der Behauptung steht, dass Gott sich den Unmündigen offenbart und den Weisen verborgen habe! Der Text ist auch zweigeteilt: Zwar sind die beiden Teile inhaltlich miteinander durch die Frage verbunden, wer Jesus ist, doch sind sie atmosphärisch so unterschiedlich, dass es sinnvoll scheint, sich für den Gesprächsgang auf einen Teil zu beschränken. Während der erste Teil eher argumentativ-fragend ist, ist der zweite Teil deutlich zustimmend-tröstlich.
Thema sind die Reaktionen der Menschen auf Jesus, somit fordert der Text auch zu einer Reaktion des heutigen Lesenden/Hörenden, der TN, auf.

2. „Bist du es ... oder sollen wir auf einen andern warten?"

Jesus ist bis heute eine umstrittene und faszinierende Persönlichkeit. Matthäus lässt von Anfang an keinen Zweifel daran, dass ihm klar ist, wer Jesus ist: der Immanuel, Gott mit uns, Gott mitten unter den Menschen, der alles heil und neu macht. Aber so eindeutig scheint es für die Mitmenschen Jesu und womöglich auch für die Zeitgenossen von Matthäus nicht gewesen zu sein. Woran erkennt man, wer Jesus wirklich ist? Gibt es da hinter dem Offensichtlichen noch eine verborgene Wahrheit zu entdecken? Jesus selbst weist den Fragenden auf das Offensichtliche: Was siehst du? Was hörst du?
Baustein: „Sehen" und „Hören" sind im Text wichtige Begriffe. Bitten Sie die TN zusammenzutragen, was im Text alles gesehen und gehört wird und von wem. Wer sieht und wer sieht nicht? Was sehen und hören wir heute von Jesus? Was erleben wir?
Für Johannes lautet die Frage allerdings eher: Was wird uns über Jesus berichtet? Johannes muss sich ja aus dem Gefängnis heraus auf das verlassen, was ihm andere über Jesus erzählen. So wie es der Gemeinde von Matthäus und uns heute auch geht: Wir sind auf die überlieferten Erzählungen und Berichte über Jesus angewiesen, um diese Frage zu beantworten. Wer ist Jesus? Wer ist Jesus für uns heute?

3. Heilung für Belastete

Für Matthäus ist klar, dass sich Jesu Immanuel-Sein, also das Mit-Sein Gottes durch Jesus mit uns darin äußert, dass Menschen um ihn herum an Leib und Seele heil werden. Jesu Worte sind nicht leer, sondern durch sie geschieht, was er sagt: Heilung, Hoffnung, Befreiung, Aufatmen, Leben. Bis heute ist das die eigentliche Zusage des Evangeliums. Es ist eine Zusage für Mühselige und Beladene und für die Unmündigen und Einfachen: Jesus ist der, der die Menschheit heil werden lässt, Jesus ist der, der dein Leben heil werden lässt.
Baustein: Damit wir wahrnehmen können, dass diese Zusage nicht leer ist, sondern bis heute Realität wird, was Jesus über sich sagt, müssen wir uns gegenseitig davon erzählen, dass und wie wir es erlebt haben, wie sich Heilung im eigenen Leben ereignet.

Baustein: Sprechen Sie den TN diese Zusage neu und persönlich zu. Geben Sie ihnen Segenskärtchen mit.

Baustein: Stellen Sie eine Gebetswand auf, an welche die TN ihre Gebetsanliegen schreiben können. Halten Sie Steine bereit, die dann in einer Stille-Phase mit einem Gebet verbunden vor einen Kreuz abgelegt werden können.

Laden Sie die TN ein das, was sie belastet, im Gebet zu Jesus zu bringen und dafür eine Kerze anzuzünden. Bieten Sie den TN an, für sie zu beten oder sie zu segnen.

4. Der gepredigte Messias

Unter den Kennzeichen des Messias steht auch das Predigen der guten Nachricht. Es ist nach Mt 28,16-20 das messianische Werk, was den Jüngern nach Jesu Auferstehung anvertraut worden ist, damit sie es fortführen. Das Predigtamt der Kirche ist ursprünglich nicht als langweilige Pflichtübung für Konfirmanden gedacht, sondern als befreiendes und heilendes messianisches Werk bis heute.

Wir sind heute skeptisch gegenüber der Macht des Wortes, weil wir wissen, dass sie missbraucht worden ist. Wir sind auch sehr an die Macht der Bilder gewöhnt. Wir erleben es immerzu, dass Menschen versuchen uns mit Bildern und Worten zu beeinflussen und zu manipulieren.

Der christliche Glaube kommt aber ohne Worte nicht aus. Predigt weckt Glauben, macht mit Jesus vertraut, spricht Menschen frei und widerspricht den Kräften, die gegen Gott stehen. Predigt ist also auch immer etwas Angreifbares und etwas Ärgerliches:

> **Denn Christus hat das Predigtamt nicht dazu gestiftet und eingesetzt, dass es diene, Geld, Gut, Gunst, Ehre, Freundschaft zu erwerben oder seinen Vorteil damit zu suchen, sondern dass man die Wahrheit frei öffentlich an den Tag stelle, das Böse strafe und sage, was zur Seelen Nutz, Heil und Seligkeit gehöre […]. Wenn nun solches angeht, dass man predigen soll von einem anderen Leben, danach wir sollen trachten, und um deswillen wir des nicht sollen achten, als wollten wir ewig hier bleiben, so geht denn Hader und Streit an, das die Welt nicht leiden will."**
>
> Martin Luther, Wochenpredigten über Matth. 5-7, WA 32, 304.

Auch Johannes hatte gepredigt, wortgewaltig und wirkungsvoll. Der Text stellt Johannes und Jesus als komplementäre Figuren einander an die Seite und auch gegenüber. Johannes war der Gerichtsprediger – aber auch Jesu Worte sind auf ihre eigene Weise kompromisslos.

Johannes erwartete das Reich Gottes mit Feuer und Schwert – Jesus baut es mit radikaler Liebe und Zuwendung, die die Menschen heilt und dann ihr Leben für sich beansprucht.

5. Johannes und Jesus – Die Erwartung und die Anfechtung bis heute

Die Spannung von Gericht und Heil zieht sich durch das Matthäusevangelium wie ein roter Faden. Der Heiland ist auch der Richter. Beides leuchtet im Bild Jesu gleichzeitig auf und irritiert: Wie er zugleich Mensch und Gott ist; wie er zugleich Herr und Bruder ist; wie er zugleich entrückt und unendlich nah ist. Wir können wahrscheinlich immer nur eine Seite sehen, aber damit man an Jesus nicht irre wird, braucht es die Erkenntnis, dass die andere Seite immer mitschwingt und dabei ist.

Johannes hat einen Messias erwartet, der Richter ist, mit göttlicher Macht die Herrschaftsverhältnisse außer Kraft setzt und ihn aus dem Gefängnis, Israel von den Römern und die Menschheit von der Gottlosigkeit befreit. Es ist für ihn schwer, die andere Seite von Jesus auszuhalten. Aber nur, wenn man beide Seiten zusammenhält, kommt man dem Geheimnis Jesu nahe: Er ist der Messias, der die Machtverhältnisse umkehrt, aber eben durch seine Niederlage am Kreuz. So erscheint Jesus Christus in den bildlichen Darstellungen als Weltenrichter, dessen Wundmale man sehen kann.

Baustein: Halten sie Bilder von Jesus bereit, die jeweils eine seiner verschiedenen Seiten zeigen. Bitten Sie die TN, die auszusortieren, die ihrer Meinung nach nicht dazugehören. Welche sind den TN näher, welche finden sie merkwürdig? Wie passen die verschiedenen Bilder zusammen? Was würde verloren gehen, wenn man eine Seite aussondern würde?

Religiöser und politischer Eifer richten viel Schaden in dieser Welt an. „Dem Reich Gottes wird Gewalt getan", sowohl von seinen Gegnern, in Form von Unterdrückung und Verfolgung, als auch von seinen radikalen Befürwortern, die es selbst mit Macht durchsetzen wollen. Wenn wir Widerstände erleben, dann ist das eher ein Beweis für die Authentizität von Jesu Anspruch als dagegen.

Baustein: Berichten Sie über gegenwärtige Christenverfolgung und beten Sie mit den TN für die verfolgten Christinnen und Christen. Vgl.: den Weltverfolgungs-Index auf www.opendoors.de/verfolgung/weltverfolgungsindex2016/weltverfolgungsindex2016/.

Baustein: Soll sich Glauben und Religion angesichts der Missbrauchsgefahr und der allgegenwärtigen Realität von Missbrauch von Religion lieber ganz aus der Öffentlichkeit zurückziehen und sich auf die Privatsphäre beschränken? Wie kann es gelingen, dass die Predigt von Reich Gottes nicht zu einem innerweltlichen Machtinstrument wird, aber auch nicht ihre Widerständige Kraft zur Gesellschaftskritik verliert?

> **Damit sind wir wieder bei der Frage nach dem Charakter. Wir brauchen nicht nur einen authentisch verstandenen Glauben, den wir auf die verschiedenen Lebensbereiche anwenden, sondern auch richtig geformte Persönlichkeiten, die den gewaltsamen Missbrauch des Glaubens verhindern.**
>
> Miroslav Volf, Öffentlich Glauben in einer pluralistischen Gesellschaft (mit einem Vorwort von Heinrich Bedford-Strohm), © Francke Verlag, Marburg 2015, 67.

Dass selbst der große Johannes an Jesus zweifelt, kann für die TN sehr entlastend sein. Zweifeln ist erlaubt! Er wird von Jesus nicht dafür kritisiert. Als Antwort erfährt Johannes aber nichts, was er nicht schon wüsste. Jesus liefert ihm keinen Beweis, keine Erklärung, sondern verweist ihn nur auf das, was Johannes bereits gesehen und gehört hat. Jesus lädt ihn aber dazu ein: Lass dich auf mich ein! Komm zu mir! Mit deinen Zweifeln!

Einen interessanten Aufsatz mit didaktischer Aufbereitung finden Sie auf der DVD: Torsten Reiprich, Johannes der Täufer: Rufer und Prophet.

6. Jesus und der Vater

In den Versen 25-30 erhebt Jesus, wie auch sonst bei Matthäus, den Anspruch, dass nur durch ihn ein Zugang zum Reich Gottes und zum Vater, also zu Gott möglich ist. Viele finden diesen Anspruch ärgerlich und anmaßend. Aber er ist aus dem Matthäusevangelium nicht wegzudiskutieren. Klaus Berger schreibt dazu: „Christentum meint nach Mt 11 etwas ganz Einfaches: dass nämlich der Vater nur durch den Sohn zugänglich wird, und zwar durch ihn als Person. Das Christentum wird nicht dadurch einfacher dass man Jesu exklusive Würde herabsetzt. Vielmehr sollte man sie anerkennen und dann den Weg des Gewaltverzichts und der Demut anhand des Evangeliums nach Matthäus mitgehen." (Kommentar zum Neuen Testament, Gütersloh 2011, 65)

Nur so erkennt man Gott, behauptet der christliche Glaube: in Jesus Christus, also im Kindelein, im Schwachen, im Kreuz, im naiven Glauben, im unmittelbaren Angewiesen sein auf Jesus, in seiner liebevollen Zuwendung und im gehorsamen Mitgehen mit ihm.

Lieder

GL 457	Suchen und fragen, hoffen und sehn
GL: L 840	Wir haben Gottes Spuren festgestellt (EG: BEL 665 u. weitere Regionalteile)
EG 152	Wir warten dein, o Gottessohn
EG 153	Der Himmel, der ist
EG 363	Kommt her zu mir, spricht Gottes Sohn
GL 365	Meine Hoffnung und meine Freude (EG: Ö 641 / W 576 = Kanon der Bibelwoche)
EG: BEL 607	Herr, wir stehen Hand in Hand (HN 619 u.a.)
EG: W 639	Kommt, atmet auf, ihr sollt leben

3.3 Vorschlag für eine Bibelarbeit

Katharina Falkenhagen

Inhaltlicher Schwerpunkt
In dieser Einheit wird besonderes Augenmerk auf die Frage des Täufers gelegt: „Bist du es, […] oder sollen wir auf einen anderen warten?" Er stellt diese Frage in einer Situation größter Bedrängnis und Not (Gefängnis und drohendes Todesurteil). Die Ermutigung Jesu in V.28-30 gilt sowohl dem bedrängten Johannes als auch allen Menschen, die sich in Not und Verzweiflung oder in der Mühe der Mission Jesus zuwenden und bereit sind, seinem Beispiel zu folgen. Die TN sollen ermutigt werden.

Materialien und Medien
→ Bibeltexte (s. Teilnehmerheft o. DVD)
→ Material für gestaltete Mitte: Schwarzes Tuch, Stacheldraht, Papier mit Goldschrift: „Kommt her zu mir, alle, die ihr mühselig und beladen seid", Kerze
→ Postkarten „Johannes der Täufer von Matthias Grünewald" (s. DVD)
→ Biografie Johannes des Täufers (M1)
→ Teelichte
→ Text: Dietrich Bonhoeffer: Morgengebet aus dem Gefängnis

Zur Gestaltung des Abends

Liturgische Eröffnung
→ Begrüßung:
Zu unserem heutigen Abend im Rahmen der Ökumenischen Bibelwoche begrüße ich Sie herzlich. Im Mittelpunkt wird heute ein Mann stehen, der eine ganz besondere Beziehung zu Jesus hatte: Johannes der Täufer. Er war ein Mann, der mutig für seine Überzeugung einstand und den Menschen nachdrücklich ins Gewissen redete. Doch in allem Mut war auch er voller Fragen und Zweifel.

→ Lied: Ich steh vor dir mit leeren Händen, Herr (EG 382 / GL 422)

→ Gebet:
Guter Gott, wir kommen an diesem Abend zu dir. Auf dein Wort hören wir und suchen nach Antworten auf unsere ganz persönlichen Fragen. Wir kommen zu dir mit all unseren Zweifeln und Ängsten. Sprich du selbst zu uns, hilf du unserem Kleinglauben und stärke unser Vertrauen in die Zusagen deines Sohnes Jesus Christus. Amen.

Auf den Text zugehen
In der Mitte des Stuhlkreises befindet sich ein Bodenbild. Es besteht aus einem schwarzen Tuch, das umgeben ist von Stacheldraht. In der Mitte des Tuches brennt eine Kerze. Unter dem schwarzen Tuch verbirgt sich ein Papier mit einer Goldschrift: „Kommt her zu mir, alle, die ihr mühselig und beladen seid; ich will euch erquicken."

3 | DAS ENDE DES WARTENS

3.3 VORSCHLAG FÜR EINE BIBELARBEIT

→ Meditativer Text: *(langsam lesen)*
Ich habe keine Spielräume mehr. Nichts geht.
Ich habe gekämpft. Ich war immer mutig.
Ich habe meine Meinung gesagt, ohne ein Blatt vor den Mund zu nehmen. Ich wusste immer eine Antwort, wenn andere mich fragten.
Ich war ein Vorbild im Glauben.
Jetzt sitze ich selbst fest. Die Fragen und Zweifel werden von Tag zu Tag größer und niemand ist da, der sie zerstreuen könnte.
Ich frage: Worauf soll ich noch warten? Sind alle meine Hoffnungen vergeblich? Wo kann ich deine Spuren, Gott, in der Welt entdecken?
(Die Kerze in der Mitte wird ausgeblasen. Eine kurze Zeit der Stille.)

Dem Text begegnen
Der Text Matthäus 11,1-15 wird in verteilten Rollen (Erzähler, Johannes, Jesus) langsam gelesen. Danach liest ihn jeder TN noch einmal in Ruhe für sich selbst.

Impulsfragen für das Gespräch:
→ Markieren Sie im Text die verschiedenen Menschen, die erwähnt werden, und prüfen Sie: In welcher Lage sind sie? Worauf warten sie? Mit welchen/welchem können Sie sich am ehesten identifizieren?
→ In welcher Situation befindet sich Johannes, der Täufer? Wann haben Sie schon einmal eine Situation erlebt, in der sie ganz und gar gefangen waren? *(Der Leiter / die Leiterin notiert jeweils Stichworte auf Zettel, die in die Mitte auf das schwarze Tuch gelegt werden.)*
An dieser Stelle kann eine kurze Information zum Leben und Wirken des Täufers durch den Leiter / die Leiterin gegeben werden. (s. dazu etwa Christfried Böttrich, Art. Johannes der Täufer, unter wibilex.de – s. Link-Liste der DVD)
Dazu werden Karten mit der Abbildung Johannes des Täufers aus dem Mittelteil des Isenheimer Altars von Matthias Grünewald verteilt. (s. DVD)

→ Welche Frage stellt der Täufer? Welche Fragen stellen Sie an Jesus, wenn Sie in einer schwierigen Situation sind?
→ Welche Antwort gibt Jesus dem Johannes? *(Der Leiter / die Leiterin notiert jeweils Stichworte auf Zettel, die außerhalb des Stacheldrahtes ihren Platz finden.)*

Mit dem Text weitergehen
Impulsfrage: Wo und wie konnten Sie das Wirken Jesu in Ihrem eigenen Leben entdecken?
(Der Leiter / die Leiterin zündet für jede Idee der TN ein Teelicht an, das auf das schwarze Tuch gesetzt wird.)

→ Lied: Wir haben Gottes Spuren festgestellt (EG: BEL/P 665, R/RWL 648, W 656)
Der Text Matthäus 11,25-30 wird gelesen.
Die TN werden ermuntert, in Zweiergruppen kurz darüber zu sprechen, wie Johannes solche Worte in seiner Situation gehört hätte. (ca. 10 min)
Der Leiter / die Leiterin holt unter dem schwarzen Tuch das Papier mit der Goldschrift hervor und legt es in die Mitte des Tuches, die Kerze wird wieder angezündet. Der Stacheldraht entfernt.

Johannes der Täufer bezahlte sein mutiges Bekennen mit dem Tod. Während seiner Zeit im Gefängnis dachte er darüber nach, ob Jesus wirklich der Messias sein könnte. Er suchte nach Spuren, die darauf hinweisen könnten. Vor allem suchte er aber nach Trost in dieser schweren Zeit. Auch wir stellen uns immer wieder die Frage, woran wir Jesu und Gottes Handeln in dieser Welt erkennen können, und wir suchen nach Halt in den Stürmen des Lebens. Dietrich Bonhoeffer hat uns ein Morgengebet hinterlassen, das er im Gefängnis schrieb. Diesen Text möchte ich Ihnen mit auf den Weg geben.

→ Meditativer Text *(langsam lesen)*:
Gott, zu dir rufe ich am frühen Morgen
hilf mir beten und meine Gedanken sammeln;
ich kann es nicht allein.
In mir ist es finster, aber bei dir ist Licht
ich bin einsam, aber du verläßt mich nicht
ich bin kleinmütig, aber bei dir ist die Hilfe
ich bin unruhig, aber bei dir ist Frieden
in mir ist Bitterkeit, aber bei dir ist die Geduld
ich verstehe deine Wege nicht, aber du weißt den rechten Weg
für mich.
Vater im Himmel,
Lob und Dank sei dir für die Ruhe der Nacht
Lob und Dank sei dir für den neuen Tag
Lob und Dank sei dir für alle deine Güte und Treue
in meinem vergangenen Leben.
Du hast mir viel Gutes erwiesen,
laß mich nun auch das Schwere aus deiner Hand hinnehmen.
Du wirst mir nicht mehr auferlegen, als ich tragen kann.
Du läßt deinen Kindern alle Dinge zum besten dienen.
[...]
Herr, was dieser Tag auch bringt – dein Name sei gelobt.

(aus: Dietrich Bonhoeffer Werke, Band 8, Gütersloh 1998.)

Liturgischer Abschluss
→ Vaterunser
→ Lied: Von guten Mächten treu und still umgeben (EG 65 / GL 430)
→ Segen

3.4 Bildbetrachtung: Anfrage

Johannes Beer

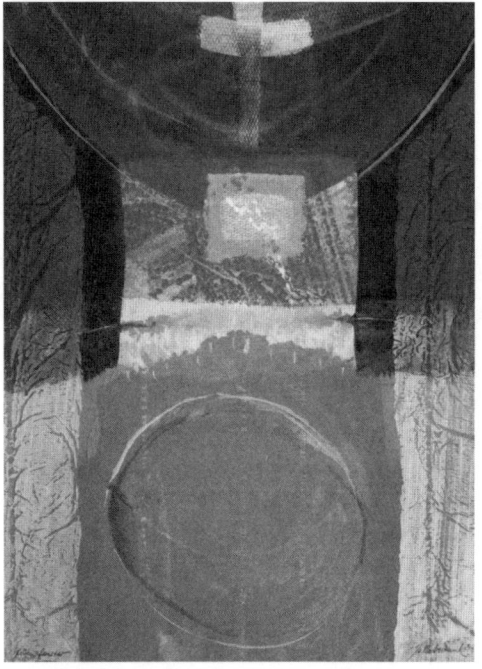

Jörgen Habedank, „Lebensfenster" 2013,
Acryl und Collage auf Papier, 40 x 30 cm

Auf diesem Blatt finden sich kräftige Farben: Orange, Violett und Rot sind die vorherrschenden Töne. Aber auch Gelb, das fast zu Gold wird, und Weiß spielen eine wichtige Rolle. Das Blatt ist klar gegliedert in Unten und Oben, in einen senkrechten Mittelteil und die Randzonen.

Von oben schiebt sich ein Halbkreis ins Bild, rot mit gelben Rand. Gefüllt ist er mit violetten Tönen, in deren Mitte ein helles Kreuz strahlt. Auch dieses scheint die Bewegung des Halbkreises aufzunehmen und angeschnitten durch den oberen Bildrand sich mit dem Halbkreis nach unten herabzubewegen. Gleichzeitig wird der Halbkreis gehalten durch zwei pfeilerartige Farbstriche, die der Bewegung der Kreislinie zur Seite hin nach oben folgen. Wir ahnen nur, dass diese Linien unten, ganz unten hinter der orangenen Fläche bereits beginnen und dem Ganzen von unten her Halt geben. Unter dem Kreuz, genau auf der schmalen Halbkreislinie leuchtet uns ein helles Rechteck in Gelb und Weiß entgegen. Und in der unteren Mittelfläche steht ein gelbgolden schimmernder Kreis auf sattem Orange, ein Symbol für das Vollkommene, das nie enden wird. In dieser Arbeit liegt viel Dynamik, aber auch Ruhe. Hier gibt es Bewegung und Gegenbewegung. Hier findet sich Spannung und Gegenspannung, sodass alles zugleich bleibt und sich verändert.

„Bist du, der da kommen soll?" (Luther 2017), lässt der eingekerkerte Johannes der Täufer Jesus durch seine Boten fragen. Und der antwortet dann eben nicht mit einem klaren „Ja" oder „Nein", sondern er weist sie hin auf das, was sie sehen können. Sicher, die Welt ist nicht strahlend hell und durch Jesu Kommen ist keineswegs alles Leiden aus der Schöpfung verschwunden. Das wusste Johannes und erlebte das Bedrohliche und die Leiden im Gefängnis jeden Tag neu. Aber Jesus öffnet den Fragenden die Augen mit einem Prophetenzitat. Er öffnet ein Fenster im Leben der Boten und selbst in der Gefängniswand des Johannes. Und durch dieses Fenster strahlt das Licht Gottes, strahlt die kommende Unendlichkeit des Reiches Gottes als eine, die schon jetzt begonnen hat. Das kommende Licht wirkt schon hier.

4 | Im Zweifel gehalten: Mt 14,22-33

4.1 Exegese

Reinhard von Bendemann

1. Zugänge zum Text

Die Erzählung vom Seewandel Jesu gehört zu den altbekannten Prüfsteinen der Erforschung neutestamentlicher Wundergeschichten. Einige wenige Grundlinien der Auslegung seien an den Anfang gestellt.

a) Neuzeitliches Denken im Gefolge der Aufklärung hat in der Geschichte seit jeher vor allem die Kollision mit naturwissenschaftlichen Gesetzmäßigkeiten betont: Auf einem Gewässer kann ein Mensch nach den Gesetzen der Schwerkraft sowie der Konsistenz und Tragfähigkeit von Wasser nicht „einherwandeln". Seit der Zeit des Rationalismus finden sich in der Auslegungs- und Forschungsgeschichte Versuche, die erzählte Welt mit den erwartbaren natürlich-gesetzlichen Abläufen in Einklang zu bringen. Jesus sei in flachem Wasser einhergeschritten, oder es habe sich – nachts – um eine optische Täuschung auf Seiten der Jünger gehandelt: Jesu sei tatsächlich am Ufer des Sees entlanggegangen etc.

b) In jüngerer Zeit begegnen biblisch-theologische Lektüren des Textes. Sie begreifen den Seewandel als ein intertextuelles Phänomen. Die Geschichte Mt 14,22-33 gewinnt demnach ihr Profil vor dem Hintergrund biblischer „Wassergeschichten". Mt 14,22-33 baut narrativ auf Mt 8,23-27 auf; bereits in der Sturmstillungsgeschichte finden sich aber biblisch-intertextuelle Bezüge, insbesondere zur Jona-Erzählung (vgl. Jon 1,4-16). Von hier aus stellt sich die Frage nach einer biblischen Grundierung von Mt 14. Ist an das Urmeer gedacht, das der Schöpfer bezwungen bzw. durchwandelt hat (vgl. Hiob 38,16 u.a.)? Liegt eine Erinnerung an die für Israel grundlegende Auszugserzählung, genauer an den Zug des Volkes durch das Schilfmeer, vor (Ex 14 u.a.)? Die eingangs angesprochene Problematik der Naturgesetzlichkeiten kann so abgefangen werden: Die Erzählung erscheint von einer Schöpfungs- und Geschichtstheologie geprägt, die sich dem Wort biblischer Grunderzählungen anvertraut.

c) Ein weiteres Modell der Lektüre von Mt 14,22-33 bietet die existentiale Interpretation neutestamentlicher Texte. Diese findet in der Erzählung der Not der Jünger und des Einsinkens des Petrus in das Wasser menschliche Grunderfahrungen. Der Text reflektiert das „Abgründige" menschlichen Lebens – auch der Existenz der Glaubenden. Wenn Petrus erst in dem Moment „einsinkt", in dem er zu zweifeln beginnt (V.30), kann dies dabei neuzeitlich so interpretiert werden, dass demgegenüber alles darauf ankomme, im „Glauben" bzw. in der Willensintentionalität und Zielbereitschaft in keiner Weise nachzulassen. Auch die Erfahrungen des Petrus werden so durchsichtig für das, was Menschen in ihrem (Glaubens-)Leben immer wieder droht.

Überblickt man solche jüngeren Auslegungslinien, so ist als **Erstes** festzuhalten: Ganz gewiss haben schon die Erstleser des Matthäusevangeliums das Wandeln Jesu und auch des Petrus über das Wasser nicht als einen „erwartbaren" Vorgang verstanden; hier liegt kein Wirklichkeitsverständnis zugrunde, welches mit einer solchen Möglichkeit rechnet. Nicht zufällig denken die Jünger im Text an ein Gespenst bzw. sie schreien vor Furcht (Mt 14,26). Allerdings darf dieses wunderhafte Element nicht aus dem Gesamtzusammenhang der Erzählung isoliert werden. Die Geschichte ist mehrgipfelig (s.u.), im Kern liegt in ihr kein „Naturwunder" vor, es geht nicht um die Veränderung natürlicher Abläufe als solche. Fokussiert ist vielmehr der souveräne Wundertäter. Er wird mit Erzählelementen einer Epiphanie (Erscheinen von Göttlichem) gezeigt. Im Sinn des Evangelisten Matthäus bietet Mt 14,22-33 eine weitere Erzählung, die von der einzigartigen Fähigkeit und Vollmacht des Messias Jesus handelt. Jesus *kann* sich im Sinn des Evangelisten dort, wo dies notwendig ist, über alle natürlichen Widrigkeiten hinwegsetzen; sie bilden für ihn keine Hemmschwelle. Und er kann auch anderen durch Befehl seine Autorität übertragen und vermitteln.

Zur Frage der biblischen Intertextualität bzw. zum traditionsgeschichtlichen Hintergrund der Geschichte ist **zweitens** zu sagen: Die alttestamentlichen und frühjüdischen Zeugnisse, die sich vergleichen lassen, sind in der Summe wenig ergiebig und schmal bemessen. Anders als beim Exodus, an den man bei Matthäus durchaus denken kann (vgl. Mt 2), zieht Jesus nicht mit den Seinen *durch* das Wasser; vielmehr schreitet er *über* dieses. Und Bezüge zum Meer als Chaosmacht im Zusammenhang der Schöpfung sind im Text von Mt 14 nicht deutlich greifbar. Der Seewandel Jesu führt weniger in die biblische Erzählwelt und ihre jüdische Rezeption, als vielmehr in Vorstellungen der griechisch-römischen Welt hinein; Jesus wird hier mit einem Erzählzug dem Bild hellenistischer Heroen angenähert. Dies ist innerhalb des so stark jüdisch geprägten ersten Evangeliums ein bemerkenswerter Befund. Er will allerdings im Rahmen der Gesamtanlage des Textes als Teil des 14. Kapitels gewürdigt werden.

Drittens ist in Auslegungen, die die „existentiale" Tiefenschärfe des Textes betonen, etwas Richtiges gesehen. Allerdings geht es weniger um anthropologische Grunderfahrungen, als vielmehr um kritische Erfahrungen der Nachfolge. Wie Matthäus in einem sehr raffinierten Erzählarrangement bereits die Sturmstillungserzählung als eine *Nachfolgegeschichte* erzählt hat (vgl. Mt 8,23-27 unter dem Vorzeichen von Mt 8,18-22), so reflektiert er in Mt 14,22-33 auch den Seewandel Jesu auf die Möglichkeitsbedingungen der Jüngernachfolge hin.

2. Zum narrativen Kontext von Mt 14,22-33

Man versteht die dramatische Episode vom Seewandel und sinkenden Petrus nur, wenn man sie innerhalb des narrativen Verbundes betrachtet, der mit der Gleichnisrede (Kap. 13) beginnt. Dieser basiert grundsätzlich auf Stoffen des Markusevangeliums. Matthäus folgt dabei seiner Markusvorlage kreativ, indem er auch Leitmotive im zweiten Evangelium sorgfältig beachtet und diese zugleich in innovativer Weise einsetzt.

Schon im zweiten Evangelium ist das „Boot" als Fortbewegungsmittel Jesu ein tragendes Erzählmotiv. Jesus befindet sich immer wieder lehrend im Boot (vgl. Mk 3,9 o. 4,1 u.a.); es ist erzählimmanent Transportmittel, welches Distanzen erzeugt und überwindet. Bei Markus erhält es darüber hinaus subtile symbolische Nuancen und reflektiert die verschiedenen Stufen der Nähe zu Jesus. Das Mit-Jesus-„in einem Boot"-Sein wird zur ekklesiologischen Metapher, was das Matthäusevangelium übernimmt: Das Boot symbolisiert Grade der Christusnähe, Distanzen, Chancen und Gefährdungen der Gemeinde. Matthäus hat hier sehr genau verstanden, wie Markus erzählt hat.

Matthäus ändert jedoch **erstens** den symbolischen Grundgehalt der Orte, an denen sich das Boot aufhält und zu denen es sich hinbewegt. Im ersten Evangelium ist das Wirken Jesu weitgehend auf den Radius des biblischen Israel beschränkt; anders als Markus verankert er nicht „Exkurse" Jesu in heidnisches Gebiet in seiner Erzählung. Matthäus meidet darum auch den Eindruck, dass die Bewegung des Bootes hin zum Ostufer des Sees in höherem Maß auf eine „heidenchristliche" Erzählgegenwart zielt.

Ein **zweiter Unterschied** liegt in der Zeichnung der Jüngerfiguren. Markus arbeitet scharf heraus, wie die Jünger in grundlegender Weise nicht verstehen und missverstehen; ausdrücklich wird ihr Mangel an Glauben hervorgehoben (vgl. Mk 4,40; vgl. 6,52 u.a.). Matthäus mildert diese Jüngerkritik des zweiten Evangelisten insgesamt ab. Wie in seinem ganzen Werk ist ihm auch hier wichtig, dass die Jesusjünger tatsächlich am Ende zu den richtigen Einsichten geführt werden und dass sie diese auch handelnd umsetzen können (vgl. Einleitung Punkt 4.2). Er erwartet dies nicht von der Leserschaft *im Kontrast* zu den ersten Jesusnachfolgern, sondern stärker in Gemeinschaft mit ihnen. So werden aus den „ungläubigen" Jüngern bei Markus im Matthäusevangelium „Kleingläubige", denen nicht jeder Glaube abzusprechen ist, deren Glaubensexistenz jedoch von Anfechtungen und Krisen bedroht sein kann (vgl. Mt 8,26; vgl. Mt 14,31; 16,8 im Gegensatz zu Mk).

Damit hängt ein **dritter Unterschied** zusammen. In der markinischen Seewandelerzählung heißt es, dass Jesus, der um die vierte Nachtwache über den See auf die Jünger zukommt, an diesen vorübergehen will (Mk 6,48). Bei Matthäus wird diese Notiz gestrichen. Jesus ist als davidischer Messias seinen Jüngern / seiner Gemeinde hier unmissverständlich und eindeutig zugewandt. Vorausgesetzt ist die Gewissheit, dass der „Herr" für seine Gemeinde sorgt und nach ihr sieht. Der Erzähler vermeidet hier jede Ambivalenz. Der Gebetsruf um Errettung des Petrus in Mt 14,30 findet seine Entsprechung in dem „Herr, rette [uns]!" der Jünger in der Sturmstillung (Mt 8,25; anders Mk). – Und die matthäische Gemeinde kann und soll gewiss sein, dass ihr Ruf erhört wird. Die stärker heilvoll-affirmative Perspektive des Matthäus kommt auch darin zum Ausdruck, dass die See-Überfahrt mit dem Ziel der Heilung erfolgt. Nach Mt 14,36 werden alle gesund, die Jesus berühren (par. Mk 6,56). Dies entspricht dem Gesamtbild des heilenden Messias im ersten Evangelium (vgl. die Summare/Zusammenfassungen in Mt 4,24; 14,14 o. 21,14 u.a.).

3. Erzählanalyse von Mt 14,22-33

Die dramatische Episode ist von Beginn an von der souveränen Autorität Jesu bestimmt, der am Ende den für Matthäus so wichtigen Gottessohn-Titel erhält (vgl. die Einleitung Punkt 6.2). Schon das Verb, das in der Erzähleinleitung in V.22 das Vorausfahren der Jünger im Boot motiviert, zeigt: Die gesamte Sequenz des Erzählten wird von Jesus initiiert und getragen; sie vollzieht sich nach einem Plan, zu dem es keine Alternativen gibt (treiben/*anagkázein* meint ein „Veranlassen" durch Zwang bzw. ein „Nötigen"). Im Corpus der Erzählung sind Imperative Jesu bestimmend (vgl. V.27 und 29), und die Frage Jesu in V.31 hat ebenfalls gebietenden Charakter. In dem „Wozu/Warum hast du gezweifelt?" steckt ein Imperativ: „Zweifele auf gar keinen Fall!".

4 | IM ZWEIFEL GEHALTEN

4.1 EXEGESE

„Der Berg" als Ort, an den sich Jesus nach der Entlassung der Volksmengen zurückzieht, unterstreicht den Abstand zu den inzwischen auf den See hinausgefahrenen Jüngern. Dass Jesus auf dem Berg betet, impliziert seine besondere Nähe und Verbindung zu Gott. Zugleich wird damit jedoch auch ein thematischer Hintergrund für die Erzählung erzeugt. Vieles in Mt 14,22-33 erinnert an Gebetssprache. Die Gemeinde reflektiert ihr Getrenntsein von ihrem Herrn in Worten des Psalters.

Die Motive von Sturm, entfesseltem Wasser und Nacht können auch in der Psalmensprache Aspekte menschlicher Not einfangen (vgl. zum Sturm: Ps 107,23-32; zum Wasser: Ps 32,6 u.a.; zur Nacht: 107,10-12 u.a.). Insbesondere die Angst des Petrus artikuliert sich in V.30 in Anlehnung an den Passionspsalm 69 (vgl. Ps 69,2f.15f.). Die Hilfe erwartet der Beter früh am Morgen (vgl. Ps 46,6 u.a.). Dies ist in der Episode der Zeitpunkt des Erscheinens Jesu auf dem See; es ist zugleich der Zeitpunkt, an dem Jesus auferstehen wird (Mt 28,1).

In V.24 schwenkt die „Kamera" des Erzählers von Jesus auf dem Berg zu den Jüngern im Boot, welches sich vom Ort der letzten Gemeinschaft mit Jesus bereits weit entfernt hat (ein „Stadion" entspricht 192 Metern). Hinzu kommen Wellen und Gegenwind, die das Boot „bedrängen". Das hier gewählte Verb *basanízein* lässt im Griechischen eher an Menschen als Objekte denken, die von Folterqualen malträtiert werden. Auch hierin kann man die theologisch-anthropologische Tiefenschärfe des Textes angedeutet finden.

Vor dieser herausragenden Hintergrundeinstellung gestaltet sich die Erzählung nun deutlich komplexer als die Sturmstillungserzählung (Mt 8,23-27), auf der sie aufbaut. Das von dieser her zu erwartende Ende – nämlich die Beruhigung des Sturms und die Reaktion der Beteiligten hierauf – tritt schließlich auch in Mt 14 ein (V.32f.). Doch bietet dieses von der Leserschaft erwartbare Finale nicht den eigentlichen Höhepunkt. Vielmehr werden auf dem Hintergrund des bereits Bekannten zwei neue Spannungsbögen konstruiert. Filmtechnisch kann man von zwei „Spezialeffekten" sprechen. Die Verse 25-27 tragen Züge einer Epiphanieerzählung; die Verse 28-31 beinhalten ein Rettungswunder *en miniature*.

Der erste Spezialeffekt richtet sich auf die Jünger insgesamt, der zweite in besonderer Weise auf Petrus als ersten der Jünger (s.u. 4.). Beide Spezialeffekte gewinnen dabei im Sinn der Gesamtkonzeption des Matthäusevangeliums österlich-nachösterliche Transparenz. Jesus erscheint zur Stunde seiner Auferstehung (Mt 28,1), die die Zeit der Hilfe Gottes am Morgen markiert. Die Selbstvorstellung Jesu mit „ich bin es" (V.27) erinnert an die Selbstvorstellung des Gottes Israels (vgl. Dtn 32,39; Jes 41,4 u.v.a.m.). Die Szene ist dabei im Kern von der Frage bewegt, ob und in welcher Weise Jesus, der bis zum Erscheinen des Menschensohnes von seiner Gemeinde distanziert ist, gleichwohl in der Gegenwart hilfreich gegenwärtig sein kann. Die Erzählung stellt hier sicher: Es ist wirklich *Jesus*, der erscheint und seinen Jüngern in ihrer Not aktiv zur Seite steht. Die Furcht, dass sich Erfahrungen der Nähe in Ambivalenzen auflösen, dass es sich bei Erscheinungserfahrungen lediglich um Gespensterglauben handeln könnte, soll zerstreut werden.

Vergleichbar ist, wenn in einem Teil der handschriftlichen Überlieferung in Lk 24,37 die Jünger meinen, in dem in Jerusalem plötzlich mitten unter ihnen stehenden Jesus ein „Gespenst" (*phántasma*) zu erkennen. Bei Lukas handelt es sich ausdrücklich um eine Ostergeschichte. Und der Akzent liegt bei ihm auf der *Leiblichkeit* des Erscheinenden; dieser kann betastet werden und nimmt Speise zu sich (Lk 24,39-43); es kann sich bei ihm daher nicht um einen „Geist" bzw. ein „Gespenst" handeln. Matthäus geht es – im Vorgriff auf nachösterliche Erfahrungen – grundlegender um die Gewissheit des unveränderten Da-Seins und Mit-Seins Jesu mit seiner von ihm nur vordergründig in der Weltzeit zurückgelassenen Gemeinde. Das Mit-Sein Jesu, wie ihn die Jünger unverwechselbar kennengelernt haben, hebt schließlich auch der Buchschluss Mt 28,20 noch einmal besonders hervor: „Ich bin mit euch alle Tage bis zum Abschluss der Weltzeit".

Deutlich wird insgesamt noch einmal: Es geht Matthäus im 14. Kapitel nicht darum, ein „Naturwunder" zu erzählen. Dieses ist vielmehr ein Gestaltungselement der Gewissheitsaussage: Alle natürlichen Barrieren und alle den Menschen auch aus seinem Inneren angreifenden Widrigkeiten werden von Jesus überwunden, wenn es darum geht, dem „Schiff" seiner Gemeinde in der Weltzeit zu Hilfe zu eilen.

Im Blick auf die Gewissheit dieses Mit-Seins Jesu erhält nun Petrus in der Erzählung in einem zweiten Spezialeffekt eine besondere Rolle. Matthäus ergänzt die Geschichte vom Seewandel Jesu durch die Geschichte von einem Seewandel des Petrus. Mt 14,28-31 bietet matthäisches Sondergut. Überlieferungsgeschichtlich erinnert das Stück Mt 14,28-31 in einigen Erzählzügen an die Ostergeschichte in Joh 21,7f.; auch in diesen Bezügen wird deutlich, dass Mt 14 eine nachösterliche Perspektive reflektiert.

4. Mt 14,28-31 als Teil der Petrusgeschichte des Matthäus

Protestantische Auslegungen betonen in der Regel, dass im ersten Evangelium von Petrus gilt, was für alle anderen Jüngerinnen und Jünger ebenfalls gelten kann. Für jede Petrusgeschichte gibt es ein entsprechendes Pendant einer Jüngergeschichte. Petrus als „Erster der Jünger", d.h. als der Erstberufene und Sprecher, repräsentiert *alle* Jünger. An ihm wird *Jüngersein* beispielhaft.

Auf Mt 14 bezogen: In V.26 ist die gesamte Jüngergruppe in Anbetracht des Erscheinens Jesu auf dem See verwirrt. V.28 kann man dann so lesen, dass diese Verwirrung in der zweifelnden Anrede des Petrus „wenn du es bist" nochmals aufgegriffen und vertieft wird: An Petrus zeigen sich Zweifel und Kleinglauben, die der Jüngerschaft insgesamt und insbesondere ihrem Osterglauben drohen (vgl. Mt 28,17 im Buchschluss). An Petrus wird ferner beispielhaft gezeigt, dass das Handeln der Jünger immer nur auf den Befehl Jesu hin erfolgen kann; Jüngersein bedarf immer der Ermächtigung durch Jesus: Nicht aus sich heraus, sondern erst auf das Kommando Jesu hin vermag auch Petrus über den Wassern einherzuwandeln (vgl. V.29). Es ist konsequent, wenn im Chorschluss der Erzählung nicht mehr zwischen Petrus und den übrigen Jüngern unterschieden wird. Am Ende sind alle in einem „Boot" und stimmen in die Anrufung Jesu als „Sohn Gottes" ein.

Es ändern sich so die Koordinaten der Erzählung gegenüber dem Markusevangelium. In Mk 8,27ff. formuliert Petrus innerhalb des Jüngerkreises zum ersten Mal, dass Jesus der „Christus" ist. Dagegen spricht Petrus bei Matthäus in Mt 16,16 an entsprechender Stelle mit seinem Bekenntnis zu Jesus als „Sohn des lebendigen Gottes" nur nochmals aus, was bereits *alle* Jünger geäußert haben (Mt 14,33).

4 | IM ZWEIFEL GEHALTEN

4.1 EXEGESE

Die Beobachtung, dass Matthäus an Petrus vielfach nur exemplifiziert, was für alle Jünger gilt, darf nun freilich nicht dazu führen, die Besonderheiten des Erstjüngers im Matthäusevangelium zu übergehen. Wie bei Markus trägt Simon, der Fischer, der Erstberufene (Mt 4,18-22), einen Beinamen, der seine besondere Bedeutung im Jüngerkreis hervorhebt (vgl. Mt 10,2); „*pétros*" meint dabei im Griechischen zunächst nicht „Fels", sondern „Stein", möglicherweise ist der Schmuckstein gemeint, in jedem Fall zielt der Beiname auf die herausgehobene Position im Jüngerkreis. Matthäus verstärkt den Eindruck, dass Petrus häufig stellvertretend für die Jünger insgesamt agiert (vgl. Mt 14,28-31; 16,13-20 u.a.). Wie bei Markus gehört Petrus nicht nur zu den Zwölf, die von Jesus als Repräsentanten des Zwölf-Stämme-Volkes eingesetzt werden, sondern auch zu dem Innenkreis von drei Jüngern (zusammen mit den Zebedaiden), der in besonderer Nähe zum Wirken Jesu gezeigt wird. So sind nur Petrus, Jakobus und Johannes mit Jesus auf dem Berg der Verklärung; hier vernimmt Petrus zusammen mit den Zebedaiden die Himmelsstimme, die auf Jesus als geliebten Gottessohn verweist (Mt 17,5f.). In Fortführung des Bildes im Markusevangelium verschweigt Matthäus nicht, dass Petrus und die Zebedaiden in Gethsemane einschlafen, obwohl sie von Jesus zum Wachen ermahnt worden sind (Mt 26,36ff.). Im Anschluss an die Markuspassion hält auch die Matthäuspassion fest: Entgegen der Zusicherung, bis zuletzt und bis zum Tod fest zu Jesus stehen zu wollen – die Petrus einstimmig mit den Jüngern gibt – (Mt 26,33-35), verleugnet gerade Petrus seinen Herrn (Mt 26,69-75 par. Mk).

Anders als Markus, bei dem unter dem Strich unklarer bleibt, inwiefern Petrus nach seinem Versagen im Angesicht des Leidens und Sterbens Jesu am Ende der Erzählung als rehabilitiert gelten kann, wird Petrus nach Matthäus im narrativen Finale eine Ostererscheinung zuteil, und zusammen mit den verbliebenen Mitgliedern des Zwölferkreises gilt ihm der Auftrag des Erhöhten (Mt 28,16-20).

Zeichnet man die Petrusepisode Mt 14,28-31 in dieses Bild ein, so kann man sie beim Stand der Erzählung *auf der einen Seite* als eine Geschichte vom Versagen des Erstjüngers betrachten: Die Gefährdungen von Kleinglaube und Zweifel werden an ihm exemplarisch erkennbar, Petrus „bricht ein" in einer Weise, wie es allen Jüngern ergehen kann. Deutlich ist jedoch *auf der anderen Seite*: Durch die Ermächtigung seines Herrn *kann* Petrus tatsächlich wie dieser über das Wasser hingehen, er *vermag* gegen alle Widrigkeiten zu Jesus durchzudringen (V.29). Es kommt zu einer zeitweise singulären Nähe zwischen dem Erstjünger und Jesus, bevor am Ende alle Jünger mit Jesus wieder im „Boot" vereint sind. Und Jesus *rettet* im Text ausdrücklich Petrus auf dessen Hilferuf hin; dem Erstjünger gilt die helfende Hand. Eine entsprechende soteriologische (d.h. auf „Rettung" bezogene) Aussage fehlt im Fall der anderen Jünger, die nicht zu ertrinken drohen.

Es ist sehr wahrscheinlich, dass Petrus für die syrische Christenheit des Matthäus eine besondere Bedeutung hat; die matthäische Jesusgeschichte setzt voraus, dass Petrus in der Zeit nach Ostern zu den leitenden Gestalten der Urgemeinde gehört hat; Paulus rechnet ihn in Jerusalem unter die „Säulen" (Gal 2,9). Aus den Paulusbriefen wird auch ersichtlich, dass Petrus im syrischen Raum, d.h. wahrscheinlich in der Heimat der matthäischen Christenheit, gewirkt hat (vgl. Gal 2,11ff.). Von hier aus kann plausibel werden, dass es im Matthäusevangelium auch Petrustraditionen gibt, die die übrigen Evangelien nicht kennen.

Hier müsste nun vor allem Mt 16,17-19 ausführlich diskutiert werden. An der Stelle, an der es nach dem Bekenntnis zur Messianität Jesu in der Gegend von Caesarea Philippi im Markusevangelium einen scharfen Tadel an die Adresse des Petrus gibt, übergeht Matthäus diesen Tadel zwar nicht (vgl. Mt 16,21-23), fügt jedoch dazwischen ein Sondergutstück ein, welches Petrus eine Sonderrolle für die „Kirche" zuweist. In der lateinischen Übersetzung des Neuen Testament steht so dem Bekenntnis „Du bist Christus, Sohn des lebendigen Gottes" eine entsprechende „Du bist"-Aussage Jesu über Petrus gegenüber (Mt 16,18). Diese später in die Kuppel des Petersdomes eingeschriebene Verheißung für Petrus steht in Mt 16 in einem Verbund weiterer Aussagen, die je für sich ausführlicher Diskussion bedürfen. In aller Kürze kann man hierzu festhalten:

Erstens handelt es sich um eine der beiden Stellen, an denen Matthäus ausdrücklich das Wort „Kirche" (*ekklesía*) gebraucht. Der Begriff ist dabei in Mt 16,18 nicht allein auf die Ortsgemeinde bezogen, sondern nimmt die Christenheit insgesamt bzw. ökumenisch in den Blick. Die „Kirche" gilt dabei als eine äußerst beständige Größe, der die Zusage gilt, sich auch gegenüber den Mächten der Unterwelt behaupten zu können. Die universale Auslegung des Kirchenbegriffs unterscheidet Mt 16,18 von Mt 18,17 – dem zweiten Beleg für „Kirche" im Matthäusevangelium –, wo der Begriff innerhalb der Gemeinderede stärker von der konkreten christlichen Gruppe/Ortsgemeinde her gedacht ist. Petrus hat also nach Mt 16 eine „kirchengründende" Funktion nicht nur mit Blick auf die Einzelgemeinde. Zugrunde liegt dabei Bau-Metaphorik wie sie sich auch bei Paulus in der Rede von den „Säulen" der Jerusalemer Gemeinde findet (vgl. Gal 2,9; Eph 2,20: die Apostel und Propheten als Fundament, auf das die Kirche aufgebaut ist).

Zweitens: Die Verheißung der Übergabe der Schlüssel der Himmelsherrschaft wird in V.19a nicht durch eine Aussage über das „Schließen" und „Öffnen", sondern vielmehr durch einen Satz über das „Binden" und „Lösen" fortgeführt. Bei allen Schwierigkeiten der Interpretation im Einzelnen kann heute als weit reichender Konsens der Forschung gelten: Es geht Matthäus mit dieser Binde- und Lösegewalt nicht um das (viel spätere) Bußsakrament der Kirche. Der Zusammenhang ist hier auch ein anderer als in Mt 18,18. Vielmehr geht es um Fragen der Verbindlichkeit der Tora im Licht der Lehre Jesu und der Interpretation von Überlieferungen. In analoger Weise spricht Matthäus vom „Binden" in Mt 23,4: Die Schriftgelehrten „binden" schwere und schwer zu tragende Lasten zusammen und legen sie auf die Schultern der Menschen.

Petrus soll ganz anders Verwalter der „Schlüssel" sein, indem er den Menschen die Lehre Jesu zugänglich macht, für sie bürgt und einsteht. Dies bleibt bei Matthäus eine einmalige und geschichtlich so nicht wiederholbare Konstellation. An ein zu tradierendes bzw. durch ein Nachfolgeprinzip zu vermittelndes „Amt" denkt Matthäus noch nicht.

5. Zusammenfassung

Mt 14,22-33 ist eine extravagante Wundergeschichte. Dass ihr Zentrum im Gehen Jesu über das Wasser des galiläischen Sees liegt, hat erst neuzeitliche Wahrnehmung so gemeint. Im Kern geht es nicht um ein Handeln des Wundertäters an den Elementen der Natur; die natürlichen Verhältnisse, z.B. auch die Frage, wie sich die Windverhältnisse auf dem See Genesareth gestalten, interessieren nur indirekt. Es liegt kein Naturwunder vor, sondern vielmehr ein Wunder des Epiphanwerdens („Erscheinens") des Gottessohnes vor den Seinen.

Die Geschichte will aus ihrem Kontext heraus verstanden werden. Sie findet sich in einem Abschnitt des Matthäusevangeliums, in dem ekklesiologische Fragen im Vordergrund stehen. Das Besondere und Unverwechselbare der Erzählung besteht darin, dass die Jünger hier auf Befehl

Jesu erstmals alleine, d.h. ohne ihren „Herrn", im „Boot" unterwegs sind. Darin bricht sich eine nachösterliche Situation, eine Zeit, in der Jesus nicht mehr leiblich-unmittelbar mit seiner Gemeinde ist, in der man nicht mehr real hinter Jesus hergehen (Nachfolge) bzw. mit ihm in Gemeinschaft stehen kann. In metaphorischer Psalmensprache spiegeln sich im Text Erfahrungen, Nöte und auch drohende Missverständnisse („Gespensterglaube") dieser veränderten Zeit der matthäischen Christenheit. Im Erzählverbund von Mt 14 wird die Gefährdung der Gegenwart noch konkreter. Die Abfahrt des „Bootes" in Mt 14,13 erfolgt auf die Nachricht der Enthauptung des Täufers durch Herodes Antipas hin. Möglicherweise brechen sich hierin auch kritische Erfahrungen und Ängste der matthäischen Gemeinde, die durch politische Umbrüche bedingt sind.

Die zentrale Aussage der Erzählung ist ermutigend: Jesus wird in der Stunde der Not und Anfechtung über alle Distanz und alle Gefährdungen hinweg in unverwechselbarer Weise mit/bei seiner Gemeinde sein und sie „erretten". Das Zentrum der Erzählung gestaltet sich dabei zweiphasig. In der ersten Erzählphase stehen sich die in Not befindlichen Jünger und Jesus gegenüber; in der zweiten Erzählphase wird die Rolle des Petrus im Gegenüber zu seinem „Herrn" (Mt 14,30) reflektiert. Wie sonst bei Matthäus vertritt Petrus *einerseits* auch hier die Jünger exemplarisch. Wie diese gerät er in Anbetracht des epiphan werdenden Gottessohnes in Verwirrung; wie Petrus ist auch die Gemeinde stets auf den Auftrag ihres Herrn verwiesen; wie diesem droht der Gemeinde ein Versinken in Kleinglauben, und wie dieser bedarf sie am Ende der Hilfe, des Gehaltenwerdens und der Rettung durch ihren Herrn. *Andererseits* setzt die Erzählung zusammen mit Mt 16,16-19 deutlich voraus, dass die syrische Christenheit des Matthäus um die kirchengründende Sonderrolle des Petrus weiß und auf diese in ihrer fundamentalen Bedeutung zurückblickt.

Angst vor der Angst

Angst was kommt
Denken vor Angst was kommt
Angst vor dem Denken was kommt
Angst vor dem Denken

Wenn es kommt
kommt es wegen der Angst
wegen der Angst vor dem Denken
die mir Angst macht

Erich Fried, Warngedichte, © 1979 Carl Hanser Verlag München.

4.2 Der Text heute – Themen und Bausteine

Kerstin Offermann

1. Vorüberlegungen und didaktische Herausforderungen

Die Erzählung lebt von einer inneren Spannung zwischen Nähe und Distanz. Zunächst schafft Jesus selbst Distanz zwischen sich und den Jüngern, indem er sie wegschickt. Dann hebt er diese Distanz räumlich wieder auf, indem er zu ihnen kommt. Durch die Art und Weise, wie das geschieht, entsteht aber zugleich eine riesige Distanz: Jesus geht auf dem Wasser, d.h. er ist anders als alle anderen Menschen. In diesem Moment zeigt sich, dass er Gott ist.

2. „Bist du es?"

Die Distanz zu Jesus wird durch seinen Befehl an Petrus überbrückt, selbst auf das Wasser zu kommen. Petrus taucht so in die himmlische Realität ein und ist Jesus unvergleichlich nah. Dann verstellen Sturm und Wellen diese Nähe und schaffen erneut eine enorme – tödliche – Distanz zwischen Jesus und seinem Jünger, die Jesus wiederum überwindet und dann zu den Jüngern ins Boot steigt, womit die räumliche Nähe wiederhergestellt ist. Allerdings bleibt bei den Jüngern ein Gefühl von Fremdheit Jesus gegenüber, das sie zur Anbetung führt.

Baustein: Stellen Sie mit den TN die verschiedenen Phasen von Nähe und Distanz nach. Verwenden Sie dafür z.B. verschiedenfarbige Steine – für Jesus, für die Jünger, für Petrus, für die Wellen oder bitten Sie die TN, sich selbst so im Raum zu positionieren, wie sie Nähe und Distanz in der Geschichte erleben. Die TN identifizieren sich dabei mit den Jüngern. Jesus wird symbolisch durch eine Kerze auf dem Fußboden dargestellt.
Sprechen Sie mit den TN über ihre Erfahrung: Wie ging es ihnen dabei? In welcher Nähe oder Distanz haben sie sich wohl gefühlt? Wo wären Sie gerne länger geblieben? ... Bitten Sie die TN im Anschluss, im Raum einen Platz im Verhältnis zur Kerze für sich zu finden, wodurch ihre persönliche momentane Nähe oder Distanz zu Jesus verdeutlicht wird.
Ermutigen Sie die TN, von dieser Stelle aus einen Satz zu Jesus zu sagen oder ihm eine Frage zu stellen, um anschließend diese Äußerungen mit einem kurzen gesungenen Kyrie aufnehmen.

Baustein: Animieren Sie die TN, ein Drehbuch zu dieser Geschichte zu schreiben. Wer würde in welcher Szene in Mittelpunkt stehen? Von wo käme das Licht? Wer würde angestrahlt? Wer stünde im Dunkeln?

Dieser Text macht deutlich, dass in Jesus Himmel und Erde zusammenkommen. Wenn man bei ihm ist, wird es himmlisch. Aber es wird damit auch unheimlich. Man verlässt seine gewohnten Grenzen und begibt sich auf schwankenden Untergrund. Nicht alle Jünger steigen aus dem Boot und machen diese Erfahrung. Nicht jede Christin und jeder Christ möchte Gott so nahe kommen. Es sind besondere Gestalten: wie Elia, Mose oder Petrus, von denen eine solche Gottesbegegnung erzählt wird.

Baustein: Fragen Sie die TN, mit welcher Person in der Geschichte sie sich identifizieren möchten. Wären sie gerne mal Petrus? Oder wären sie lieber einer der Jünger im Boot oder jemand aus der Menschenmenge am Ufer?
Baustein: Bitten Sie die TN, die sich mit einer Person identifiziert haben, in einen auf dem Boden liegenden Reifen zu steigen und damit die Rolle dieser Person anzunehmen. Legen Sie mindestens vier Reifen aus für Jesus, die Jünger, die Menge am Ufer und Petrus, aber halten Sie auch weitere Reifen bereit, für evtl. weitere Identifikationen (z.B. mit den Wellen oder dem Wind). Wenn die Reifen besetzt sind, dürfen sich die TN untereinander befragen oder etwas zu ihrer Rolle/Situation sagen. Die Spielenden dürfen den Reifen jederzeit wieder verlassen und neue Personen dürfen in ihn treten. Es können auch mehrere Personen gleichzeitig in einem Reifen stehen.
Baustein zur Textanalyse: Vergleichen Sie mit den TN den Text in der Version nach Matthäus mit den Versionen von Markus und Lukas. Was fällt auf? Was tritt bei Matthäus besonders hervor?

3. Realität der Gemeinde

Die Situation der Jünger im Boot entspricht der Situation der Christinnen und Christen zur Zeit des Matthäus, aber auch der unsrigen: Jesus ist nicht mehr körperlich anwesend. In diesem Boot leben und handeln die Jünger also unter den realen Bedingungen der Glaubensexistenz und der Nachfolge. Auch in der Gemeindesituation fühlt es sich oft so an, als wäre Jesus nicht anwesend und man alleine klarkommen müsste.
Die Erzählung will in einer solchen Situation trösten und ermutigen: Er ist nicht weit weg. Er kommt zu euch. Wir sind nicht allein, selbst wenn es so scheint!
Baustein: Erzählen Sie vergewissernd von Erfahrungen der Gegenwart Jesu Christi und laden Sie die TN dazu ein, das auch zu tun.
Die Gemeinde erlebt mit den Jüngern, wie sehr sie auf Jesus angewiesen ist. „Lassen Sie uns noch einmal zurückgehen zu den Jüngern, die auf dem See Genezareth beinahe im Sturm untergegangen wären: Sie vergeudeten ihre Zeit und Energie nicht damit, sich gegenseitig die Schuld in die Schuhe zu schieben. Aber letztendlich reichte das nicht aus, um sie zu retten. Als sie das merkten, und erst da, wandten sie sich an Jesus. (Steven Croft, Format Jesus. Unterwegs zu einer neuen Kirche, BEG Praxis, Neukirchen-Vluyn 2012, 23)
Baustein: Ist es uns in der Gemeinde bewusst, dass wir so von Gott abhängig sind? Wie können wir als Gemeinde unsere Abhängigkeit von Gott ausdrücken? Was würde das bedeuten in Bezug auf die Strukturen, die internen Abläufe, die Außendarstellung …?
Könnte es z.B. bedeuten, dass wir noch mehr als bisher eine Gemeinde des Gebetes werden müssten?

Baustein: Probieren sie mit den TN verschiedene Formen des Gebetes aus: mit einer Gebetswand, einem Gebetsbuch, im Anzünden von Kerzen, im Namengebet (bei dem einzelne TN nur einzelne Namen nennen, für die sie um Beistand bitten), im Atemgebet (einatmend und ausatmend einen kurzen Text denkend mit dem Atem z.B. beten: „Jesus Christus – segne mich").
Die Jünger erleben, wer Jesus ist, indem sie tun, was er sagt. Sie lassen sich auf ihn ein, auf sein Wort, auf die Macht seines Wortes. Sie bitten ihn aber auch um ein klares Wort. Das wird von Jesus nicht hinterfragt, sondern bestätigt. So sollen wir ihn bitten, um klare Handlungsanweisungen und Aufträge.

Baustein: Wenn man Jesus so um Wegweisung bittet, scheint es auch ungemütlich werden zu können. Wollen die TN sich trotzdem darauf einlassen? Überlegen Sie mit den TN nach Wegen und Formen, in denen die Gemeinde so nach Jesu wegweisendem Wort fragen kann.

4. Wenn die Wellen über dir zusammenschlagen: Glauben in Zeiten der Anfechtung

Die Erfahrung von Petrus ist sicherlich vielen TN vertraut: Man beginnt mutig und zuversichtlich etwas Neues, aber nach einiger Zeit wachsen die Widerstände und auch die Zweifel und man beginnt zu schwankten. In solchen Situationen will diese Erzählung ermutigen und trösten. „Der Moment, in dem wir in der größten Versuchung stehen, aufzugeben, ist wahrscheinlich der Moment, wenn die Hilfe nur einen Schritt weit weg ist." (Nicholas T. Wright, Matthäus für heute, Bd. 1, 221)
In solchen Situationen will der Text aber auch wachrütteln, und zwar in dreierlei Hinsicht:
1. Gib nicht auf!
2. Ruf Jesus um Hilfe an!
3. Zweifle nicht. Du weißt doch, dass Jesus vertrauenswürdig ist!
Jesus fragt Petrus nachher (nachdem er ihn aber zuerst gerettet hat!) erstaunt: „Warum hast du denn eigentlich gezweifelt?" Für Jesus ist es eher merkwürdig, dass Petrus' Glaube so geschwankt hat. Denn dafür gibt es aus der Sicht von Jesus keinen Grund.
Bausteine: Notieren Sie mit den TN in einer Tabelle, was dafür spricht, Jesus zu vertrauen und was Gründe zum Zweifeln sind. Überlegen Sie mit den TN, wie man mit den Zweifeln so umgehen kann, dass sie den Glauben stärken, statt ihn zu schwächen.
Ein Sprichwort aus Afrika besagt: „Sag Gott ruhig, wie groß deine Sogen sind, aber dann sag deinen Sorgen auch, wie groß Gott ist." Mit dieser Geschichte im Rücken lernt man, wie man Wellen und Stürme, Widerstände und Angst besiegt.

Baustein: Auf der DVD finden Sie eine Einheit des Glaubenskurses **„Stufen des Lebens"** zu diesem Text, in der es vor allem um diesen Aspekt des Vertrauens mitten in Anfechtung geht.

Lieder

GL 383	Ich lobe meinen Gott, der aus der Tiefe mich holt (BEL 628 u. in weiteren Regionalteilen)
EG 209	Ich möcht', dass einer mit mir geht
EG 272 / GL 400	Ich lobe meinen Gott von ganzem Herzen
EG 299 / GL 277	Aus tiefer Not schrei ich zu dir
EG 369 / GL 424	Wer nur den lieben Gott lässt walten
EG 380	Ja, ich will euch tragen

4.3 Vorschlag für eine Bibelarbeit

Stefan Wittig

Inhaltlicher Schwerpunkt
Die TN sollen die Möglichkeit erhalten, an die im Text transportierte Erfahrung von Jesus Christus als Tröster, Haltgeber und Ermutiger existenziell anzuknüpfen. Dabei wird der Text szenisch von den Teilnehmern vergegenwärtigt.

Raumgestaltung
Zu Beginn sitzen die TN in einem großen Stuhlkreis um eine als Boot gestaltete Mitte.

Materialien und Medien
→ Psalm 69 in Auszügen (V.2-4.14-19a.30b = EG 731) und Bibeltext (DVD, TN-Heft)
→ Lieder
→ Schreibutensilien
→ Schauspielrequisiten (z.B. bunte Bettlaken und Kordeln als Gürtel)

Zur Gestaltung des Abends

Liturgische Eröffnung
→ Lied: Du hast uns, Herr, gerufen (EG 168,1-3 / GL: L 715,1-3)
→ Psalm 69 im zeilenweisen Wechsel zwischen zwei Gruppen sprechen (z.B. Männer/Frauen oder katholisch/evangelisch)

Auf den Text zugehen (20 min)
→ Auf Zetteln beantworten die TN die Frage: „Wann habe ich Angst?". Wer möchte, kann der Gruppe seinen „Angst-Zettel" vorlesen. Anschließend werden die Zettel in die gestaltete Mitte gelegt.
→ Nun erfolgt die Lesung des Textes Mt 14,22-33 – erst satzweise von verschiedenen TN, dann noch einmal im Zusammenhang.
→ Das Thema Angst wird ausschließend im Gespräch mit dem Text verbunden („in Not sein" in V.24; „sich fürchten" in V.26 und „vor Angst/Furcht schreien" in V.30). Können die TN sich mit ihrer Angst in der Geschichte wiederfinden?

Dem Text begegnen (45 min)
→ Nun wird die Geschichte von Freiwilligen aus dem Teilnehmerkreis szenisch dargestellt. Bei mehr als 40 TN sollten zwei Gruppen gebildet werden, die in zwei getrennten Räumen weiterarbeiten. Mögliche Rollen: Petrus, weitere Jünger, Jesus, Wind, Wasser. Es sollte auch eine ausreichende Zahl an Zuschauern geben. Requisiten, z.B. Bettlaken als Umhang, können hilfreich sein. Diejenigen, die keine Rolle übernommen haben, erhalten die Aufgabe, die Szene genau zu beobachten.

→ Im gemeinsamen Gespräch wird die Spielszene nun ausgewertet. Dabei beginnen die Zuschauer mit ihren unterschiedlichen Eindrücken. In einer zweiten Gesprächsrunde teilen die einzelnen Schauspieler ihre Erfahrungen mit.
→ *Alternative*: Den Text auf dem Boden auslegen (eine von Anneliese Hecht entwickelte Methode: s. dazu Datei auf der DVD „Mt 14,22-33 Tonpapiere auslegen"; hier sind auf A4-Blättern alle nötigen Rollen und Begriffe vorbereitet).
Nach einer ersten Lektüre des Textes in verteilten Rollen wird der Text ein zweites Mal langsam Satz für Satz vorgelesen. Dabei legt L die entsprechenden Rollen und Vorgänge so auf dem Boden aus, dass die vier Rollen nebeneinander liegen und darunter jeweils die zugehörigen Begriffe kommen:

Volksmenge	Jesus	Petrus	JüngerInnen
	nötigte		in das Boot steigen vorausfahren
entlassen			
	stieg auf den Berg allein		
			weit vom Land entfernt
	kam zu ihnen umhergehend		

usw.

Anhand des Textbildes lassen sich enorm viele Beobachtungen am Text machen: Beziehungen, Dramatik, Höhepunkt, zentrale Botschaft ... auch wieder die Rollen-Identifizierung.

Mit dem Text weitergehen (15 min)
Im Stuhlkreis der Gesamtgruppe hat die Gruppenleitung die Gelegenheit, ein paar zusammenfassende Gedanken in ein abschließendes Gespräch zu bringen. Beispielsweise:
→ *Sichtbar* ist der auferstandene Jesus in dieser Welt nicht gegenwärtig und so scheint er auch nicht bei seiner von Widrigkeiten bedrohten Gemeinde zu sein. Aber in Wahrheit kann er jederzeit über alle vermeintlichen Distanzen hinweg zu seinen Jüngern kommen, um nach ihnen zu sehen und ihnen zu helfen. So ist er bei ihnen „alle Tage bis zum Ende der Welt" (Mt 28,20).
→ Das Wort Jesu in V.27 knüpft (sowohl mit der Formulierung „Ich bin es" [vgl. Dtn 32,39; Jes 41,4; 43,10; 45,18f.; 48,12; 51,12] als auch in der Zusammenstellung mit der Aussage „Fürchte dich nicht" [vgl. Gen 15,1; 26,24; 46,3; Jes 41,8-10.13; 43,5]) an die selbstvorstellende Anrede Gottes im Alten Testament an. So wird deutlich: In Jesus begegnet der sich schützend zuwendende Gott Israels.
→ Über sein Mit-Sein hinaus ermächtigt Jesus seine Jünger auch zum Handeln („Komm her!", V.29).
→ Wer dementsprechend bereit ist, das Boot der eigenen Sicherheiten zu verlassen und im Wagnis des Glaubens ins Unsichere zu treten, wird die Wirklichkeit des Reiches Gottes erfahren.

→ Glaube muss nicht vollkommen sein, um das Gehaltensein durch Gott zu erleben. Jesus wird uns Menschen auch als „Kleingläubige" mit ihren Zweifeln nicht der Bodenlosigkeit preisgeben. Zum Schluss holt jeder TN seinen Zettel aus der gestalteten Mitte zurück. Unter Bezug auf das Wort Jesu an Petrus in V.31 („Du Kleingläubiger, warum hast du gezweifelt?") erhalten die TN die Aufgabe, auf die Rückseite ihres ‚Angst-Zettels' zu schreiben, was Jesus zu ihnen sagen würde. Sie können es sich dann auch von ihrem Nachbarn laut zusprechen lassen.

Liturgischer Abschluss
→ Lied: Vertraut den neuen Wegen (EG 395 = GL: L 860) oder
→ Lied: Bewahre uns, Gott (EG 171 = GL 453)

4.4 Bildbetrachtung: Anfechtung

Johannes Beer

Jörgen Habedank, „Sichere Überfahrt" 2015,
Acryl und Collage auf Leinwand, 40 x 30 cm

Auf den ersten Blick sehen wir das Blau des Wassers und des Himmels. Wir sehen die Wellen und darüber das angedeutete Schiff oder Boot. Wir sehen die stehende, ja schwebende, aufrechte weiße Gestalt, von der wir nicht wissen, ob sie im Boot, vor dem Boot oder Teil des Bootes ist. Und wir sehen helles, erst weißes, dann gelbes Licht, das sich schließlich mit dem Blau des Wassers mischt. Wir sehen, wie dieses Licht von oben herab zum Boot fließt und die stehende Gestalt umfängt, hält und nach oben zu ziehen scheint.

Irgendwie können wir alles sofort mit unserer Erfahrungswelt zusammenbringen. Und doch ist nichts so dargestellt, wie wir es aus der Realität und von Fotos kennen. Zum Beispiel gibt es keine Wellen, die so eine eigenartige Form ergeben und sich dabei sogar kreuzförmig überlagern. Auch gibt es keinen Himmel, der durch so sonderbare uns an Papiertücher erinnernde Formen geprägt ist. Und das Boot ist auch mehr ein Piktogramm oder Signet, als dass es zum vertrauensvollen Einsteigen einlädt. Auch ist die stehende Gestalt für das Boot in jedem Falle viel zu groß. Aber um die Realität unserer Erfahrungen geht es weder in diesem Bild noch der Erzählung. Und auch die Erfahrungswelt der Jünger wird um Unerwartetes erweitert.

Von unten kommen die Wellen, kommen die Strukturen im Wasser, die keine Sicherheit und keinen Halt vermitteln, sondern herabzuziehen drohen. Das Boot ist klein und alles andere als vertrauenerweckend. Zwar leuchtet ein kleines Kreuz am Bug auf, aber es scheint doch ein Spielball der Wellen, die sich nach links und rechts aufbauen. Und dennoch steht diese Figur. Sie scheint das Boot, den letzten wenn auch unsicheren Halt, verlassen zu haben. Sie ist aus dem Boot aufs Wasser herausgetreten, sodass sie nach all unseren Erfahrungen versinken muss. Aber da ist das Licht, das diesen Stehenden ganz durchdringt und ihn von oben hält. Petrus hat genau diese Erfahrung gemacht: Das Wagnis geht mit purem Selbstvertrauen nicht gut. Aber im Glauben an Gott, gehalten von Gott, wird er aus dem, was ihn herunterzuziehen droht, herausgezogen. Er hat erlebt, wie das Licht Gottes ihm Halt gibt, wie groß auch die Wellen sind und wie klein auch das Boot ist.

5 | Großzügig beschenkt: Mt 18,23-35

5.1 Exegese

Reinhard von Bendemann

1. Mt 18,23-35 als narrativer Schluss der Gemeinderede

Die Geschichte von dem Sklaven, der von seinem königlichen Herrn überreiche Vergebung erfährt, diese jedoch an seinen Mitsklaven nicht weitergibt und damit seine eigene Begnadigung verspielt, bildet den Abschluss der vierten großen Rede Jesu im Matthäusevangelium.

Die sogenannte Gemeinderede richtet sich wie die Aussendungsrede in Mt 10 ausschließlich an die Jünger Jesu. Dabei thematisiert Mt 10, entsprechend der Fortentwicklung der Erzählung, vorrangig den Auftrag der Jesusjünger „nach außen"; es geht um die Konfrontation Israels mit der Wirklichkeit der Königsherrschaft der Himmel. Anders ist Mt 18 auf die Frage der Beziehungen innerhalb der Jüngergruppe konzentriert; es geht um die Möglichkeitsbedingungen des Zusammenlebens in der Gemeinschaft. Dieses Thema entspricht ebenfalls dem Stand der Entwicklung der Rahmenerzählung: Die Krise in Israel hat begonnen, und die Jünger werden stärker als eine eigenständige und abgesonderte Größe erkennbar. Eine Gemeinschaft kommt in den Blick, die sich mit eigenen Spielregeln in der Zeit einrichten und behaupten muss.

In der Gemeinderede wird dabei natürlich keine ausgeführte „Kirchenordnung" formuliert, vielmehr werden verschiedene Grundlinien und Konturen erkennbar und eingeschärft. Betont wird die Haltung der Niedrigkeit. In Überarbeitung der Geschichte vom Rangstreit der Jünger (Mk 9,33-37) gilt der als „größer" in der Königsherrschaft der Himmel, der sich selbst erniedrigt und so wie ein „Kind" wird (Mt 18,4). Ebenso zentral ist für Matthäus die Frage nach den Schwachen, Armen und Bedürftigen in der Gemeinde. Er betont im Gleichnis vom verlorenen Schaf (Mt 18,10.12-14), dass diese Kleinen nicht verachtet, sondern gesucht werden sollen. So liegt bei ihm anders als bei Lukas nicht eine Erzählung über die Freude am Wiederfinden des Verlorenen vor (Lk 15,4-7), sondern ein Gleichnis vom Wunsch, den „Verirrten" zu suchen. Dieses ist wahrscheinlich aus Q entnommen und bereitet bei Matthäus so das im Zentrum der Gemeinderede stehende Problem des „Abweichlers" vor. Dabei ist Matthäus weniger an Fragen der positiven Gemeinschaftsordnung interessiert, sondern vielmehr an der Lösung von Konfliktfällen. Im Kern von Mt 18 steht die Problematik des Fehlgeleiteten *innerhalb* der Gemeinschaft derer, die sich im Namen Jesu versammeln (vgl. Mt 18,20). Dass es „Böse" bzw. „Abweichler" *in* der Gemeinde geben kann, stimmt mit der ekklesiologischen Gesamtsicht des Matthäus überein.

Nach dem Gleichnis vom Unkraut unter dem Weizen (Mt 13,24-30.36-43) obliegt es dabei nicht den Jüngern, „Gutes" und „Schlechtes" bzw. „Gesetzloses" in dieser Weltzeit voneinander zu trennen. Vielmehr ist dieses Unterscheidungsgericht dem Menschensohn am Ende der Zeit vorbehalten (Mt 13,40-43). In dem Wissen, dass das letzte Urteil über die Richtigkeit des Handelns Gott bzw. dem Menschensohn zusteht, bedarf die Gemeinde dennoch bestimmter Spielregeln. Die matthäische Gemeinde weiß sich von Jesus selbst autorisiert, solche Spielregeln festzulegen und zu praktizieren.

In Mt 18,15-17 finden sich im Zentrum der Gemeinderede Anweisungen für das Konfliktmanagement im Fall einer Verfehlung eines Jüngers. Das dreistufige Vorgehen, nach dem der „Abweichler" zunächst unter vier Augen zur Rede gestellt wird, dann gegebenenfalls ein weiteres Gespräch unter Heranziehung eines oder zweier Zeugen stattfindet und erst dann die Gesamtgemeinde (*ekklesía*) mit dem Fall befasst wird, wobei im äußersten Fall die Exkommunikation vollzogen werden kann, findet enge Parallelen in zeitgenössischen frühjüdischen Texten (Qumran). Die Disziplinarregel zeigt, wie sehr die Träger des Matthäusevangeliums lebenspraktisch im antiken Judentum verwurzelt sind. Vergebung von Schuld/Sünden setzt demnach eine grundlegende Gesinnungsänderung („Umkehr") des Abweichlers voraus. Das Wort vom „Binden" und „Lösen" ist in Mt 18,18 dabei Sache der Gesamtgemeinde; ihr obliegt eine Entscheidungsgewalt, der himmlisches Gewicht zukommt.

Die Gemeinschaft soll sich nach der Gemeinderede dabei allerdings strikt an der Zielperspektive der Rückgewinnung des „in die Irre gegangenen" Schafes (vgl. Mt 18,10.12-14) bzw. an der Praxis der Sünden-*Vergebung* ausrichten. Um diesen Punkt hervorzuheben, lässt der Erzähler Petrus, den Ersten und Sprecher der Jünger, die Rede durch eine Frage unterbrechen (Mt 18,21). Jesus fordert unbegrenzte Vergebungsbereitschaft der Jünger (vgl. demgegenüber Gen 4,23f., wonach Lamech siebenundsiebzigfach gerächt wird).

Bis Vers 22 hat Matthäus damit Materialien sehr unterschiedlicher Herkunft und auch unterschiedlicher Abzielung zu einer kohärenten Rede verbunden. Im Hintergrund stehen Grundfragen der Funktionsweisen von Gruppen. Dabei treten zwei dominante Sinnlinien hervor: Die Gemeinschaft muss mit Abweichlern/„Sündern" in den eigenen Reihen rechnen. Sie soll in derartigen Fällen auf der einen Seite ganz unbedingt zur Vergebung bereit sein und alles daran setzen, den „verirrten" „Bruder" (bzw. die Schwester) in die eigenen Reihen zurückzuholen. Auf der anderen Seite ist jedoch ein Fall denkbar, in dem dies nicht mehr möglich ist und der in letzter Konsequenz zum Ausschluss aus der Gemeinschaft führen kann.

Beide Linien werden in der die Rede abschließenden Gleichniserzählung Mt 18,23-35 aufgenommen: Der erste Spannungsbogen der Geschichte lebt von der unverhofften und übergroßen „Vergebungsbereitschaft" – und zwar nicht der eines Menschen, sondern der des Gottes Israels; der zweite und dritte Spannungsbogen zeigen dagegen die „Unbußfertigkeit" dessen, dem das Gnadenangebot galt, sowie die eintretenden unheilvollen Konsequenzen. Die Erzählung unterstreicht dabei in ihrer pragmatischen Dimensionierung die vorausgehende Aufforderung zu unbegrenzter Vergebungsbereitschaft an die Jünger (Mt 18,21f.). Im Gesamtzusammenhang von Mt 18 geht es jedoch nicht nur um eine ethische Aussage. Das Gleichnis durchleuchtet und begründet vielmehr in abschließender und umfassender Weise den Zusammenhang von erfahrener und praktizierter Vergebungsbereitschaft in der christlichen Gemeinschaft. Demnach geht beides zusammen in der christlichen Gemeinde nicht: die übergroße Vergebungsbereitschaft Gottes in Anspruch zu nehmen und gleichzeitig nicht das eigene Verhalten danach auszurichten.

2. Mt 18,23-35 als matthäische Gleichniserzählung

Mt 18,23-35 ist ein typisches matthäisches Gleichnis, das zentrale Formelemente, Themen und Motive enthält, auch wenn im Hintergrund möglicherweise eine ältere Überlieferung steht. Der erste Evangelist nutzt Gleichnisse auch sonst immer wieder als bündelnden Abschluss von Redekomplexen (vgl. Mt 7,24-27; 11,16-19; 13,52 u.a.). Die einzelnen Gleichnisse sind insgesamt sorgfältig auf den Gang der Makroerzählung abgestimmt. So erklärt sich z.B. die Zunahme von Gerichtsgleichnissen zum Ende des ersten Evangeliums hin (vgl. Mt 21,28–22,14 und 24,42–25,30). Auch Mt 18,23-35 ist inhaltlich an seinem jetzigen Ort in der Gemeinderede unverwechselbar.

Einleitung und Schluss von Mt 18,23-35 sind im Sinn des Matthäus gattungstypisch; ebenso typisch ist die Gestaltung als Himmelreichgleichnis. In keinem anderen Evangelium begegnen derart viele Himmelreichgleichnisse wie hier. Die Königsherrschaft der Himmel findet nach Matthäus im Gleichnis ihre adäquate Sprachgestalt. Mt 18,35 beinhaltet eine (möglicherweise von Matthäus selbst gebildete) Gleichnisanwendung. Die in dieser Anwendung indirekt enthaltende Mahnung, dem eigenen „Bruder" von Herzen zu vergeben, entspricht der matthäischen Tendenz, Gleichnissen Jesu eine ethische Ausrichtung zu verleihen (vgl. noch 5,16 o. 13,49 u.a.).

Auch das Figureninventar im Corpus der Gleichniserzählung gestaltet sich so, dass man in ihm matthäische Eigenarten wiedererkennt. Matthäus hat eine Vorliebe für königliche Figuren, denen andere Akteure in einem strikten Hierarchie- und Abhängigkeitsverhältnis untergeordnet sind (vgl. Mt 22,1-14; 25,31ff.). Im Blick auf die Handlungssequenz gehen bei Matthäus Gleichniserzählungen häufig „tragisch" aus. D.h. akzentuiert wird am Ende nicht das Glück einer Figur, ihr Erfolg und Gelingen, sondern vielmehr die negative Ausgangsmöglichkeit. Deutlich wird dies z.B., wenn man Mt 18,23-35 mit anderen Texten von einem Geldverleiher und Schuldnern vergleicht. Lk 7,41f. endet z.B. „komisch". Auch hier wird – in aller Kürze – von zwei Schuldnern erzählt, die *beide* dem Geldverleiher das Geschuldete nicht zurückzahlen können. Am Ende steht jedoch der unverhofft gute Ausgang: Der Geldverleiher erlässt/schenkt beiden Schuldnern ihre Schuld.

An diesem Punkt des unverhofft guten Ausgangs setzt Mt 18,23-35 an, doch dreht sich die „Komik" der Geschichte in eine „tragische" Richtung. Dieser Umbruch ist typisch matthäisch. Ähnliches kann man z.B. feststellen, wenn man das matthäische Gleichnis vom Unkraut unter dem Weizen (Mt 13,24-30.36-43) mit der Geschichte von der selbstwachsenden Saat bei Markus vergleicht (Mk 4,26-29). Auch hier belässt es Matthäus nicht bei dem positiven vegetativen Bild der „von selbst" gedeihenden Wort-Saat; vielmehr kommt ein „Böser" ins Spiel, dessen Intervention begreiflich macht, warum am Ende vom Gericht die Rede sein muss (vgl. auch Mt 22,1-14). Bei Matthäus gibt es insgesamt nicht nur eine enge Affinität von Himmelsherrschaft und Gleichnisrede, sondern auch eine von Gleichnisrede und Gericht.

Man darf diese Tendenz zur „Tragik" und zum Gericht nicht von einem modernen Standpunkt aus kritisieren. Der Evangelist arbeitet hier didaktisch (vgl. die Einleitung Punkt 4.3) mit Sprachmitteln, die in seiner Zeit üblich und geläufig sind. Aus didaktischem Interesse widersetzt er sich dem Wunschtrend der Hörer- und Leserschaft nach einem „Happy End". So ist es zu erklären, dass er sich in den Gleichnissen häufig nicht für die interessiert, die es ohnehin richtig machen (z.B. die fünf klugen Jungfrauen in Mt 25), sondern für die, die es falsch machen (könnten) – mit der Zielsetzung, die Leserschaft zu richtigem Tun anzuleiten und zu stimulieren.

3. Die Frage nach realen lebensgeschichtlichen Hintergründen und traditionsgeschichtlichen Voraussetzungen der Erzählung

Matthäische Gleichnisse haben zumeist eine vieldimensionale Beziehung zu ihrem narrativen Kontext, und ihre Pointe lässt sich meist nicht in einem einzigen Satz zusammenfassen.

Folgende Elemente im Text sind als **Metaphern** aufzufassen:

Dass die Hörerschaft/Leserschaft in dem „**König**" einen Platzhalter für Gott sehen soll, legt schon die Einleitung des Gleichnisses nahe, welches die Königsherrschaft der Himmel thematisiert (Mt 18,23). Das Bild von Gott als König ist im Alten Testament und antiken Judentum bekannt (vgl. z.B. Jes 6,5; 43,1-15 u.a.). Es ist Ausdruck der Tatsache, dass man sich nicht nur in der antik-jüdischen Religion die himmlische Welt vielfach in Analogie zur politischen irdischen Welt vorstellte; beim Vorherrschen der Monarchie in irdischen Bezügen fragt man auch im Himmel nach einer monarchischen Spitze. Sowohl dem König – als irdisch ggf. höchster Macht – als auch Gott – als himmlisch höchster Macht – gegenüber ziemt es sich, auf die Knie zu fallen: als physischer Ausdruck des Abstandes und des Respekts dem Mächtigen gegenüber (Mt 18,26; vgl. Mt 2,11).

Ebenso geläufig im frühen Christentum vor Matthäus (vgl. z.B. die Rede vom Schuldschein, der von Christus getilgt wird: Kol 2,14) ist die metaphorische Entsprechung von Geldschuld und Sündenschuld (vgl. Mt 6,12.14; vgl. Lk 7,41f.). Der „**Schuldner**" wird damit zum Bild für den Sünder. Und ganz entsprechend kann die Rede vom Nachlassen der Geldschuld metaphorisch für die Vergebung / den Erlass der Sündenschuld stehen.

Sowohl im biblischen Sprachgebrauch, im frühen Judentum als auch im werdenden frühen Christentum ist ferner der metaphorische Gebrauch des Begriffes „**Sklave**" und mit ihm verwandter Termini breit belegt. Als „Sklaven", nämlich Sklaven Gottes, können einzelne Fromme (vgl. Ps 19,12.14), vorbildliche Gerechte (Abraham: Ex 32,13; Mose: Ex 14,31 u.a.) oder auch die Propheten (1Kön 18,36) gelten. Als „Sklave Christi" begreift sich der Apostel Paulus verschiedentlich in seinen Briefen (vgl. Röm 1,1; Phil 1,1 u.a.). „Sklave" wird von hier aus auch metaphorisch für Glieder der christlichen Gemeinde, besonders für solche mit besonderer Verantwortung, verwendet. Vor allem Lukas macht sich dies verschiedentlich zu eigen; nach Lk 17,7-10 sollen sich Leiter in der Gemeinde als bei Tisch und auf dem Feld dienende Sklaven begreifen, die keine besondere Zuwendung und Dankbarkeit für ihren Dienst erwarten würden. Der „mittlere" Sklave in Mt 18,23-35 wird zunächst in seinem Abhängigkeitsverhältnis zu Gott (dem „König") erzählt; zugleich aber steht er in Verantwortung und Solidarität zu einem „Mitsklaven", der mit seinen Schulden von ihm abhängt.

Die Situation der „**Abrechnung**" mit den Sklaven (Mt 18,23f.) erinnert an andere Geschichten im Matthäusevangelium, in denen entsprechende Rechenschaft gefordert wird. Auch hier greift ein konventionalisierter Sprachgebrauch: Wenn der „Gläubiger" seine „Schuldner" zur Rechenschaft ruft, dann ist auf dem Hintergrund des oben angesprochenen Bildfeldes an das Gericht zu denken; dieses Gericht trifft am Ende der Geschichte den „gnadenlosen" Sklaven, welcher den „Folterern" überantwortet wird (V.34).

Zusammengefasst hat die Gleichniserzählung Mt 18,23-35 vielfältige **allegorische Bezüge** und ist sehr stark von ihrer Anwendung her entworfen. Die verschiedenen bereits konventionalisierten

Metaphern führen in ihrem Zusammenspiel dazu, dass sich in Mt 18,23-35 „hinter" der vordergründigen Erzählung eine zweite Geschichte entfaltet, die von Schuld und Vergebung erzählt. Damit ist zugleich deutlich, dass es nicht der primären Zielsetzung dieses Gleichnisses entspricht, sämtliche sozialen und rechtshistorischen Details „wirklichkeitsgetreu" abzubilden. Die Erzählung kann innerhalb ihrer Zeit und Welt als plausibel gelten; die **Zuspitzungen** im Text erfolgen auf einer Grundlage, welche die Leserinnen und Leser sofort nachvollziehen können.

Am Beginn der Geschichte leuchtet ein **„königliches Milieu"** in größten Dimensionen auf. Zehntausend (Mt 18,24) ist die größte Zahl, in der im Neuen Testament gerechnet wird (vgl. Lk 12,1; 1Kor 4,15; 14,19), und das Talent ist die entsprechend größte Währungseinheit im vorderasiatischen Raum in dieser Zeit. Der „Sklave" wird in etwa mit dem Status eines Regionalfürsten ausgestattet (vgl. z.B. Josephus, Jüdische Altertümer XII,176: Die Steuerpacht für Coelesyrien und Phönizien beträgt 16.000 Talente). Und es ist in der Tat eine „fürstliche Summe", die ihm erlassen wird.

Sklaverei ist hier vorausgesetzt, die genauen Verhältnisse interessieren die Erzählung jedoch nicht. Grundsätzlich kann man davon ausgehen, dass es unter Sklavinnen und Sklaven einen großen Facettenreichtum an Funktionen gab; u.a. gab es in römischer Zeit „Ökonomen"-Sklaven, die z.B. auf den Latifundien relativ selbständig wirtschaften konnten; eine entsprechende Stellung konnte auch die Aufsicht über andere Sklavinnen und Sklaven beinhalten (vgl. Lk 12,42-48).

Die Androhung des **Verkaufs des Sklaven** samt dessen Frau, Kindern und Habe erscheint insgesamt – besonders im Blick auf die Frau und die Kinder – nicht nur in jüdischen Ohren als harter Schritt. Die Erzählung interessiert sich für diese Härte nicht weiter, sie wird in hellenistisch-römischer Zeit als möglich vorausgesetzt. Ohnehin müsste die angedrohte Maßnahme angesichts der übergroßen geschuldeten Summe als zur Kompensation ungeeignet gelten (Mt 18,25). Möglich ist, dass die Erzählung in Mt 18,29 an entsprechender Stelle bei dem seinerseits verschuldeten Mitsklaven die Verhältnisse im jüdischen Recht beachtet. Demnach war der Verkauf des verschuldeten Sklaven nur dann legitim, wenn der Schuldenbetrag mindestens so hoch lautete wie der Sklavenpreis (vgl. die rabbinische Auslegung: Mekhilta Ex 22,2 [95b] u.a.). Im Blick auf die in Mt 18,30 angeführte Schuldhaft wird vielfach festgestellt, dass sie im antik-jüdischen Recht nicht vorgesehen war; angesichts ihrer weiten Verbreitung im Alten Orient ist jedoch davon auszugehen, dass sie durchaus auch im jüdischen Bereich praktiziert wurde. Ähnliches gilt für die in Mt 18,34 angeordnete Folterung, die spätestens seit Herodes dem Großen auch in Israel begegnet (vgl. Josephus, Der Jüdische Krieg I,548). Im römischen Bereich gab es die Funktion des *manceps*, der für die Züchtigung von Sklaven zuständig war.

4. Erzählanalyse von Mt 18,23-35

Die Gleichniserzählung ist verhältnismäßig lang, jedoch auf das Wesentliche reduziert. Berichtet werden nur die notwendigsten äußeren Bezüge. Die direkte Rede, die höchste Nähe zu den Leserinnen und Lesern erzeugt, beschränkt sich auf die dreimalige dialogische „Abrechnungssituation" – d.h. die Konfrontation von Gläubiger und Schuldner. Dagegen verlautet an keiner Stelle etwas über die Motivationen der Figuren. Hier liegt ein Grundunterschied zu den längeren Gleichniserzählungen im Lukasevangelium.

Das Gleichnis gliedert sich in drei Akte. Die Struktur ist zugleich ringförmig: Der erste und dritte Akt, in welchem der König/Herr dem ersten Sklaven gegenübersteht, umschließt einen mittleren Akt, in dem Sklave und Mitsklave aufeinandertreffen. Dieser mittlere Akt ist innerhalb der Dramaturgie der ausschlaggebende. In ihm entscheidet sich eine Drehung der Verhältnisse: Der Mächtige/König nimmt am Ende seinen Schuldenerlass zurück.

5 | GROSSZÜGIG BESCHENKT
5.1 EXEGESE

Der erste Akt (Mt 18,23-27) definiert in der Einleitung die Beziehungsverhältnisse, welche die Gesamterzählung bestimmen. Dass „Herren" das Wirtschaften ihrer Sklaven regelmäßig überprüfen, wird z.B. in der antiken Literatur über Landwirtschaft als Normalfall vorausgesetzt. Hier handelt es sich um einen König; damit ist zugleich vorausgesetzt, dass der stilgerecht hereingeführte Sklave dieser Figur gegenüber gänzlich ohnmächtig ist. Die Exposition eröffnet die Krise: Der Sklave ist zahlungsunfähig (Mt 18,25). Die Lösung dieser Krise ergibt sich jedoch nicht über die angedrohten Strafmaßnahmen; vielmehr fällt der Sklave vor dem Mächtigen nieder und appelliert kniefällig an dessen „Langmut". In Folge gewährt der Mächtige dem Sklaven nicht lediglich einen Aufschub, der bei der geschuldeten Summe ohnehin nicht zum Resultat der vollständigen Rückzahlung führen könnte. Vielmehr „erbarmt" sich der König, er lässt sich vom Geschick des Sklaven innerlich bewegen, er löst ihn bzw. gibt ihn frei und erlässt ihm die Gesamtschuld. „Geduld" bzw. „Großmut" oder „Langmut" ist eine ausgesprochene Herrschertugend, die im Alten Testament auch Gott zugeschrieben wird (vgl. Ex 34,6 u.a.). Ebenso ist die Möglichkeit des großzügigen Schenkens ein Herrscherprivileg. Der König erweist sich als guter, als vorbildlicher Herrscher, der auf die Notlage seines Untergebenen Rücksicht nimmt.

Der zweite Akt (Mt 18,28-30) gewinnt seine Brisanz auf der Grundlage des ersten Aktes. Auch in ihm stehen sich lediglich zwei Figuren gegenüber: Der Sklave, dem gerade seine übergroße Schuld von dem Herrn/König erlassen worden ist, und ein Mitsklave, der diesem eine in Relation verschwindend kleine Summe schuldet: hundert Denare. Auf die Zahlungsforderung hin verhält sich der schuldige Mitsklave eben so, wie man es aus dem ersten Akt erwartet: Er wirft sich zu Boden und bittet um Geduld/Langmut (Mt 18,29). Lediglich die kniefällige Bitte fehlt, die allein dem Herrscher bzw. Gott geschuldet wird. Der Hörerschaft oder Leserschaft des Gleichnisses kann diese Gegenüberstellung nicht entgehen. Umso skandalöser fällt in ihren Augen die Erwiderung des schuldenfreien Gläubigers aus: „Er aber wollte nicht", sondern er gibt den Schuldner in Schuldhaft. Damit ist im Aufriss der Gesamterzählung die Balance der Verhältnisse von Nehmen und Geben, Widerfahren und Handeln zutiefst gestört und drängt auf eine Lösung in einem dritten Akt hin.

In die Empörung der Mitsklaven (Mt 18,31), welche **den dritten Akt** (Mt 18,31-34) eröffnet, müssen die Adressaten einstimmen. Und es ist dann der „Herr" selbst, der stellvertretend diejenige Frage formuliert, die sich im zweiten Akt mit innerer Logik und Notwendigkeit gestellt hat: „Hättest nicht auch du dich deines Mitsklaven erbarmen müssen, wie auch ich mich deiner erbarmt habe?" (Mt 18,33). Die Frage ist rhetorisch; sie muss von der als „böser Sklave" angesprochenen Figur nicht beantwortet werden, da sie längst von den Hörenden und Lesenden eindeutig beantwortet ist. Der Herrschertugend der Langmut und Freigiebigkeit bzw. des Erbarmens aus dem ersten Akt tritt nun der „Zorn" des Mächtigen als komplementäre Möglichkeit gegenüber. In der weit gestreuten antiken Literatur „über den Zorn" werden die schlimmen Auswirkungen der Affekte von Herrschern diskutiert.

Die matthäische Erzählung ist allerdings insgesamt so angelegt, dass an diesem Punkt der Zorn des Königs nicht primär auf die „dunklen Seiten Gottes" verweist; vielmehr handelt es sich um den gerechten Zorn des Regenten. Die Sequenz der drei Handlungsakte ist eindeutig so orientiert, dass die Adressaten das Zornhandeln des Königs als nachvollziehbar und adäquat beurteilen müssen. Die schmerzhaften physischen Folgen, die mit der Auslieferung an die „Folterer" angedroht werden, entsprechen wie vieles andere in der Erzählung den zeitgenössischen Möglichkeiten und Erwartungen. Sie sollten nicht von neuzeitlichen Postulaten „gewaltfreier" Kommunikation her problematisiert werden.

5. Zusammenfassung

Die Geschichte ist eines der vielen Beispiele dafür, dass gerade Gleichniserzählungen nicht nur ein informatives Interesse verfolgen; man soll ihnen nicht lediglich bestimmte satzhafte Wahrheiten entnehmen. Vielmehr arbeitet das Gleichnis sehr häufig auch mit Gefühlen der Hörerinnen und Hörer bzw. Leserinnen und Leser und zielt auf pragmatische Veränderung. Angesprochen wird im zweiten Akt der Erzählung ein Gerechtigkeitsempfinden, das primär durch den ersten Akt gesetzt und aktiviert wird. Fehlte der erste Akt, so würde man das Verhalten des Sklaven gegenüber seinem Mitsklaven nicht spontan in gleicher Weise verurteilen.

Die Gleichniserzählung setzt ein Gerechtigkeitsdenken voraus, welches man als konnektiv (verbindend) bezeichnen kann: Wir können barmherzig sein, weil wir Barmherzigkeit empfangen haben. „Langmut" und „Barmherzigkeit" eröffnen Räume, denen man sich nicht entziehen kann und soll, ohne die von Gott gewollte und bestimmte Realität im Kern zu stören. Wer Barmherzigkeit übt, betritt einen Machtbereich, in dem Barmherzigkeit von allen Beteiligten erfahrbar wird (vgl. Mt 5,7). Wer diesen Zusammenhang konterkariert, den werden die umgekehrten Folgen notwendig erreichen und treffen.

Die besondere Verbindung zum Ganzen der matthäischen Gemeinderede stellt dabei die Gleichnisanwendung in Mt 18,35 sicher. Von hier aus ist deutlich: Im Handeln des Königs/Herrn dokumentiert sich das Handeln Gottes als das des himmlischen Vaters. Und im Verhalten des Sklaven zu seinem Mitsklaven im Gleichnis spiegelt sich metaphorisch das Verhalten der Jünger untereinander. Dieses ist strikt in einem Abhängigkeitsverhältnis zum „Herrn" gesehen. Aus diesem Abhängigkeitsverhältnis und nicht aus allgemein anthropologischen oder ethischen Erwägungen folgt, dass die Relation von Jünger zu Jünger strikt auf Vergebung angelegt sein soll.

Die vorausgehende Szene, die durch die Frage des Petrus ausgelöst worden ist (Mt 18,21f.), macht deutlich: Jüngerinnen und Jünger sollen grenzenlos gnädig miteinander umgehen und sich Schuld bzw. Schulden bedingungslos vergeben. Im Sinn des Matthäus ist dies eine notwendige Bedingung für die Nachfolge und für ihre eigene Gottesbeziehung. Zugleich ist das Besondere der Gleichniserzählung Mt 18,23-35, dass er auch von der Vorgängigkeit des Vergebens Gottes, seiner Gnade weiß.

Beide Linien zusammen verweisen auf das „Verbindende" (Konnektive) der zugrunde liegenden Gerechtigkeitskonzeption. Und im Rahmen der Gemeinderede geht es eben darum, in der christlichen Gemeinschaft mit diesem Zusammenhang zu rechnen: Man kann die Gnade, die man erfahren hat, nicht egoistisch beanspruchen, ohne sie zugleich fürsorglich-gerecht an andere weiterzugeben. Die Königsherrschaft der Himmel will gelebt werden; und davor, dies zu verpassen, können die matthäischen Gleichnisse bei aller Akzentuierung von Heil, die sich auch in ihnen findet, sehr plastisch und drastisch warnen. Die Gerichtsaussage am Ende des Gleichnisses sollte man dabei hier wie sonst bei Matthäus nicht zu sehr strapazieren und systematisieren. Matthäus legt an dieser Stelle keinen Wert auf eine genaue Unterscheidung zwischen einem Gericht direkt nach dem Tod und einem solchen am Ende der Weltzeit (vgl. Mt 25). Auch kommt es ihm nicht auf die Aussage an, dass Gott grundsätzlich nur einmal die Schuld nachlässt und man diese eine und einzige Chance nicht verpassen darf.

Wichtig ist ihm, dass das, was in der Gemeinschaft Jesu Christi geschieht, sich vor Gott vollzieht. Im Hintergrund von Mt 18 werden dabei Grundgesetzmäßigkeiten erkennbar, nach denen sich Gruppen etablieren und nach denen sie funktionieren. Es muss in einer Gruppe notwendig Spielregeln geben und auch *Grenzen* des Tolerablen bzw. *Grenzen* der Zugehörigkeit. Über Einzelverfehlungen und das Verführen von Gemeindegliedern zum Übeltun hinaus (vgl. Mt 18,6-9) erscheint bei Matthäus eine Grenze der Zugehörigkeit und des Zusammenlebens erreicht, wenn Gruppenmitglieder nicht bereit sind, die empfangene Vergebung in aktiver Vergebungsbereitschaft weiterzugeben. Im Hintergrund steht, dass für Matthäus „Gnade" und „gnädige Praxis" stets zwei Seiten derselben Medaille darstellen.

5.2 Der Text heute – Themen und Bausteine

Kerstin Offermann

1. Vorüberlegungen und didaktische Herausforderungen

Je nachdem, mit wem man sich im Gleichnis identifiziert, welche Position man beim Hören einnimmt, hört/liest man das Gleichnis ganz anders. Auch als unbeteiligter Zuschauer wird man genötigt, sich mit einer handelnden Person zu identifizieren:
→ Bist du der undankbare Knecht, ist es ein Gerichtsgleichnis.
→ Bist du der Mitknecht, schafft das Gleichnis dir Gerechtigkeit.
→ Bist du der König, ist der Zorn nachvollziehbar.
→ Bist du ein anderer Mitknecht, bemühst du dich um Fairness unter den Knechten.
Baustein: Es bietet sich an, diese verschiedenen Perspektiven mit den TN durchzuspielen. Die TN ordnen sich einer der Identifikationsmöglichkeiten zu und setzen sich entsprechend in Gruppen zusammen. Sie besprechen miteinander, wie sie Geschichte aus ihrer Perspektive erleben. Anschließend dürfen sich die Gruppen gegenseitig Fragen stellen, um die Perspektive der anderen zu erfahren.

Der Text ist ein Gleichnis. Er ist also keine Zustandsbeschreibung eines zukünftigen oder gegenwärtigen Geschehens. Es ist eine Geschichte, die für sich steht, eine eigene Dynamik und Botschaft hat und als solche auch wahrgenommen werden will! Es ist wichtig, darauf zu achten, dass in der Auslegung nicht Teile der Geschichte herausgerissen und für sich absolut gesetzt werden.
Baustein: Zum Schalksknecht gibt es ein Podcast über einen Playmobil-Gottesdienst von Pfarrer Lukas P. Huber aus Löhningen/CH: www.ref-sh.ch/dok/015388.mp3. Ein Bild und Informationen finden Sie auf www.ref-sh.ch/kg/loehningen/bericht/4017.

2. Königreich der Himmel

Im Königreich der Himmel ist es endlich mal nicht egal, dass sich Menschen wie Arschlöcher verhalten! Dieses Verhalten, unverdiente Freundlichkeit mitzunehmen, aber anderen gegenüber trotzdem hartherzig zu bleiben, begegnet einem durchaus auch alltäglich. Wer kennt nicht Menschen, die auf ihr vermeintliches Recht pochen, aber ungeniert auf Kosten anderer leben. Offensichtlich geht Jesus davon aus, dass von einem solchen Menschen etwas in jedem von uns steckt. Es gibt eine Entsprechung in den Beziehungen Mensch – Gott und Mensch – Mensch, die auch Gott selbst nicht außer Kraft setzt. Wer von Gottes Barmherzigkeit lebt, der lebt im Reich Gottes und damit unter den Bedingungen des Reiches Gottes. Es ist, als würde sich einer nicht an die Naturgesetze halten und die Erdanziehungskraft leugnen wollen. Jener würde damit bald auf die Nase fallen.

3. Himmlische Gerechtigkeit – die Rechtfertigung des Gottlosen

Diese wechselseitige Entsprechung von göttlichem und menschlichem Tun scheint der Bedingungslosigkeit zu widersprechen, mit der Luther an der Gnade Gottes festhält. Allerdings besteht nur scheinbar ein Widerspruch zwischen der Rechtfertigung allein aus Glauben und der besseren Gerechtigkeit bei Matthäus. Luther warnt vor dem Verschweigen des Ernstes. In Christus sollen uns nicht nur Sünden vergeben werden, sondern durch den Heiligen Geist sollen wir unser Leben verändern („heiligen"). Und so kann er sehr deutlich zu fragwürdigen Predigern sagen:

> [Sie] (= die Antinomer) predigen sehr fein, und [...] mit rechtem Ernst, von der Gnade Christi, von der Vergebung der Sünden. [...] Aber dieser Konsequenz fliehen sie wie der Teufel, dass sie den Leuten sagen sollten vom dritten Artikel, der Heiligung, das ist vom neuen Leben in Christo. Denn sie meinen, man solle die Leute nicht erschrecken noch betrüben, sondern immer tröstlich predigen von der Gnade [...] und Vergebung der Sünden in Christo, und beileibe ja meiden diese oder dergleichen Worte: „Hörst du, du willst ein Christ sein, und gleichwohl ein Ehebrecher, Hurenjäger, volle Sau, hoffärtig, geizig, Wucherer, neidisch, rachgierig, boshaft bleiben?" [...] Ja, es heißt eben in demselben, Christum wegnehmen und zunichte machen, wenn er am höchsten gepredigt wird. [...] Und sind wohl feine Osterprediger, aber schändliche Pfingstprediger. Denn sie predigen nichts [...] von der Heiligung des Heiligen Geistes, sondern allein von der Erlösung Christi. So doch Christus [...] Erlösung von Sünden und Tod erworben hat, dass uns der Heilige Geist soll zu neuen Menschen machen aus dem alten Adam. [...] Denn Christus hat uns nicht allein *gratiam*, die Gnade, sondern auch *donum*, die Gabe des Heiligen Geists, verdient, dass wir nicht allein Vergebung der Sünden, sondern auch Aufhören von den Sünden hätten.

Martin Luther, Von den Konziliis und Kirchen (1539), WA 50, Weimar 1914, 488-653, 509.

Wer also zum Reich Gottes gehört, der spielt nicht mehr nach den fremden Regeln, wie z.B.

nach den Regeln des Geldes, nach den Regeln der Gewinnoptimierung oder nach den Regeln der Selbsterhaltung. Wer im Reich Gottes lebt, verhält sich auch den Gesetzmäßigkeiten des neuen Reiches entsprechend.

3.1 Die Macht des Geldes
Nicht von ungefähr benutzt Jesus hier, wie er es oft tut, ein Beispiel aus der Welt des Geldes. Offensichtlich stehen Menschen, wenn es um ihr Geld geht, besonderes in der Gefahr, das Reich Gottes zu ignorieren. Luther sagt dazu in seiner Predigt zu Matthäus 5: „Denn Gott hat die Geizigen so gehängt an ihren Wanst, dass sie ihres ergeizten Guts nimmer satt noch froh werden können. Denn Junker Geiz ist ein solcher fröhlicher Gast, der keinen lässt ruhen, sucht, treibt und jagt ohne Unterlass, dass er des lieben Guts keine Stunde genießen muss. […] Muss immerdar fürchten, sorgen und beben, wie er es behalte und mehre, dass es nicht umkomme noch weniger werde, und ist so gar gefangen, dass er nicht einen Heller fröhlich darf angreifen. Wo aber ein Herz wäre, dass ihm könnte genügen lassen und zufrieden sein, so hätte es Ruhe und das Himmelreich dazu." (WA 32, 310)

Gerade im Umgang mit dem Geld wird Sorglosigkeit und Großzügigkeit schnell als Verschwendung und Unvernunft abgetan. Wer sein Geld nicht zusammenhält, ist ein schlechter Mensch. Dabei ruft Jesus gerade auch beim Umgang mit Geld zu Großzügigkeit und Sorglosigkeit auf! Besonders dann, wenn es um Altersversorgung und Spareinlagen geht, sollen sich Gottes Welt und unserer Welt entsprechen!

> **Wer Gott verehrt, hat meiner Meinung nach einen Auftrag der Gerechtigkeit seinen Brüdern gegenüber; einer höchst schöpferischen Gerechtigkeit, denn sie wirkt sich auf Vieles aus: Bildung, soziale Förderung, Fürsorge, Entlastung usw. Daher wird ein tiefreligiöser Mensch auch ein gerechter Mensch genannt, er bringt die Gerechtigkeit zu den anderen. In dieser Hinsicht erschafft die Gerechtigkeit des oder der Gläubigen Kultur.**
>
> Jorge Bergoglio (Papst Franziskus) / Abraham Skorka, Über Himmel und Erde: Jorge Bergoglio im Gespräch mit dem Rabbiner Abraham Skorka. Das persönliche Credo des neuen Papstes, Übersetzung: Silke Kleemann / Matthias Strobel, 38. © 2013 Riemann Verlag, München, in der Verlagsgruppe Random House GmbH.

3.2 Königliche Großzügigkeit
Großzügigkeit und Gnade sind Zeichen einer königlichen Haltung. Als Söhne und Töchter Gottes, des Königs der Himmel, ist es für uns angemessen, uns königlich zu verhalten. Jede und jeder von uns soll so königlich handeln und damit auch königlich sein.

Es gibt einen geheimen Zusammenhang zwischen dem eigenen Verhalten und dem eigenen Sein – genau wie es einen offensichtlichen Zusammenhang zwischen beidem gibt: Wer großzügig ist, der handelt auch großzügig – aber auch: wer großzügig handelt, der wird großzügiger. Wer königlich handelt, der ist königlich.

Baustein: In der Geschichte gibt es viele verschiedene innere Haltungen, die den äußeren Körperhaltungen entsprechen: Der Knecht kniet vor seinem Herrn in innerer Zerknirschung, er erhebt sich freudig und erleichtert; er begegnet seinem Mitknecht, der vor ihm kniet, abweisend und hart; die Knecht sehen die Härte mit Entsetzen und zeigen anklagend auf ihn … Diese äußeren Haltungen können die TN nachstellen und dabei den inneren Haltungen und Gefühlen nachspüren, die durch die äußeren Haltungen transportiert bzw. erzeugt werden. Statt sie selbst nachzustellen, kann man auch biblische Erzählfiguren benutzen, mit ihnen die Haltungen nachstellen und die TN erzählen lassen, wie sich diese Haltung für sie anfühlt.

3.3 Leben als Geschenk
Alles, was ich bin und habe, ist ein Geschenk von Gott. Auch mein Geld, mein Lebensstandard, meine Bildung, mein Glaube. Wenn es mir nicht gehört, sondern Gott, dann brauche ich mir auch nicht solche Sorgen darum machen, wie ich es erhalten könnte. Es gehört ja ihm, also wird er sich auch darum kümmern. Mir hat er es anvertraut, damit ich mich mit dem mir Geschenkten für ihn, für sein Reich und für andere einsetze. Mit seinem Geschenk, also mit meinem Leben, nimmt mich Gott auch in die Verantwortung für das Leben mit hinein und beansprucht mich und mein Leben für sich.

3.4 Laboratorium des Reiches Gottes
Die Gemeinde ist das Laboratorium des Reiches Gottes. In einem naturwissenschaftlichen Laboratorium werden die Versuchsbedingungen nachgestellt und dabei lernt man genauso viel aus erfolgreichen wie aus misslungenen Versuchen. Man lernt dazu und probiert aus. Dadurch bildet sich mit der Zeit eine neue Erkenntnis und eine neue Wirklichkeit, die dann auch außerhalb des Laboratoriums Bestand hat. So sind wir Christinnen und Christen dazu berufen, „uns in unseren Gemeinden vom Wesen Jesu formen zu lassen und ihm mehr und mehr ähnlich werden […] und eine Gemeinschaft zu sein, in der die Gesellschaft um uns herum den Charakter und das Wesen Christi erkennen kann." (Steven Croft, Format Jesus. Unterwegs zu einer neuen Kirche, BEG Praxis, Neukirchen-Vluyn 2012, 23+25.)

3.5 Scheitern und Versagen
Die Geschichte geht davon aus, dass alle Knechte in ihr beieinander oder beim König Schulden haben. Sie erzählt von Menschen, die einander etwas schuldig sind. Diese Perspektive auf die Menschen ist nicht grade besonders beliebt: Wir sind eine Gemeinschaft von Gescheiterten, Schuldigen, Versagern.

> Niemand gesteht sein Scheitern gern ein. Wir richten unser Leben so ein, dass Fehlschläge begrenzt und, wenn sie doch eintreten sollten, unsichtbar gemacht werden können. Das führt dazu, dass wir uns selbst kaum noch als jemanden vorstellen können, der versagt hat. Und doch droht uns, immer wenn wir arbeiten, das Scheitern in irgendeiner Art und oft beunruhigen uns die Fehlschläge, die wir erlitten haben, zutiefst.
>
> Miroslav Volf, Öffentlich Glauben, Francke VLG Marburg 2015 73f.

Wir leben in einer Gemeinschaft, in der es nur begnadigte Versager gibt; in der es aber auch die Freiheit gibt, versagen zu dürfen. Daher können wir auch gelassen und getrost im Laboratorium des Reiches Gottes mitarbeiten und durch Fehler und Irrwege gemeinsam vergebend lernen und wachsen.

> **Die Wahrheit muss das Ziel sein. Wenn man anfängt, die Wahrheit zu verbergen, eliminiert man damit die Bibel. Man glaubt dann zwar an Gott, aber nur bis hierher. Man setzt nicht alles aufs Spiel. Wir dürfen nicht vergessen, dass wir Sünder sind, und können nicht aufhören, das zu sein, wenngleich auch wahr ist, dass Gott uns so liebt, wie wir sind, er liebt uns mit seiner Barmherzigkeit. Doch wenn ich nicht einräume, dass ich ein Sünder war, kommt seine Barmherzigkeit nicht zu mir, erreicht sie mich nicht.**
>
> Jorge Bergoglio (Papst Franziskus) / Abraham Skorka, Über Himmel und Erde:
> Jorge Bergoglio im Gespräch mit dem Rabbiner Abraham Skorka. Das persönliche Credo des neuen Papstes,
> © 2013 Riemann Verlag, München, in der Verlagsgruppe Random House GmbH.
> Übersetzung: Silke Kleemann / Matthias Strobel, 194.

4. Vergebung

Vergebung und Versöhnung sind DIE Kennzeichen des messianischen Reiches – wer hier nicht mitgeht, geht gar nicht mit. „Versöhnung mit Gott und unter den Menschen ist das, was Jesus überhaupt anzubieten hat. Wer deren Ausbreitung blockiert, der verhindert die Herrschaft Gottes an der entscheidenden Stelle. Weil Gott nachhaltig vergibt, ist die neue, messianische Zeit angebrochen. Die Gemeinde selbst ist in der Welt eine Exklave des Friedens. Nicht meine Versöhnung mit Gott ist die Hauptsache, sondern Gottes Herrschaft und Reich." (Klaus Berger, Kommentar zum Neuen Testament, Gütersloh 2011, 95)

Vergeben lernen – wie kann das praktisch gehen? – „Wenn du immer noch zählst, wie oft du jemandem vergeben hast, hast du überhaupt noch nicht wirklich vergeben, sondern die Rache bloß aufgeschoben." (Nicholas T. Wright, Matthäus für heute, Bd. 2, 57)

Zu vergeben setzt immer eine Entscheidung voraus. Es beginnt damit, vergeben zu wollen, loslassen zu wollen. Das Geschehene dem anderen nicht mehr vorzuhalten – es loszulassen.

Baustein: Eine praktische Übung zum Vergeben lernen: Jedes Mal, wenn Sie im Vaterunser beten: „wie auch wir vergeben unseren Schuldigen", öffnen Sie die Hände und lassen ganz bewusst das los, was sie noch gegen jemanden im Herzen und in der Rückhand an Vorwürfen haben.

Für Martin Luther lag in dieser menschlichen Fähigkeit, zu vergeben, eine große Vergewisserung der Realität der göttlichen Vergebung:

> Es ist aber dabei ein nötiger und doch tröstlicher Zusatz angehängt: „Als wir vergeben unsern Schuldigern". Er hat es verheißen, dass wir sollen sicher sein, dass uns alles vergeben und geschenkt sei, doch so fern dass wir auch unserm Nächsten vergeben. Denn wie wir gegen Gott täglich viel verschulden und er doch aus Gnaden alles vergibt. Also müssen auch wir unserm Nächsten immerdar vergeben, so uns Schaden, Gewalt und Unrecht tut, böse Tücke beweist etc. Vergibst du nun nicht, so denke auch nicht, dass dir Gott vergebe. Vergibst du aber, so hast du den Trost und Sicherheit, dass dir im Himmel vergeben wird. Nicht um deines Vergebens willen (denn er tut es frei umsonst aus lauter Gnade, weil er es verheißen hat, wie das Evangelium lehrt), sondern dass er uns solches zu Stärke und Sicherheit als zum Wahrzeichen setze neben der Verheißung, die mit diesem Gebet stimmt, Lukas VI [27] „Vergebt, so wird euch vergeben". Darum sie auch Christus bald nach dem Vaterunser wiederholt und spricht Matth. VI ‚Denn so ihr den Menschen ihre Fehler vergebt, so wird euch euer himmlischer Vater auch vergeben' etc.
>
> Martin Luther, Der Große Katechismus. 1529, WA 30/I, Weimar 1910, 123-288, 207f. (Auslegung des Vaterunsers).

5. Veränderte Herzen

Die Erkenntnis und die Erfahrung, von der Vergebung zu leben, verändert Herzen. Jedes Mal, wenn ich mit der Bitte um Vergebung zu Gott komme, verändert er mich auch damit. Wer wir sind und wie wir handeln, wird also auch davon bestimmt, wie wir behandelt werden. Erfahrene Liebe macht liebesfähig. Vergebung schafft einen Raum, indem man selbst barmherzig werden kann. Jesus setzt also darauf, dass diejenigen, die Liebe und Vergebung erfahren, dadurch verändert werden und fähig werden, sich selbst anderes zu verhalten, nämlich liebevoll und großzügig. So will Jesus die Welt verändern, indem er Herzen verändert.

> **Darum ist es ein gut, rein und heilig Werk [...], welches er nicht könnte tun, wo nicht zuvor ein reines Herz da wäre. [...] Aber das heißt ein reines Herz, das darauf sieht und denkt, was Gott sagt, und anstatt seiner eigenen Gedanken Gottes Wort setzt. [...] Wer aber Gottes Wort ergreift und im Glauben bleibt, der kann vor Gott bestehen und ihn ansehen als seinen gnädigen Vater, darf sich nicht fürchten, dass er hinter ihm stehe mit der Keule [...].**
>
> Martin Luther, WA 32, Wochenpredigten über Matth. 5–7, 324f.+329f.

Ein geändertes, geheiltes Herz ist die Voraussetzung für ein heilsames Leben. Statt halbherzig sein, ganzherzig werden. Statt halbherzig zu handeln, großherzig leben.

Lieder

EG 355	Mir ist Erbarmung widerfahren
EG 360	Die ganze Welt hast du uns überlassen
EG 412	So jemand spricht: „Ich liebe Gott"
EG 419 / GL 440	Hilf, Herr meines Lebens

Vater, lehr uns immer neu (Wenn unser Glaube nicht mehr als ein Standpunkt ist) (Feiern & Loben, Nr. 376; BUJU 1997, Nr. 204)

5.3 Vorschlag für eine Bibelarbeit

Katharina Wiefel-Jenner

Inhaltlicher Schwerpunkt

Im Mittelpunkt des Abschnitts steht der Zusammenhang von Barmherzigkeit und Vergebung. Matthäus stellt das Gleichnis vom unbarmherzigen Gläubiger an das Ende der Rede, die Jesus an die Gemeinde richtet und in der die grundlegenden Verhaltensweisen der Gemeinde untereinander und zur Welt thematisiert werden. Der Vergebung kommt in der Gemeinde eine entscheidende Rolle zu. Das Gleichnis entfaltet erzählend, wie groß die Vergebung sein soll – nämlich unendlich, und woher sie sich speist – aus der unermesslich großen Barmherzigkeit Gottes. Das Gleichnis zeigt zum einen, dass die Grenzen der Barmherzigkeit und die der Vergebung zusammenfallen. Andererseits zeigt das Gleichnis auch, dass das Gebet zwar Gottes Barmherzigkeit und Vergebung bewirkt, denn worum die Gemeinde im Namen Jesu bittet, das wird ihr Gott gewähren. Wer aber daraus keine Konsequenzen für das eigene Verhalten zieht, verliert nicht nur das, was er durch die Vergebung gewonnen hat, sondern verwirkt auch seine Zugehörigkeit zu Gottes Reich. Die Gemeinde ist der Erprobungsort, an dem dieser Zusammenhang von Barmherzigkeit und Vergebung eingeübt und Verantwortung füreinander übernommen wird.

Materialien und Medien
→ Kreuz und Kerze, Gesangbücher
→ Moderationskarten (6 verschiedene Farben)
→ Stifte

Zur Gestaltung des Abends

Liturgische Eröffnung
Entzünden der Kerze
Im Namen des Vaters und des Sohnes und des Heiligen Geistes
Die Seligpreisungen im Wechsel (EG 759 / GL 29.2) oder gesungen: Selig seid ihr, wenn ihr einfach lebt (GL 458, im EG in den regionalen Anhängen BEL/P 667; BT 664; HN/KW 599; N 613; Ö 636; R/RWL 666; W 651)

→ Gebet:
Gott, lebendig und barmherzig,
dein Wort ist die Wahrheit.
Dein Wort hat die Kraft,
die Welt zu durchdringen und zu verwandeln.
Öffne unsere Ohren und Herzen,
damit wir durch dein Wort verwandelt werden
und dein Reich kommt.
Dies bitten wir durch Jesus Christus,
unseren Herrn und Bruder.

Auf den Text zugehen (30 min)
Der Bibelabschnitt wird vorgelesen – jeder TN liest einen Vers.

Eine Debatte um Schuldenerlass:
In unserer Gesellschaft wird der Zusammenhang von Schulden und Schuld nicht deutlich wahrgenommen. Im Bibelabschnitt wird das Verhältnis von uns Menschen gegenüber Gott im Bild von unermesslich hohen Schulden beschrieben. Der Schuldner hat 10.000 Zentner Schulden. Das gesamte Steueraufkommen Palästinas zur Zeit Jesu betrug jährlich 200 Zentner. Ein Tagelöhner hätte 20.000 Jahre arbeiten müssen, um diese Summe zu verdienen. Schuldenerlass ist bei diesem Summen keine theoretische Frage mehr.
In der Gegenwart sind Schulden ein aktuelles Thema. Staaten und Staatshaushalte sind verschuldet, die meisten Privatpersonen auch. Was würde geschehen, wenn alle Schulden – die öffentlichen und die privaten – mit einem Schlag getilgt wären?

Die TN werden in zwei Gruppen geteilt (Gruppeneinteilung nach Belieben) und bekommen die Aufgabe, darüber zu debattieren: Die Regierung beschließt, alle öffentlichen und privaten Schulden zu erlassen.
→ Die erste Gruppe repräsentiert die Regierung. Sie muss in 7 min argumentieren, warum dieser Beschluss sinnvoll ist, welche Vorteile er hat, und welche positiven Folgen sie von diesem Beschluss erwartet.

→ Die zweite Gruppe repräsentiert die Opposition. Sie muss der Regierung antworten und in 7 min die Gegenargumente vortragen. Warum ist dieser Beschluss nicht sinnvoll, welche Nachteile entstehen daraus? Welche negativen Konsequenzen sind bei der Umsetzung des Beschlusses zu erwarten?

Beide Gruppen haben 10 min Zeit, sich auf die Debatte vorzubereiten.

Nach dem Vortrag der Argumente wird per Abstimmung entschieden, wer die besseren Argumente hatte und überzeugender war. Das Ergebnis wird notiert.

Dem Text begegnen (40 min)

Der Wert eines Silbergroschens entspricht 100 Tageslöhnen. Im Vergleich dazu beträgt der Wert der erlassenen Schuld des ersten Schuldners 7.300.000 Tageslöhne.

Der Bibelabschnitt wird zunächst bis V.27 vorgelesen.

Die beiden Gruppen, die sich in der Debatte gegenübergestanden haben, sollen sich nun vorstellen, sie wären die Entschuldeten, und überlegen, was sie nun mit der Schuldenfreiheit täten.

Sie bekommen 5 min Zeit, um dies auf farbigen Blättern aufzuschreiben. Jede Gruppe bekommt andere Farben zugewiesen, damit die Herkunft erkennbar bleibt:
→ eine Farbe: Projekte und Pläne
→ eine Farbe: Emotionen
→ eine Farbe: Sorgen

Vorstellen der Ergebnisse. Blätter werden auf den Boden gelegt oder angeheftet.
Weiterlesen bis V.31.
→ Die Karten mit den Projekten und den Plänen werden umgedreht, sodass nur noch die Blätter mit den Emotionen und Sorgen zu lesen sind.
→ Blitzumfrage: Jede/r TN sagt ein Wort, was sie/er über den unbarmherzigen Schuldner denkt.

Information zum Text:
Die erlassenen Schulden zeigen die unvorstellbare und unendliche Güte des Königs. Übertragen auf das Verhältnis Gott – Mensch, verweist das Gleichnis zunächst auf die unvorstellbare und unendliche Güte Gottes.
Der Kontext des Gleichnisses zeigt, dass es um das Verhalten in der Gemeinde geht. Vergebung ist die zentrale Forderung. Wer Vergebung verweigert, muss mit Konsequenzen rechnen.
Weiterlesen bis V.35.

→ Noch einmal werden „Regierung" und „Opposition" gebeten, ihre Argumente für oder gegen einen Schuldenerlass vorzutragen.
→ Nach erneuter mehrheitlicher Abstimmung wird festgestellt, ob und welche Abweichungen es von der ersten Abstimmung gegeben hat.

Mit dem Text weitergehen
→ Welche Konsequenzen hat dies für die Gemeinde? Wo ist die Vergebung als zentrale Aufgabe der Gemeinde im Gemeindeleben sichtbar?

→ Die TN tauschen sich in Zweiergruppen aus, formulieren eine Bitte oder eine Hoffnung dazu und notieren ein Stichwort auf einem Blatt.
→ Abschlussrunde: Jede Zweiergruppe nennt ihre Bitte oder Hoffnung und legt sie zu Kerze und Kreuz.

Liturgischer Abschluss
→ Versöhnungsgebet von Coventry (Regionalteile des EG: BEL 810.4, HN/KW/N/NB/Ö/Ol/OV/S 828, R 810, RWL 879; jed.heimat.eu/gebet.html)

→ Lied: Vater unser, Vater im Himmel (EG 188 oder GL 661.8)

5.4 Bildbetrachtung: Anspruch

Johannes Beer

Jörgen Habedank, „Vergebung" 2011,
Acryl und Collage auf Papier, 40 x 30 cm

Auch dieses Bild ist wieder klar in ein Unten und Oben gegliedert. Von Oben kommt ein goldenes Rechteck herab, auf dem wiederum ein violett-schwarzes und ein orangenes Rechteck zu sehen sind. Rechts und links davon finden sich vor einem lichten und darunter blaugrauen nach unten gebogenen Bereich gelbe und orangene Strukturen. Der untere Bereich ist durch Violett und aufgelegte Rottöne gekennzeichnet. Hier entsteht ein angedeuteter Raum, in dem sich zwei stehende Gestalten, eine schwarze und eine weiße befinden. Beide sind auf die Raummitte und auf das von oben kommende goldene Rechteck gleichermaßen konzentriert. Und doch entsteht auch zwischen den beiden Figuren eine Spannung. Wir haben den Eindruck, Zeuge eines heftigen Gespräches oder gar Streites zu sein. Auffallend, wie die schwarze Gestalt sich nach hinten wendet, fast weggebeugt erscheint sie uns. Während die weiße in aufrechter, geradezu stolzer Haltung fast zu schreiten scheint. Geht sie auf die Mitte zu oder schreitet sie, weil hier in diesem Raum alles erledigt ist, bereits wieder aus der Mitte heraus?

In welcher der beiden Figuren finden wir uns, wenn es um Schuld und deren Vergebung geht, am besten wieder? Fühlen wir uns als der dunkle Typ, der nicht richtig hinzutreten mag, der sich seiner Fehler bewusst, um Vergebung bittet? Oder fühlen wir uns als der helle, aufrechte Typ, der bei aller Fehlerhaftigkeit stolz auf sein Glaubensleben ist? Oder sind wir beide, der Bekennende und der Befreite? Sind wir, obwohl wir immer wieder Schuld auf uns laden, von Gott begnadigt?

Und dann, wenn wir uns in beiden wiedererkennen und letztlich von der geschenkten Gnade, von Gottes Sündervergebung leben, wie gehen wir dann miteinander um? Achten wir noch einmal auf die Beziehung der beiden Figuren untereinander. Zwischen Ihnen erkennen wir bei längerem Hinsehen eine Dreiecksstruktur, die einen Tisch andeuten könnte, die aber auch schlicht für die Spannungen zwischen den beiden stehen könnte. Wie auch wir vergeben unseren Schuldigern?

6 | Der Liebe bedürftig: Mt 25,31-46

6.1 Exegese

Reinhard von Bendemann

1. Zum Ort von Mt 25,31-46 in der matthäischen Jesusgeschichte

In Mt 24,3–25,46 findet sich die letzte der fünf großen Redekompositionen im Matthäusevangelium (vgl. den typischen Abschluss in Mt 26,1). Der Evangelist hat sie aus der sogenannten Markusapokalypse (Mk 13), aus Q-Stoff und Sondergut gebildet und planvoll vor die Passionsgeschichte gestellt. Der Plot des Matthäusevangeliums findet hier sein eigentliches Ziel; d.h. ins Auge gefasst wird eine Zeit, über die hinaus es nichts mehr zu erzählen gibt bzw. der Erzähler nichts mehr sagen kann. Der Blick übergreift die dann folgenden Ereignisse von Passion und Ostern. Es geht um das Endgericht, welches der Menschensohn auslöst. Damit wird eine ganze Reihe von Texten, die im Evangelium auf dieses Endgericht vorausverwiesen haben, abschließend aufgenommen und gebündelt (vgl. Mt 13,36-43.47-50 o. 18,23-35 u.a.). Nun fällt im Sinn des Matthäusevangeliums die definitive Entscheidung über die Zugehörigkeit oder Nicht-Zugehörigkeit zur Himmelsherrschaft.

Im ersten Abschnitt (Mt 24,4-31; auf Mk 13 basierend) wird die Ankunft der Endzeit etappenweise strukturiert bis zum Erscheinen des „Zeichens des Menschensohns" am Himmel; der Menschensohn wird nun „seine Erwählten" sammeln lassen (Mt 24,30f.).

Im zweiten Abschnitt (Mt 24,32–25,30) sind verschiedene, z.T. längere Gleichnisse zusammengestellt, die in der Summe die Jünger angesichts der Nähe des Endes zu Wachsamkeit und zum „Früchte-Bringen", d.h. zu zeitadäquaten Taten stimulieren. Der Horizont des Gerichts deutet sich spürbar an, wenn in den Geschichten Figuren im Vordergrund stehen, die die ihnen gewährte Zeit und die ihnen anvertrauten Möglichkeiten nicht adäquat nutzen. So ist das Gleichnis von den zehn Jungfrauen an den törichten Frauen interessiert, nicht an den Klugen, die mit ausreichenden Ölvorräten den Bräutigam begrüßen. Dieser Bräutigam symbolisiert im Verbund der Erzählung den Menschensohn. Und das dem Text von Mt 25,31-46 direkt vorausgehende Gleichnis von den anvertrauten Talenten lenkt den Fokus nicht auf die Tüchtigen, sondern auf den unnützen Sklaven, der zum Schluss in die äußere Finsternis hinausgeworfen wird, wo „Heulen und Zähneklappern" sein wird (Mt 25,30).

Vom Agieren des Menschensohns am Ende der Zeit erzählt **der dritte Abschnitt** der Endzeitrede: Mt 25,31-46 beschreibt damit die finale Stufe in einem dramatischen Annäherungs- und Steigerungsprozess. Nun erscheint der Menschensohn in seiner „Herrlichkeit" (vgl. Mt 16,27; 24,30). Nach Mt 13,39.41.49; 16,27 und 24,31 erwartet man, dass er von Engeln begleitet wird (Mt 25,31), wobei hier wie auch im zeitgenössischen Judentum gilt, dass es nicht nur „gute" Engel gibt (vgl. die Engel des „Verleumders" in Mt 25,41). Der Menschensohn nimmt entsprechend Mt 19,28 auf dem „Thron der Herrlichkeit" Platz. Im Zusammenhang ist deutlich, dass es sich um den Thron des Richters handelt, vor dem die Völker erscheinen müssen, um sich einem Beurteilungsgericht zu unterziehen.

2. Das Gerichtsszenario in Mt 25,31-46

Mt 25,31-46 bietet matthäisches Sondergut; die überlieferungsgeschichtliche Herkunft ist umstritten. Deutlich ist jedoch, dass der Text von jüdischen Vorstellungen geprägt ist. Daher ist es wichtig, dass man die Funktionsweise entsprechender jüdischer Gerichtstexte grundsätzlich beachtet: Diese können und wollen nicht nach der Logik neuzeitlich-aufgeklärten Denkens systematisiert werden. D.h. neuzeitlich-logisches Fragen nach einem genauen zeitlichen Nacheinander, einer exakten räumlichen Ordnung der „Jenseits"-Verhältnisse oder auch nach genauen Identifizierungen beteiligter Einzelner oder Gruppen wird diesen Texten nicht gerecht. Matthäus beschreibt auf verschiedene Weise das Kommen des Gerichtes, seine Texte zeugen von der Gegenwart in Erwartung des Endgerichts.

Vieles, was man im Zusammenhang von jüdischen Gerichtstexten seit dem 2. Jh. v. Chr. und damit auch was die jüdisch geprägte Leserschaft der matthäischen Christenheit erwarten könnte, fehlt in Mt 25. So verzichtet der Erzähler auf die Aussage einer Auferweckung aller Menschen bzw. aller Nationen, welche die Voraussetzung dafür wäre, dass tatsächlich alle einem endzeitlichen Beurteilungsgericht unterzogen werden können – und zwar nicht nur die Zeitgenossen, sondern auch die bereits vergangenen Generationen. Weiterhin wird ein eigentlicher Gerichtsprozess (mit einem Ankläger, einem Gesetz, Zeugen, einer Beweisaufnahme etc.) nicht in Erzählung umgesetzt. Der Text setzt vielmehr so an, dass das Urteil grundsätzlich schon gefallen ist; der Menschensohn-Richter begründet in Dialogen einen bereits feststehenden Entscheid. Entsprechend fehlen aus dem apokalyptischen Inventar z.B. auch himmlische Bücher, deren Öffnung über die Taten der Menschen bzw. die Zahl der von Gott Erwählten Auskunft geben könnte.

Mt 25 berichtet nicht von „ewiger Strafe" und „ewigem Leben". Vom Geschick der Gerechten wird nicht gesagt, ob es in einer lichthaften Lebensperspektive besteht – wie es in antik-jüdischen Texten der Fall sein kann (vgl. auch das „Leuchten der Gerechten" in Mt 13,43) –, es wird nicht ausgeführt, ob das „neue Leben" als irdisches Leben oder als himmlische Existenz zu denken ist – in vielen antik-jüdischen Texten ist das Auferstehungsleben für die Gerechten ein glückliches irdisches Leben. Dies ist auch bei Matthäus denkbar. Auch sonst verlautet im Matthäusevangelium wenig, wie ein glückliches „ewiges Leben" denn aussehen könnte (vgl. die Wendung nur noch in Mt 19,16.29). Umgekehrt erfährt man über das „Heulen und Zähneknirschen" bzw. das „ewige Feuer" (die Wendung sonst nur noch in Mt 18,8) für die „Verfluchten" (Mt 25,41) nichts Konkretes.

Die Menschheit zerfällt am Ende der Zeit vor dem Angesicht des Menschensohn-Richters in zwei Gruppen. Diese beiden Gruppen „zur Rechten" und „zur Linken" werden allein von ihren Taten her identifiziert, wie es der Gesamtsicht im Matthäusevangelium entspricht. Damit kennzeichnet auch den letzten großen Gerichtstext im Matthäusevangelium noch ein Moment, welches sich in vielen jüdischen Gerichtstexten findet: ein Entscheidungsdualismus – wer diese Geschichte in Mt 25,31-46 liest, kann und soll sich immer noch für den „rechten Weg" entscheiden, um am Ende vom Menschensohn freundlich behandelt zu werden.

Auf das apokalyptische Szenario gesehen, ist dieser Menschensohn allerdings eine grundsätzlich autoritative Gestalt, die bedrohliche Züge annehmen kann; die finale Begegnung mit ihm ist innerhalb der erzählten Gerichtswelt nicht mehr so ausgelegt, dass die Möglichkeit von Umkehr bzw. Buße im Blick wäre. Vielmehr ist der Zielpunkt von V.46 unmissverständlich: An erster Stelle steht beim jüngsten Gericht die ewige Strafe für die, die in ihrer Barmherzigkeitspraxis versagt haben. Auf die Sprachmöglichkeiten im frühen Christentum gesehen, verstärkt Mt 25 so die „Nachtseite" der Menschensohnerwartung und schließt hierin stärker an die Menschensohnworte der Spruchquelle Q an, als an die aus dem Markusevangelium. Im Markusevangelium lassen sich viele Stellen so verstehen, dass das Gericht des Menschensohnes zuerst Rettung bedeuten wird. In Mk 13,24f. beendet der Menschensohn alle Fragen nach dem Wann des Endes, ohne dass hier die negative Seite des Gerichts erwähnt oder betont wird. Matthäus stellt diese negative Seite der Menschensohnerwartung dagegen drastisch heraus.

3. Struktur und Einzelfragen der Exegese von Mt 25,31-46

Der Text ist sorgfältig und klar strukturiert. Jesus selbst nimmt in dieser Geschichte die Endzeitereignisse vorweg. V.31-33 bilden die Einleitung und Exposition, in der das Rahmenszenario des Gerichts eingeführt wird. V.46 fixiert im Finale knapp und bündig das Ergebnis des Gerichts: Die einen werden zu ewiger Bestrafung, die anderen zu ewigem Leben fortgehen.

Das Corpus der Erzählung untergliedert sich in zwei Teile, die planvoll aufeinander abgestimmt sind: V.34-40 schildert einen Dialog des „königlichen" Menschensohn-Richters mit denen „zur Rechten", d.h. den Gerechten, die gerettet werden. Diesem Dialog korrespondiert ein entsprechender Abschnitt in V.41-45, der mit denen „zur Linken" befasst ist. Beide Dialogpartien sind bis in den Wortlaut hinein aufeinander bezogen; beide münden in ein abschließendes Amen-Wort des Menschensohnes (V.40.45). Da die zweite Dialogszene auf der ersten aufbaut, kann der Erzähler (Jesus) die Einzelelemente z.T. raffen.

Der oben angesprochene Dualismus bildet sich im Text dabei Zug um Zug ab: Der Position von V.34-40 („Gesegnete meines Vaters"; „Ererben der Königsherrschaft"; „ihr habt getan ...") steht unmissverständlich die Negation von V.41-45 („Verfluchte"; „ewiges Feuer"; „ihr habt nicht getan ...") gegenüber. Die Leserschaft kann darum gar nicht anders, als in die abschließende Prognose Jesu einzustimmen (V.46).

Einige extravagante Züge im Text verdienen Beachtung: Der Vergleich (streng genommen, liegt kein Gleichnis vor) des Scheidungsprozesses des Menschensohnes mit der Praxis eines Hirten in V.32f. scheint in ein anderes Bildfeld zu führen. Der „Hirte" steht jedoch im Alten Testament oft für Herrscherfiguren bzw. auch für Gottes „weidendes"/fürsorgliches Handeln (vgl. Ez 20,37; 37,24 u.a.). Dem entspricht es, wenn Matthäus den Menschensohn mit königlichen Attributen versieht (V.34.40); Matthäus bevorzugt gerade in den Gleichnissen solche königlichen Figuren. Rätselhaft erscheint jedoch das Handeln des Hirten in Mt 25,32f. Vorausgesetzt ist hier zunächst, dass die rechte Seite im Judentum und auch sonst in der Antike als „gute" und glückverheißende Seite gilt, „links" dagegen für schlechtes Geschick und Unheil stehen kann. Sodann darf man im Sinn des Matthäus nicht fragen, um was für eine eigenartige Herde es sich hier handelt; es läuft vielmehr von vornherein darauf hinaus, dass sich zwei Tierarten klar voneinander unterscheiden lassen. Dabei geht es sehr wahrscheinlich nicht – wie es neben Luther in vielen deutschen Bibelübersetzungen wiedergegeben wird – um die Scheidung von „Schafen" und „Böcken" (weil die letzteren keine Milch gäben). Vom griechischen Wortlaut her ist anstelle der „Böcke" die Übersetzung mit „Zicklein" wahrscheinlicher: Im griechischen Alten Testament stehen diese kleinen Zicklein für Tiere, die als Opfer geschlachtet oder verzehrt werden (vgl. Gen 37,31; Ex 12,5; Lev 1,10 u.v.a.m.): Der Hirte stellt also „zur Linken" die Opfertiere hin – als Metaphorik für das unglückliche Geschick im Gericht.

Innerhalb der beiden Gerichtsdialoge werden die jeweils Ausgesonderten auf ihre Werke angesprochen. Der Menschensohn benennt hier jeweils zunächst, was in der Wirkungsgeschichte des Textes als „Taten der Barmherzigkeit" bezeichnet wird: Hungernde speisen, Dürstenden zu trinken geben, Fremde gastfreundlich aufnehmen, Nackte bekleiden, Kranke betreuen und Gefangene besuchen. Diese sechs Glieder wurden in der späteren Auslegungsgeschichte in Anlehnung an Tobit 1,17 um das Begraben der Toten erweitert. Die „sieben Werke der Barmherzigkeit" wurden dann seit dem Mittelalter zu einem der wichtigsten Referenztexte christlicher Diakonie.

Da die angesprochenen Gruppen in Mt 25 den Menschensohn jeweils zurückfragen (Mt 25,37f.44), werden die sechs „Werke" im Text insgesamt viermal wiederholt. Das entspricht der didaktischen Erzähltechnik des ersten Evangelisten (vgl. die Einleitung Punkt 4.3): Wiederholung im Text dient der Einschärfung. Die „Taten" als solche verweisen dabei im Kontext des antiken Judentums nicht auf Extraordinäres. Zum Verständnis des Textes Mt 25 will dies beachtet sein: Der Menschensohn spricht die Nationen hier nicht auf außergewöhnliche Forderungen wie die Feindesliebe an, auch wenn man bei der Aufnahme „Fremder" in diese Richtung denken könnte. Die Kriterien liegen jedoch in einem liebevoll-barmherzigen bzw. diakonischen Verhalten, das im frühen Judentum als weithin konsensfähig gelten kann. Hungernde, Nackte, Obdachlose, Arme etc. gelten schon im Alten Testament in vielfältiger Weise als besonders schutz- und zuwendungsbedürftig (vgl. Jes 58,7; Tob 1,16f. u.a.).

Die Besonderheit im Text von Mt 25 besteht in der christologischen Zuspitzung dieser Barmherzigkeitstaten. Wer immer diese Taten der Barmherzigkeit vollbringt – bzw. aus der Perspektive des zukünftigen Gerichtsszenarios: sie vollbracht hat –, hat sie am Menschensohn-Christus vollzogen, der durch „seine geringsten Brüder" repräsentiert wird.

Dass hier die eigentliche Pointe des Textes liegt, wird in der Erzähltechnik deutlich: Das jeweils den Gesprächsgang schließende Amen-Wort (V.40.45) birgt das Überraschungsmoment, gewissermaßen den „Clou": Die Barmherzigkeitswerke galten tatsächlich den „geringsten Brüdern", und in ihnen dem Menschensohn-Christus selbst. An diesem Punkt stellt sich die im Licht der Auslegungsgeschichte schwierigste Frage für das Verständnis von Mt 25: Wer sind eigentlich die, die hier vor dem Thron des Weltenrichters erscheinen müssen, und wer sind die „geringsten Brüder", die jeweils erst am Ende der Dialoge genannt sind (V.40.45)? Und setzt der Text möglicherweise so etwas wie die Vorstellung eines „anonymen Christentums" jenseits der Kirche voraus, das am Ende der Zeit als solches zutage treten wird?

4. Zusammenfassung

Mt 25,31-46 bildet den dramatischen Schlussabschnitt der letzten großen Rede Jesu im Matthäusevangelium. Der Plot, den der Evangelist in seiner Erzählung umsetzt, wird hier bis an die äußersten Grenzen abgeschritten. Der Blick richtet sich auf die Zukunft des jüngsten Tages. Was hier ausgeführt wird, betrifft auch noch die Zukunft der Leserschaft und übergreift damit das Ende des Jesusgeschichte, welches der Evangelist ab Kapitel 26 berichtet.

Der Text ist durch und durch von jüdischen Vorstellungen geprägt, unter denen der Evangelist in besonderer Weise auswählt und Schwerpunkte setzt. Die Staffage, die zu apokalyptischen Gerichtsschilderungen gehört, ist auf ein Minimum reduziert. Vorausgesetzt ist nur, dass nun die endgültige Entscheidung über die Zugehörigkeit zur Himmelsherrschaft fällt. Der Menschensohn als königlicher Agent seines Vaters nimmt eine Scheidung unter den Menschen vor. Diese vollzieht sich dualistisch. Zwischenbereiche werden nicht fokussiert. Die Welt gliedert sich am Ende in „Gesegnete" und „Verfluchte", in Gerettete, die „ewiges Leben" erhalten, und solche, die auf „ewige Strafe" zugehen. Das Kriterium ist dabei der geleistete tätige Gehorsam, der im Text an den Werken der Barmherzigkeit illustriert ist.

In besonderer Weise kommen dabei im Matthäusevangelium noch einmal die Jünger in den Blick: Die Kirche wird von diesem Beurteilungsgericht nach den Taten nicht ausgenommen. War sie in der Weltzeit ein *corpus permixtum*, so löst der Menschensohn sie erst am Ende in Gerechte und Frevler auf. Im Matthäusevangelium dient dieser „eschatologische Vorbehalt" vor allem der Warnung vor einem heilsgeschichtlichen Besitzstandsdenken. Zugleich schärft er für Leserinnen und Leser, die auf die Zukunft vorausblicken, die rechten Entscheidungen und Taten mit finalem Gewicht nochmals ein: Noch ist die Zeit, Frucht zu bringen für die Königsherrschaft der Himmel (vgl. Mt 21,43); noch ist die Zeit, die eigenen Maßstäbe zu überprüfen.

Zu den unverwechselbaren Elementen gehört dabei, dass die Hungernden, Durstleidenden, Fremden, Nackten, Kranken und Gefangenen in dieser Weltzeit Christus vertreten. In der Umkehrung der Werte im Licht der kommenden Himmelsherrschaft erfahren sie eine Aufwertung, die sachlich den Seligpreisungen der Bergpredigt entspricht. Alle Nationen sind von Mt 25 her dazu dringlich aufgefordert, diesen Gruppen von Notleidenden Barmherzigkeit nicht zu verweigern. Für die Jünger geht es hier in besonderer Weise um ihre christliche Identität; es geht um die Frage, ob sie am Ende nicht nur berufen sind, sondern auch Erwählte sein werden (vgl. Mt 22,14).

Der Text lässt zuletzt danach fragen, wie man neuzeitlich mit der Vorstellung eines jüngsten Gerichts umgehen soll. Wenn die Endzeitrede des Matthäusevangeliums Menschen auch heute – vor der Wiederkunft Christi mit der doppelten Perspektive von „ewiger Strafe" und „ewigem Leben" konfrontiert (Mt 25,46), handelt es sich dann nicht um fragwürdige Strategien der Einschüchterung und ggf. gefährliche gewalthaltige Bildpotentiale, derer man sich sachkritisch entledigen sollte, da sie das „Evangelium der Liebe" verdunkeln? Damit sind schwerwiegende Fragen berührt, die breiter diskutiert werden müssten.

Mt 25 gehört in das weite Spektrum von neutestamentlichen Texten, die juridische Vorstellungen aktivieren. Das Handeln Gottes an der Welt, an seinem Volk und an Einzelnen wird in forensischen Bildern aufgefasst. Bereits im antiken Judentum werden entsprechende semantische Felder in vielfältiger Weise dafür genutzt, um Gottes endzeitlichen Umgang mit der Welt zu versinnbildlichen. Wenn man sich neuzeitlich von solchen forensischen Bildern vom Handeln Gottes distanziert, so muss man bedenken, dass dies z.B. auch im Kern die paulinische Rechtfertigungslehre betrifft, die ebenfalls ein juridisches Sprachspiel darstellt. Die Unterschiede sind in puncto Gericht zu Matthäus nicht so unüberbrückbar groß, wie man z.T. gemeint hat.

Es ist z.B. nicht richtig, was bisweilen geäußert wird, dass aus Sicht der paulinischen Theologie (v.a. Röm 7), Gott zwar die Sünde (im Singular), nicht jedoch den Sünder (d.h. die Täter) verurteile. Paulus kann sehr wohl auch von einem zornigen Gericht über die Gottlosen bzw. die Heiden, die, die keine Hoffnung haben, (im Plural) sprechen (vgl. 1Thess 4,13; 5,1-11 u.a.). Der Satz, dass Gott die Sünde verurteilt habe, sich dagegen den Sündern (im Plural) je liebevoll-barmherzig zuwende, ist aber in keinem Fall ein Satz, den der erste Evangelist in seiner Jesusgeschichte unterschreiben würde.

Im Kern geht es darum zu erkennen: Die sehr verschieden gestalteten Vorstellungen von einem endzeitlichen Gericht über die Menschen stellen im antiken Judentum kein irgendwie belastendes Erbe dar, sondern vielmehr eine *Errungenschaft*. Und dies gilt auch für die frühchristlichen Autoren. Mit der spätestens seit dem 2. Jh. v. Chr. entstandenen Vorstellung, dass Gott die Menschen am Ende nach ihren Taten beurteilen und gegebenenfalls bestrafen wird, geht es nämlich im Kern um die Gottesgerechtigkeit: Der Gott Israels erweist sich nicht als ohnmächtig an Punkten, wo Menschen in der Welt die Gerechtigkeitsbalance nicht wiederherstellen können und gerade Schwache und Notleidende ausgegrenzt werden und Unrecht erfahren. Errungen wird hier in Israel das Bild von einem Gott, der die Kraft und Souveränität besitzt, das, was Menschen nicht recht tun, abschließend – am Ende der Weltzeit – in ein rechtes Gleichgewicht zurückzubringen.

> **Wenn einer zu dir kommt und von dir Hilfe fordert, dann ist es nicht an dir, ihm mit frommem Munde zu empfehlen: „Habe Vertrauen und wirf deine Not auf Gott", sondern dann sollst du handeln, als wäre da kein Gott, sondern auf der ganzen Welt nur einer, der diesem Menschen helfen kann, du allein.**
>
> Martin Buber, Die Erzählungen der Chassidim, © 1949 / 2014 Manesse Verlag, Zürich, in der Verlagsgruppe Random House GmbH, München.

6.2 Der Text heute – Themen und Bausteine

Kerstin Offermann

1. Vorüberlegungen und didaktische Herausforderungen

Bei dem heutigen Text handelt es sich um einen der bekanntesten und wirkmächtigsten Texte der christlichen Geschichte! Die TN haben schon eine Beziehung zum Text und die ist wahrscheinlich emotional aufgeladen. Daher sollten sie vorher eine Möglichkeit haben, sich ihrer mitgebrachten Beziehung zum Text bewusst zu werden, damit die Vorverständnisse nicht den neuen Blick auf den Text verhindern.
Baustein: Legen Sie verschiedenfarbige DIN-A4-Papiere aus, auch schwarzes, goldenes und silbernes Papier. Bitten Sie die TN, sich einen Bogen Papier in der Farbe zu nehmen, die für sie am besten zu der Geschichte passt. Lassen Sie die TN ihre Wahl begründen.
Für das Verständnis auch dieses Textes ist es entscheidend, wo sich der Hörer/Leser in Bezug auf den Text befindet. Gehören die Zuhörenden zu den Gerichteten oder zu den Geringen oder sind sie unbeteiligte Zuschauer?
Eine entscheidende Frage für das Textverständnis ist, wer die Geringen sind. Ist das Gleichnis so gemeint, dass sich die Hörenden mit den Geringen identifizieren, dann ist es ein Trostgleichnis: „Die, die euch Gutes tun, denen tue auch ich Gutes, und die, die euch ihre Hilfe verweigern, die werde ich richten." Sind aber die Adressaten unter den zu Richtenden, dann steht ihr Verhalten anderen gegenüber auf dem Prüfstand. Wer also ist bei den Menschen, die gerichtet werden, im Blick? Die ganze Menschheit? Alle Christen? Die Gemeinde?
Für diese Interpretationsentscheidungen gibt es jeweils Gründe und Gegengründe (vgl. 6.1). Wie auch immer man sie trifft, es ist wichtig, sich die getroffenen Entscheidungen bewusst zu machen, da sie das Gesamtverständnis elementar prägen.

2. „Bist du es?" – Der Anspruch Jesu

Der Text ist nach Matthäus die letzte Rede Jesu. Damit hat er eine besondere Bedeutung: Es ist DIE Quintessenz seines Lebens. Barmherzigkeit und Gerechtigkeit sind seine großen Themen. Dabei entscheidet sich, was gerecht und was barmherzig ist, an der (bewussten oder unbewussten) Beziehung zu Jesus Christus. Alles wird weltweit und endgültig am Verhältnis zu IHM gemessen – dieser Anspruch Jesu ist durchaus anstößig und damit ist der Text genaugenommen *kein* Religionen verbindender Text, auch wenn sich Religionen ggf. auf eine Verpflichtung zu barmherzigem Verhalten den Ärmsten gegenüber einigen könnten. Aber der Text behauptet ja, dass in dem Ärmsten und Geringen Jesus selbst begegnet! Damit wird im Grunde jedes mitmenschliche Verhalten zu einem Dienst an Christus und zu einer Verehrung Christi.
Baustein: Sollten zu Ihrer Bibelwoche erfreulicherweise auch Menschen anderer Religionsangehörigkeit kommen, sollte Ihnen dieser Anspruch Jesu bewusst sein, der ggf. auf Menschen anderen Glaubens ärgerlich wirken kann.

3. Rückenstärkung und Würde

Dieser Anspruch Jesus ist zugleich eine enorme Rückenstärkung für alle, die barmherzig und selbstlos leben und verleiht denen eine enorme Würde, die sonst unsichtbar und übersehen sind, die nichts haben und nichts gelten.

Dieser Text HAT die Welt verändert und barmherziger gemacht! Er wirkt bis heute intensiv im Hintergrund als Grundwert für eine menschliche Welt und gegen die Tendenzen einer immer stärker werdenden egozentrischen Leistungsgesellschaft. „Wer die matthäische Vision vom Weltgericht vor Augen hat […], der wird sich dem Kult der eigensüchtigen Selbstverwirklichung (jener wahren, freilich gottlosen Religion unserer Zeit) nicht so umstandslos anschließen. Eine Utopie ohne die üblichen gewaltsamen Machtansprüche der Utopisten, eine gewaltlose Revolution ohne die Verblendung der Revolutionäre, ein wirklicher menschenfreundlicher Umsturz, das zum Beispiel wäre das Matthäus-Evangelium." So Robert Leicht in seinem Essay „Martin Luther: Das Matthäus-Evangelium. Die gewaltlose Revolution" (in: Bücher für das ganze Leben. Zeit-Literaturkanon, Hamburg 2014).

Baustein: Es gibt viele moderne Adaptionen der Werke der Barmherzigkeit. Vgl. z.B: die Adaption von Bischof Wanke, Erfurt: 1. Du gehörst dazu, 2. Ich höre dir zu, 3. Ich rede gut über dich, 4. Ich gehe ein Stück mit dir, 5. Ich teile mit dir, 6. Ich besuche dich, 7. Ich bete für dich (vgl.: www.bistum-erfurt.de/front_content.php?idcat=1886).

Baustein: Überlegen Sie mit den TN, was für sie „Werke der Barmherzigkeit" wären. Was wäre ein Werk der Barmherzigkeit, das andere an mir verüben könnten?

Da der Text offenlässt, wer genau die Kleinen und die Gerechten sind, schreibt er auch niemandem ausschließlich die Empfängerrolle zu. Jeder kann anderen Barmherzigkeit erweisen – keiner ist nur Empfänger! Sowohl das Empfangen als auch das Schenken von Barmherzigkeit gehört zur Würde des Menschen dazu. Wie in Text 5, wo Großzügigkeit und Gnade Zeichen einer königlichen Haltung sind, so kann jeder königlich handeln und damit königlich sein.

Baustein: Diese Dynamik spiegelt sich in dem Lied von Manfred Siebald: „Gut, dass wir einander haben".

4. Beziehung zwischen Gerechtigkeit und Barmherzigkeit

Der Text spricht aber auch von einem endgültigen Gericht über die, die unbarmherzig waren. Gibt es also ein Ende der Barmherzigkeit? Und angesichts der Menge an menschlichem Leiden, die uns vor Augen geführt wird, stellt sich auch die Frage: Wann habe ich denn genug getan? Jeder hat doch auch schon Bitten nicht erhört, Menschen nicht geholfen, Spendenaufrufe nicht beantwortet, Menschen nicht besucht. Kann man sich also nicht sicher sein, auf welcher Seite man im Gericht stehen wird?

> Wir finden ihrer viel, die da beten, fasten, stiften, dies und das tun, ein gutes Leben führen vor den Menschen. Doch wenn du sie fragst, ob sie auch gewiss seien, dass es Gott wohlgefalle, was sie also tun, sprechen sie: „Nein". Sie wissen es nicht oder zweifeln daran. […] Denn findet er sein Herz in der Zuversicht, dass es Gott gefalle, so ist das Werk gut, wenn es auch so gering wäre, als einen Strohhalm aufheben. […][Wer] mit Gott nicht eins ist oder zweifelt daran, der hebt an, sucht und sorgt, wie er doch

> wolle genugtun und mit vielen Werken Gott bewegen. [...] Zweifeln wir aber dran oder halten es nicht dafür, dass Gott uns hold sei, in uns Gefallen habe oder vermessen uns allererst durch und nach den Werken ihm gefallen sollten, so ist es lauter Trügerei, auswendig Gott geehrt, inwendig sich selbst für einen Abgott gesetzt. [...] [So macht man daraus] einen Jahrmarkt, was Gott nicht leiden kann, der seine Huld umsonst versprochen, will, dass man an derselben anhebe durch eine Zuversicht und in derselben alle Werke vollbringe, wie sie genannt sind.
>
> Martin Luther, Von den guten Werken. 1520, WA 6, Weimar 1888, 196 276, 205 207 211.

Für Luther entscheidet sich also die Frage, ob etwas ein gutes Werk ist, am vertrauensvollen Glauben an Jesus Christus. In Grunde ist er damit sehr nah an Matthäus, für den sich die Frage, was gut war, am Verhalten zu Jesus Christus entscheidet.

Augustin formuliert die gleiche Antwort in seinen berühmten Worten: „Liebe und tu, was du willst". Papst Johannes XXIII. wiederum meint: „Der Herr schaut nicht auf die Vielzahl der Handlungen, sondern darauf, wie ich sie vollbringe. Er fordert das Herz und nichts anderes." Und Mutter Teresa sagt: „Immer, wenn du jemandem ein Lächeln schenkst, ist das eine Tat der Liebe, ein Geschenk an jene Person, etwas Wunderschönes."

Denn, um nochmals Luther zu Wort kommen zu lassen, als Trost für den, der die Begrenztheit seines eigenen Handelns schmerzlich wahrnimmt: „Kann er die Welt nicht gar fromm machen, so tue er, was er kann. Ist genug, dass er das Seine getan und ja etlichen geholfen hat, ob es gleich nur einer oder zwei wären." (Wochenpredigten über Matth. 5–7, WA 32, 320)

5. Gerecht aus Glauben allein? – Luther und Matthäus

Scheinbar tut sich ein Widerspruch auf zwischen der Betonung der Werke der Barmherzigkeit und der reformatorischen Grunderkenntnis, dass der Mensch gerecht sei allein durch den Glauben. Luther selbst schreibt zu diesem Missverständnis, dass auch schon zu seiner Zeit sein Unwesen trieb:

> Dieweil denn menschliches Wesen und Natur kein Augenblick mag sein ohne Tun oder Lassen, Leiden oder Fliehen (denn das Leben ruht nie, wie wir sehen): Wohlan, so heb an, wer da will fromm sein und voll guter Werke werden, und übe sich selbst in allem Leben und Werken zu allen Zeiten an diesem Glauben, lerne stetig alles Tun und Lassen in solcher Zuversicht. So wird er finden, wie viel er zu schaffen hat und wie gar alle Dinge im Glauben liegen und mag nimmer müßig werden, dieweil der Müßiggang auch muss in des Glaubens Übung und Werk geschehen. [...]

6 | DER LIEBE BEDÜRFTIG

6.2 DER TEXT HEUTE – THEMEN UND BAUSTEINE

> **Darum ist die Rede, so etliche sagen, es seien gute Werke verboten, wenn wir den Glauben allein predigen, gleich der Rede, als wenn ich spräche zu einem Kranken: „Hättest du die Gesundheit, so hättest die Werk der Gliedmaß alle, ohn welcher aller Gliedmaß Wirken nichts ist." Und er wollte draus nehmen, ich hätte der Gliedmaß Werk verboten, so ich doch gemeint, die Gesundheit zuvor muss sein und wirken alle Werk aller Gliedmaßen: Also auch der Glaub muss Werkmeister und Hauptmann sein in allen Werken oder sein gar nichts.**
>
> Martin Luther, Von den guten Werken, WA 6, 212f.

Baustein: Lassen Sie die TN selbst davon erzählen, wie sich für sie Glauben und Tun aufeinander beziehen.

Lieder

EG 149	Es ist gewisslich an der Zeit
EG 416	O Herr, mach mich zu einem Werkzeug deines Friedens
EG 417	Lass die Wurzel unsers Handelns Liebe sein
EG 418 / GL: L 853	Brich dem Hungrigen dein Brot
EG 419 / GL 440	Hilf, Herr meines Lebens
EG 420	Brich mit den Hungrigen dein Brot

6.3 Vorschlag für eine Bibelarbeit

Stephan Zeipelt / Wolfgang Baur

Inhaltlicher Schwerpunkt

Der Text ist sicherlich einer der bekannteren Abschnitte des Neuen Testaments und zudem ein wirkmächtiger in der christlichen Geschichte. Die Einheit soll die Ebenen Hören und Handeln in Verbindung setzen. In der Gruppe können Möglichkeiten ins Auge gefasst werden, wie mit dem Anspruch Jesu umgegangen werden kann, ohne dass utopische Forderungen an die Einzelnen gestellt werden und die Teilnehmenden mit einem schlechten Gewissen nach Hause gehen.

Verbindung zu anderen Einheiten:
„Bist du es?" Die Überschrift der Bibelwoche kommt in dieser Einheit zu einem Höhepunkt in der Gegenwart. Jesus gibt sich in unserer Zeit zu erkennen. Möglichkeiten und Orte stellt er selbst vor. Wiederum stellt sich für die Leserinnen und Leser die Frage, wie man ihm heute entgegentritt. Gerade eine Verbindung zum zweiten Text der Seligpreisungen ist hier angebracht.

Raumgestaltung

Stuhlkreis, gestaltete Mitte mit einem dunklen Tuch und mehreren Zetteln oder Bildern.

Materialien und Medien

Ein dunkles Tuch in der Mitte. Darauf Zettel entweder mit Fotos oder nur den Namen von bekannten Wohltätern (Martin Luther King, Mahatma Gandhi, Mutter Theresa, Henri Dunand ...) und Fotos oder Stichpunkt zu den im Text genannten Gruppen, denen Barmherzigkeit nach dem Text widerfahren soll (Hungernde, Durstige, Fremde, Nackte, Kranke, Gefangene). Die Rückseite der „Wohltäter" bleibt frei, die sechs Zettel mit der zweiten Gruppe sollten auf der Rückseite zusammengelegt (im Querformat drei oben – drei unten) den Namen „Jesus" zeigen.
Weitere Darstellungen engagierter Christinnen und Christen finden sich z.B. hier: www.reli-themen.de/vorbilder-glaubensvorbilder/.

> Alles, was die „Schafe" den Geringsten der Familie Jesu getan haben, das haben sie für ihn getan. Gott liebt seine Schöpfung und alle Geschöpfe, und wenn wir uns um ihr Wohl kümmern, setzen wir uns für Gottes Ziele ein und damit für Gott selbst.
>
> Miroslav Volf, Öffentlich Glauben in einer pluralistischen Gesellschaft (mit einem Vorwort von Heinrich Bedford-Strohm),
> © Francke Verlag, Marburg 2015, 82.

6 | DER LIEBE BEDÜRFTIG

6.3 VORSCHLAG FÜR EINE BIBELARBEIT

Zur Gestaltung des Abends

Liturgische Eröffnung
→ Gebet
Atme in mir, du Heiliger Geist, dass ich Heiliges denke.
Treibe mich, du Heiliger Geist, dass ich Heiliges tue.
Locke mich, du Heiliger Geist, dass ich Heiliges liebe.
Stärke mich, du Heiliger Geist, dass ich Heiliges bewahre.
Hüte mich, du Heiliger Geist, dass ich das Heilige niemals verliere.
(Augustin zugeschrieben)

→ Lied: Herr, dein Wort, die edle Gabe (EG 198) oder Brot, das die Hoffnung nährt (GL 378)

Schon hier wird die Beziehung von Hören und Handeln im Text angedeutet, die sich in der Einheit entfaltet.

Auf den Text zugehen
In der Mitte liegen auf einem dunklen Tuch die oben angegebenen Zettel. Die Teilnehmenden nehmen das Bild in stiller Betrachtung wahr. Dann wird ein Text von Adrian Plass gelesen (aus: Lernen, wie man fliegt. Eine gemeinsame Reise, 35):
„Dann ist da die Frage der Rettung. Ich wusste früher ganz genau, wer gerettet war und wer nicht. Es war ganz einfach. Man verglich einfach den Anspruch einer Person, gerettet zu sein, mit einer Checkliste evangelikaler Anforderungen. Gandhi zum Beispiel war ganz bestimmt draußen. Ich dagegen war auf jeden Fall drinnen. Heute stelle ich mir die Szene am Eingang zu Himmel folgendermaßen vor: Gandhi und ich gehen zusammen auf das Tor zu, und ich deute in meinem jugendlichen evangelikalen Eifer auf meinen Begleiter und rufe Gott mit schriller Stimme zu: ‚Äh, du bist dir doch sicher bewusst, dass er keine persönliche Entscheidung für dich getroffen hat, nicht wahr, Gott? Während ich – nun ja, äh, ich habe mich entschieden.' Gott nickt nachdenklich und sagt dann: ‚Da hast du vollkommen recht. Du hast die Entscheidung getroffen, aber er –', er deutet auf die zierliche Gestalt im Lendentuch. ‚Er hat sie ausgeführt.'"
Danach erfolgt ein Austausch über die Frage:
„Was macht einen Christen zum Christen?"
Bei einer größeren Gruppe können auch Kleingruppen gebildet werden, die nach einem Gespräch dann in Kürze ihre „Ergebnisse" im Plenum kundtun.
Zu betonen ist, dass weniger die Kategorien „richtig" und „falsch" von Bedeutung sind, sondern eher die Kategorien „Erlerntes" und „Erfahrenes".
Zum Abschluss der ersten Runde tauschen sich die Teilnehmenden über das (bekannte) Kindergebet: „Lieber Gott, mach mich fromm, dass ich in den Himmel komm'" aus:
→ Kenne ich das Gebet aus meiner Kindheit?
→ Was verbinde ich damit?
→ Was heißt für mich „fromm"?
→ Was ist der „Himmel"?

Mt 25,31-46

Dem Text begegnen

Der Text wird gelesen. Hier gibt es zwei Möglichkeiten. Entweder wird der Text insgesamt dialogisch gelesen (Erzähler, Gruppe der „zur Rechten" und der „zur Linken" Sitzenden). Oder die Leitung des Abends liest den gesamten Text und die Gruppe die wiederholenden Passagen aus den Versen 35+36; 37b-39; 42-43; 44b laut mit.

Erste Beobachtungen nach dem Lesen werden eingeholt. (Was habe ich gehört? Wo bin ich hängen geblieben?)

Beobachtungen am Text in Kleingruppen zu vier Personen (s. Teilnehmerheft):
→ Beobachten Sie, wo der Text das „Grundsatzprogramm Gottes" zeichnet.
→ Welche Personengruppen werden genannt? Wer verändert was?
→ Vergleichen Sie dazu den 2. Text (Mt 5,3-12) und Hiob 24,3-10 (über die Frevler und die Ausgebeuteten) sowie Jes 61,1-3 (die frohe Botschaft für die zu kurz Gekommenen).

Personengruppe	Welche Veränderung soll eintreten? Wer soll handeln?
Arme im Geist (die keine Luft mehr haben, nur noch von Gott etwas erwarten)	„Selig" – frohe Botschaft (Welche …?)
Trauernde	getröstet, Freudenöl, Schmuck
ungerecht Behandelte	Vergeltung Gottes, Gerechtigkeit
Gefangene	besucht Entlassung
Gefesselte	Befreiung
Nackte	bekleidet, Festgewand
Hungernde, Dürstende	gespeist, getränkt
die „Geringsten"	Jesus entdecken

Plenum: Das „Programm Gottes" – Zuwendung zu den Geringsten
Die Beobachtungen aus den Gruppen werden zusammengetragen und gebündelt anhand folgender Fragestellungen:
→ Sind es in der Bibel immer dieselben Personen, um die es geht?
Ergebnis: Ja, Grundintention biblischer Theologie ist es, Leben zu erhalten. Das zeigt sich in vielen Texten, zum Beispiel in der Josefsgeschichte. Ziel ist nicht, eine absolute Gerechtigkeit herzustellen, sondern dem Leben zu dienen (so auch der Schluss des Johannesevangeliums: Ich bin gekommen, damit sie Leben haben).

→ Welche Veränderungen sollen bewirkt werden? Wer ist der Handelnde?
In Prophetentexten könnte man manchmal meinen, Gott selber kommt vom Himmel und verändert die Welt. In letzter Konsequenz will er aber Menschen anstiften, diese verwandelnde Aufgabe zu übernehmen. Das Handeln für die Geringsten ist also nicht eine lästige Christenpflicht, sondern eine wirklich „göttliche" Aufgabe!

→ Wie verhält sich diese Aufforderung zum Handeln mit der paulinischen Lehre der Rechtfertigung aus Glauben?

Luthers Position: „Daher kommt es, wenn ich den Glauben so sehr hervorhebe und solche ungläubigen Werke verwerfe, beschuldigen sie mich, ich verbiete gute Werke, wo ich doch gern rechte, gute Werke des Glaubens lehren wollte!" (Von den guten Werken, WA 6, 205). Dies ist die Unterscheidung von der Sicherheit, man könne sich mit guten Werken in den Himmel bringen (*Securitas*), und der Gewissheit, dass Gott uns rettet, auch wenn wir den Ansprüchen nicht genügen (*Certitudo*). Letztere Position vertrat Luther und rief so zu einem gelassenen Engagement auf: Das Gute tun und gleichzeitig auf Gottes Gnade vertrauen!

Aktualisierung
Die Themen sind zeitlos.
→ Wo fallen uns heute in unserem Umfeld Hungernde, Durstende, Fremde, Nackte, Kranke und Gefangene ein, die Hilfe und Zuwendung benötigen? Sowohl in der Welt als auch in unserer Gemeinde?
→ Wo sind wir in den Situationen der Geringsten? Wo wurde uns geholfen?

Die Frage zu Beginn wird mit den diskutierten Antworten aufgegriffen: Was macht einen Christen zum Christen? (s. „Die neuen 7 Werke der Barmherzigkeit", Link o. 6.2, S. 124).
Der Text wird ausgeteilt und in der Gruppe oder in Kleingruppen besprochen. Wo können konkrete Vorhaben getroffen werden, die aus der Gemeinschaft der Bibelwoche entstehen?

Mit dem Text weitergehen
→ Die Zettel mit den Wohltätern werden herumgedreht und die Teilnehmenden schreiben ihre Namen darauf und einige der Ideen, die in dem Gespräch zuvor konkretisiert wurden. Schön wäre es, wenn man nicht den eigenen Namen schreibt, sondern jeweils den des Nachbarn. Am Ende sollten aber alle Namen vorkommen.
→ Dann werden die Bilder bzw. Worte derer, denen Barmherzigkeit widerfahren soll, umgedreht und zusammengepuzzelt ergibt sich der Name „Jesus".
→ Das im ersten Teil besprochene Kindergebet „Lieber Gott, mach mich fromm, dass ich in den Himmel komm'" wird auf einer Visitenkarte verteilt. Allerdings ist dabei das Wort „dass" durchgestrichen und darüber steht ein „weil". So ergibt sich ein Gebet der Gewissheit: „Lieber Gott, mach mich fromm, weil ich in den Himmel komm'."

Liturgischer Abschluss
→ Lied: Brich mit dem Hungrigen dein Brot (EG 420) oder Wenn das Brot, das wir teilen, als Rose blüht (GL 470)

→ Gebet und Segen

6.4 Bildbetrachtung: Anhörung

Johannes Beer

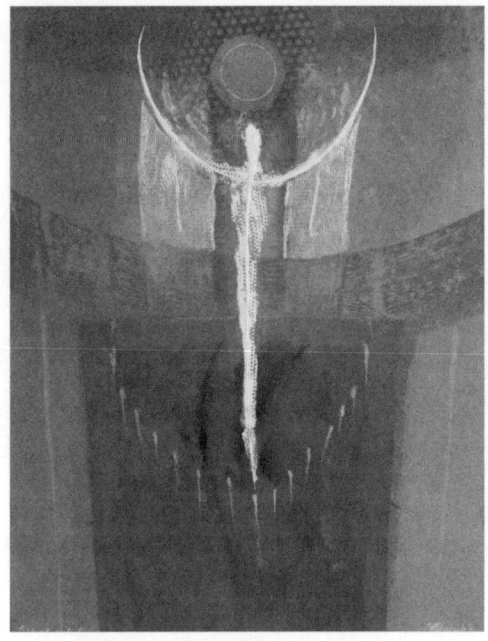

Jörgen Habedank, „Lichter Botschafter" 2014,
Acryl und Collage auf Papier, 40 x 30 cm

Golden warm, rötlich orange sind die Grundtöne dieses Bildes. In der Farbigkeit der aufgehenden Sonne strahlt diese Arbeit. Hoch erhoben und übergroß fällt sofort eine lichte weiße Gestalt auf diesem warm strahlenden Hintergrund auf. Sie steht aufrecht mit erhobenen Armen, die fast zu einem Halbkreis werden. Wie helle weißliche Fahnen hängen darunter lichte Flächen, die der Figur optischen Halt geben. Diese Gestalt scheint überirdisch herabzuschweben, fern und doch sehr nahe. Sie durchdringt die durch Farbstrukturen angedeuteten Räume. Über ihrem Kopf schwebt eine goldgelbe Scheibe, die ein wenig an die Sonne, aber auch an einen Heiligenschein erinnert. Spontan denken wir an Darstellungen der Verklärung, der Auferstehung aber auch der Himmelfahrt. Ebenso kommen uns Engelsbilder in den Sinn, Boten, so wie es auch der Titel „Lichter Botschafter" nahelegt.

Im unteren, etwas dunkleren Bereich – hier finden sich die sehr wenigen schwarz-braunen Töne im dunkleren Orange – sind senkrechte Striche wie in einem offenen Halbkreis angeordnet, die durch den kräftigen Pinselansatz einen Kopf zu haben scheinen. Und wie selbstverständlich assoziieren wir kleine aufrechte Figuren, die sich hier vor der großen lichten Figur versammelt haben. Sie stehen um ihn herum, um die Rede des „lichten Botschafters" zu hören.

Nun hat Jörgen Habedank dieses Bild aber bewusst zu Jesu Rede vom Weltgericht ausgesucht. Und somit ist uns klar, wen er hier als „lichten Botschafter" sieht und in welcher Situation. Da wird die lichte große Gestalt dann in unseren Augen zum Richter und die kleinen Striche zu den versammelten Menschen. Aber dennoch ist die Szene hier anders, als bei so vielen Darstellungen dieser Erzählung: Hier wird nicht geteilt und getrennt. Hier wird niemand zur ewigen Strafe überantwortet, während die anderen in das ewige Leben eingehen. Hier stehen alle im gleichen Halbkreis vor dem lichten Botschafter, der zum Richter wurde. Hier erkennen ihn alle als ihren Herren an, der am Ende der Zeit kommt und uns alles zeigt, was wir falsch gemacht haben.

7 | Hoffnung, die trägt: Mt 27,45-54 + 28,1-10

7.1 Exegese

Reinhard von Bendemann

1. Die narrative Deutung von Leiden, Tod und Auferweckung Jesu – Zur Matthäuspassion, ihren Grundlagen und Grundzügen

Nach neutestamentlicher Grundüberzeugung bieten der Tod und die Auferweckung Jesu von Nazaret die Grundlagen des christlichen Glaubens. In den verschiedenen Zeugnissen kommen dabei stets zwei Elemente zusammen: Zum einen beziehen sich die Verfasser der neutestamentlichen Schriften stets auf ein Gefüge geschichtlicher Ereignisse; zum anderen impliziert dieser Bezug von Beginn an immer schon eine Deutung des Geschehens. Das Kreuz wird im Licht des Osterglaubens interpretiert. Dabei ist von Anfang an die gravierende Frage bestimmend, wie es dazu kommen konnte, dass Israel sich der Evidenz Jesu als des Davidsohnes, Abrahamsohnes (Mt 1,1), Gottessohnes und Menschensohnes mehrheitlich widersetzt hat und Jerusalem den, der nach Erkenntnis der ältesten Christen der Messias war, nicht willkommen geheißen hat.

Die literarisch ältesten Antworten auf diese Frage finden sich in den Briefen des Apostels Paulus. Paulus war zwar nicht der Erste im ältesten Christentum, der die schreckliche Tatsache des Kreuzestodes *positiv* interpretieren konnte, doch mit seinen Briefen verbindet sich im Frühchristentum vorrangig der entscheidende Deutungsschritt, nach dem das Sterben Jesu nicht lediglich das Geschick eines gewaltsam getöteten Propheten – in einer Reihe von weiteren solchen Gestalten in der Geschichte Israels – gewesen ist; auch gilt der Tod Jesu bei Paulus nicht nur unter dem Aspekt eines göttlichen „es musste so geschehen", eines dunklen Plans Gottes, den Menschen nur bedingt einsehen können. Vielmehr erscheint der Tod Jesu im Licht der durch die Auferweckung und Erhöhung freigesetzten Osterverkündigung als das zentrale Ereignis in der Weltgeschichte, in dem sich *Heil für alle Menschen* bzw. *für die Glaubenden* ereignet hat. Die paulinische Kreuzestheologie bedeutet den entscheidenden Durchbruch in dieser Richtung: Nirgends anders als im Sklaven- und Verbrechertod Jesu am Kreuz ist die universale Errettung der Menschen möglich geworden; dies versichert die christliche Verkündigung und sie eignet es wirkkräftig zu. – Eine These, die in den Augen von Heiden als Dummheit und in den Augen jüdischer Menschen als „Skandal", als Ärgernis erscheinen muss (vgl. 1Kor 1,18-25).

Da die Paulusbriefe älter sind als die kanonischen Evangelien, liegt die Frage nahe, ob diese die paulinische Kreuzestheologie aufnehmen und literarisch entfalten. Schon am ältesten erhaltenen Bericht vom Leiden und Sterben Jesu, der Markuspassion, wird jedoch deutlich, dass die frühchristlichen Schriften insgesamt sehr verschiedene Wege darin gehen, den Tod Jesu zu interpretieren. Die Markuspassion lässt sich nicht nur als Entfaltung der paulinischen Sicht begreifen. Sie verwebt auch Traditionsstücke aus anderen Quellen, wie wahrscheinlich die Abendmahlstradition oder die Gethsemane-Erzählung.

Dabei wird das Geschick Jesu im Licht der biblischen Schriften interpretiert. Die klassischen Texte über den unschuldig leidenden Gerechten (Ps 22 u. 69) bewirken eine Verständlichkeit der Leidenserzählung. Im Licht solcher Schriftbezüge wird verständlich, dass der Jesus der Passionsberichte nicht mehr als der souveräne Wundertäter erscheint, als der er bisher in den Evangelien auftrat.

Die Frage nach den historischen Hintergründen der Osterereignisse ist äußerst schwierig und komplex. Noch viel stärker als im Fall des Leidens und Sterbens Jesu kommen hier Wahrnehmungsschemata der frühen Christen in der Darstellung ins Spiel. Dabei ist entscheidend, dass diese durch und durch jüdisch geprägt sind. Wenn man fragt, was den frühen Christen ein leeres Grab bedeutet bzw. wen sie nach den Erscheinungserzählungen am Ostermorgen „gesehen" haben, muss man sich die jüdischen Verstehensvoraussetzungen vergegenwärtigen, welche die Nachfolger Jesu mit Kreisen des damaligen Judentums teilten.

In Teilen des Judentums konnte sich spätestens im 2. Jh. v. Chr. die Überzeugung entwickeln, dass der Gott Israels einen leidenden Gerechten, einen „Märtyrer", nach seinem Tod in eine neue Lebensperspektive zu versetzen, ihn „aufzuwecken" vermag (vgl. klassisch 2Makk 7); verschiedentlich zeigt sich im Neuen Testament, dass die frühen Christen diese Überzeugung teilen (vgl. auch Paulus in Phil 1,20f.; vgl. Lk 23,43). Dieses Konzept einer martyrologischen Auferweckung bot wahrscheinlich den Jüngern Jesu das primäre Modell für die Deutung des postmortalen Geschicks Jesu. Mit diesem Modell war das Element von Ostererscheinungen (vgl. besonders wichtig: 1Kor 15,3-8), wie sie auch Matthäus im 28. Kapitel berichtet, nicht notwendig mitgesetzt.

Das Markusevangelium endet hier noch ganz im Unanschaulichen: Am Ende der Erzählung steht nicht eine Erscheinung des Auferweckten, sondern lediglich ein leeres Grab (Mk 16,1-8), von dem keinerlei Osterverkündigung ausgeht (Mk 16,8); Markus berichtet keine Christus-, sondern allein eine Engelerscheinung vor den Frauen. Wichtig ist ferner: Markus nimmt keine Verknüpfung des individuellen postmortalen Geschicks Jesu mit der Vorstellung einer (erhofften) *allgemeinen* Totenauferweckung (der Christen) vor. In dieser Verknüpfung von individuellem Christusgeschick und kollektivem zukünftigen Christenergehen liegt wahrscheinlich ein weiterer Deutungsschritt der Osterereignisse im ältesten Christentum, der sich erstmals (vor Markus und Matthäus!) in den Briefen des im pharisäischen Judentum sozialisierten Paulus findet (vgl. 1Thess 4,13-18; 1Kor 15).

Die Hauptquelle des Matthäus in Mt 26–28 bietet das Markusevangelium (Mk 14–16,1-8); darüber hinaus hat der Evangelist auch hier Sondergutüberlieferungen, die wahrscheinlich keiner eigenen Quelle entstammen, die er vielmehr aus einem Fluss von Traditionen schöpft und seiner erzählerischen Zielsetzung integriert. Auf der Basis der Quellen und Überlieferungen werden dabei in Mt 26–28 eigenständige Konturen der Deutung des Todes und der Auferweckung Jesu erkennbar. Matthäus gestaltet die drei letzten Kapitel als einen planvollen Abschluss seiner Gesamterzählung (zu Mt 28,16-20 vgl. die Einleitung Punkt 5.2).

Wie zuvor schon Markus legt Matthäus großes Gewicht darauf, dass Jesus als ein unschuldig verurteilter Gerechter leidet und stirbt, dessen Unschuld sogar der römische Präfekt Judäas erkennt (vgl. Mt 27,13-26). Unter Aufnahme von Tendenzen der Markuspassion verstärkt der erste Evangelist sodann Aspekte der Jüngergeschichte in der Leidenserzählung. Das Geschick des Judas wird aus der Schrift durch ein Erfüllungszitat gedeutet (Mt 27,3-10; vgl. Sach 11,12f.; zum Töpferacker in Mt 27,10 vgl. Jer 18,2f.; 32,7-9). Vor allem aber fügt sich Mt 26–28 darin zum Gesamtentwurf des ersten Evangelisten, dass dem Verhalten der jüdischen Repräsentanten erhöhte Aufmerksamkeit gilt. So bringt Matthäus an vielen Stellen die „Ältesten" unter den jüdischen Führern ins Spiel (vgl. Mt 26,47; 27,1.3.12.20) – Gestalten, die für die Gegenwart der matthäischen Gemeinde transparent werden können. Und fehlen in der Markuspassion und in der Lukaspassion die Pharisäer völlig, so bringt Matthäus sie als Hauptgegner in Mt 27,62 an entscheidender Stelle ein. Deutlich wird hier: Die Matthäuspassion ist im Kern geprägt von dem jüdischen Geschwisterzwist, welcher das Matthäusevangelium insgesamt bestimmt (vgl. die Einleitung Punkt 2). Der „Tiefpunkt" der Darstellung des jüdischen Verhaltens wird in Mt 27,15-26 greifbar, v.a. in der feierlichen Selbstverfluchung des Jerusalemer Volkes (Mt 27,25). Im Rückblick erscheint der matthäischen Christenheit die Zerstörung Jerusalems 70 n. Chr. als Strafe für die Ablehnung und Kreuzigung Jesu (vgl. auch Mt 22,1-10; 23,37f.).

Die Erzählung gibt darüber hinaus an etlichen Stellen in besonderer Weise zu erkennen, dass Tod und Auferweckung Jesu als innerjüdisch kontrovers gelten: Insbesondere das leere Grab wird diametral verschieden interpretiert. Für die Adressaten des Matthäus bietet es Evidenz für die Gottesnähe und Würde Jesu, für die nicht an Jesus als Messias glaubenden Juden drängt sich dagegen ein ganz anderes Deutungsmodell auf: die These vom Diebstahl der Leiche Jesu durch die Jünger. Der Text gibt klar zu erkennen, dass diese alternative Meinung Gespräche in der Gegenwart der matthäischen Gemeinde bestimmt (vgl. Mt 28,15).

2. Jesu Sterben und die kosmische Resonanz seines Todes in Mt 27,45-54

Mt 27,45-50 lässt sich als Zentrum des planvollen Erzählgefüges von Mt 27 auffassen. Deutlich wird, dass Jesus in unbedingtem Gehorsam gegenüber dem Willen seines göttlichen Vaters stirbt; alle Machtmittel, mit denen man bei einem davidischen Messias rechnen würde, sind zurückgetreten. Gerade in diesem leidenden Gehorsam zeigt sich aber, dass Jesus tatsächlich Gottessohn gewesen ist und bleibt (vgl. Mt 27,40-45.54).

Matthäus folgt bis V.49 im Wesentlichen Mk 15,33-37. Den Ruf „Mein Gott, mein Gott, warum hast du mich verlassen?", den Lukas und Johannes durch andere letzte Worte ersetzen, unterdrückt Matthäus nicht. Ps 22,2 ist dabei im matthäischen Sinn ein letzter Kulminationspunkt der Gebetspraxis Jesu (vgl. den letzten „Schrei" in V.50). Die Gabe von Wein mit Essig gemischt, die bei Matthäus vermutlich nicht als Betäubungsmittel fungiert, sondern als Element von Quälerei, hatte zuvor schon Mt 27,34 stärker an Ps 69,22 angeglichen. Matthäus unterscheidet dabei deutlicher als Markus den, der dieses Tränken vornimmt, von den Übrigen, die den Spott von V.39ff. fortführen und sagen: „Lasst uns sehen, ob Elia kommt, um ihn zu retten!" (V.49)

Ab V.45 wird der ebenfalls nur knapp angedeutete Tod Jesu (V.50) in eine Folge von Ereignissen mit kosmischer Bedeutung eingebettet. Diese machen deutlich, dass im Sterben Jesu die Welt in ihrer alten Ordnung ins Wanken gerät. Mit dem Kreuz verbinden sich bereits Anfänge einer Totenerweckung in Jerusalem. Erzählt wird mit Hilfe eschatologischer bzw. apokalyptischer Motive und Sprachformen.

Zur sechsten Stunde, also um die Mittagszeit, tritt eine Pause im Weltgeschehen ein. Eine drei Stunden währende „Finsternis" ergreift nicht lediglich das Land Judäa, sondern vielmehr im matthäischen Sinn die ganze Erde (Mt 27,45). Die Bedeutung dieses Vorzeichens lässt sich nicht genau eingrenzen; im Sinn des Matthäus ist entscheidend, dass nun die himmlische Welt auf das irdische Unrechtsgeschehen reagiert.

Das Zerreißen des Tempelvorhanges in zwei Teile (Mt 27,51) erinnerte die Leserinnen und Leser des Matthäusevangeliums möglicherweise daran, dass der innere Vorhang, der das Allerheiligste des Tempels abgrenzte, eine reiche Darstellung des Kosmos aufwies; jedenfalls war ihnen bewusst, dass der Tempel mit seiner gesamten Gliederung in gestufte Heiligkeitsbereiche 70 n. Chr. zerstört worden war. In jedem Fall deutet sich für Matthäus auch hier unmissverständlich an, dass die alte Weltordnung, deren Mittelpunkt nach jüdischem Verständnis der Jerusalemer Tempel bildete, nun ins Wanken geraten ist.

Die Erschütterung der Welt setzt sich in Mt 27,52 fort. Ein Erdbeben führt zur Zerspaltung der Felsen. In Verbindung mit den im Folgenden erzählten Geschehnissen und in Anbetracht der Situierung der Ereignisse in Jerusalem erinnert die Geschichte an Sach 14, wo im Zusammenhang der Zerstörung Jerusalems durch die Völker vom endzeitlichen Handeln des Gottes Israels berichtet wird. Dieser wird gegen die Heiden in den Krieg ziehen und sich auf dem Ölberg positionieren. Hierbei kommt es zu einer Aufspaltung des Ölberges (Sach 14,4). Dieser Text hat das antike Judentum z.T. intensiv beschäftigt. Mit ihm kann sich in späterer Zeit im Judentum die Erwartung verbinden, dass am Ende der Tage die Toten aus dem aufgespaltenen Ölberg hervorkommen werden. In jedem Fall deutet sich in solchen biblischen Bezügen an, dass das, was sich in der Sterbensstunde Jesu ereignet, als endzeitliches Geschehen aufgefasst werden muss.

Von Totenauferweckung ist auch in Mt 27,52f. die Rede. Dieses Sondergutstück fügt sich damit insgesamt in die apokalyptische Erzähltendenz von Mt 27 ein, wonach der Tod Jesu nicht das isolierte Ableben eines einzelnen, sondern vielmehr die Schnittstelle eines fundamentalen Umbruchs der Welt beschreibt. Matthäus scheint die Vorstellung einer martyrologisch-postmortalen Auferweckung von Gerechten oder „Heiligen" direkt mit der Stunde des Sterbens Jesu zu verbinden. Allerdings gehen die entschlafenen „Heiligen" erst nach der Auferstehung Jesu aus ihren Gräbern heraus, kommen in die „heilige Stadt" und erscheinen „vielen" (Mt 27,53).

Zugrunde liegen dieser Sondergutüberlieferung in jedem Fall jüdische Vorstellungen, die speziell mit Jerusalem als heiliger Stadt und möglicherweise auch mit dem eschatologisch im Judentum in besonderer Weise konnotierten Ölberg (der allerdings im Text nicht ausdrücklich genannt ist) in Verbindung stehen. Sterben und Auferweckung können so enger miteinander verschränkt werden, als dies im zweiten Evangelium der Fall ist. Auch in Mt 28,1-8 ist dann entsprechend von einem Erdbeben die Rede, ferner von einem Stein, der in Bewegung gerät (28,2), von Furcht (vgl. Mt 27,54; 28,5.8), und eben in diesem Zusammenhang spricht der Engel von der Auferweckung Jesu.

7 | HOFFNUNG, DIE TRÄGT

7.1 EXEGESE

3. Das leere Grab und die Erscheinung vor den Frauen in Mt 28,1-10

Der erste Evangelist belässt es nicht bei der Unanschaulichkeit des Osterglaubens, welche das Markusevangelium in seinem ursprünglichen Schluss fixiert (Mk 16,1-8). Er begnügt sich nicht mit der Geschichte von einem – für sich genommen – mehrdeutigen leeren Grab und einer Engelerscheinung vor den Frauen. Sehr deutlich in Aufnahme von Mk 16,1-8 fügt er vielmehr in Mt 28,9f. eine Christuserscheinung vor denselben Frauen an, bevor er sein Buch mit einer Gruppenerscheinung mit Beauftragung der Elf in Galiläa beendet (Mt 28,16-20). Mt 28,1-15 liegt damit zunächst der ursprüngliche Buchschluss des Markusevangeliums zugrunde, und man kann wichtige Akzente im Vergleich herausarbeiten.

Bei Matthäus begeben sich anders als bei Markus nur zwei Frauen nach dem Sabbat beim Sonnenaufgang des ersten Wochentages zum Grab Jesu (vgl. Mk 16,1 mit Mk 15,40.47); die Maria des Joses wird von Matthäus nur allgemein „die andere Maria" genannt. Im Vergleich zu Mk 16,3f. gestaltet sich die Lage vor Ort gänzlich anders: Im zweiten Evangelium finden die Frauen den Stein bereits weggerollt. Dagegen berichtet Matthäus den Vorgang in Erzählerrede. Wie in der Stunde des Todes Jesu erfolgt nochmals ein Erdbeben. Ein Engel kommt vom Himmel herab, rollt den Stein weg und setzt sich darauf. „Sein Aussehen aber war wie ein Blitz und sein Gewand weiß wie Schnee" (Mt 28,3). Lichterscheinung und die weiße Farbe für das Gewand weisen in den Bereich von Epiphanie- bzw. Theophaniegeschehen; die Grabeswache verfällt dann auch stilgerecht in Furcht und wird „wie Tote" (Mt 28,4).

Matthäus stellt mit dieser dramatischen Episode zum einen nochmals sicher, dass Sterben und Auferweckung Jesu nicht in einem partikularen innerweltlichen Geschehen aufgehen. Das Kreuz hat die alte Welt erschüttert, die Auferweckung Jesu nimmt den Anbruch einer neuen, himmlischen Welt voraus. Zum anderen aber gewinnt die matthäische Erzählung auf diese Weise eine doppelte Zeugenschaft dafür, dass die im folgenden thematisierte Meinung, die Auferstehung Jesu sei von Menschen fingiert worden (Mt 28,11-15), unbegründet ist und ins Leere läuft. Sowohl die Frauen als auch die römische Wache sind Zeugen des Vorgangs gewesen. Wie Jesus das Grab tatsächlich verlassen hat, ist dabei zweitrangig und bleibt offen. Es wird gerade nur so viel erzählt, wie es der Erzählabsicht an dieser Stelle entspricht.

In Mt 28,6f. bekräftigt nun auch der himmlische Bote – nach jüdischem Verständnis eine „verlässliche Gestalt" –, dass der Gekreuzigte auferweckt wurde. Anders als bei Markus wird dabei nicht (nur) das Vorausgehen des Auferstandenen nach Galiläa hervorgehoben (Mk 16,7), bei welchem dann die Schlussszene des Evangeliums in Mt 28,16 ansetzt. Vielmehr bezieht sich das „wie er gesagt hat" auf die Erscheinung des Auferstandenen.

Gravierend geändert wird der Schluss der Erzählung. In Mk 16,8 heißt es, dass die Frauen von dem Grab mit Zittern und Entsetzen fliehen und aus Furcht niemandem etwas erzählen. Demgegenüber tritt zur Furcht als angemessener Reaktion auf eine himmlische Erscheinung bei Matthäus ausdrücklich „Freude" (so auch in der Aufforderung des Engels). Und anders als im zweiten Evangelium bricht sich nun die Verkündigung der Auferstehung Jesu von den Toten Bahn. D.h. anders als bei Markus werden die Frauen zu ersten aktiven Trägerinnen der Osterverkündigung.

Ihre Osterbotschaft wird jedoch nicht allein auf der Begegnung mit dem Engel begründet. Vielmehr wird im Matthäusevangelium den Frauen auch die Ersterscheinung Christi selbst zuteil. An diesem Punkt unterscheidet sich die Jesusgeschichte des Matthäus nicht nur markant von der des Markus, sondern vielmehr auch vom Zeugnis des Paulus, nach dem der Auferweckte als Erstes dem Petrus erschienen ist (1Kor 15,3-5).

In Mt 28,9f. wird in geraffter Form berichtet, wie Jesus den Frauen auf dem Weg begegnet. Die Szene erinnert in manchen Elementen an Joh 20,14-18. Durch keinerlei Attribut oder Begriff wird dabei angedeutet, dass sich die Gestalt des Auferweckten hier von der des Irdischen unterscheidet. Gemessen an dem, was die Frauen alles fragen könnten bzw. was auch die Leserschaft an diesem Punkt interessieren könnte, fällt die Erzählung wiederum ausgesprochen reduziert aus. Jesus wiederholt lediglich, was bereits der Engel den Frauen (und der Leserschaft) in V.7 gesagt hatte. Der Effekt ist: Durch diese Wiederholung wird das Gesagte doppelt bekräftigt. Die Frauen reagieren dann in einer Weise, die im gesamten Matthäusevangelium schon dem irdischen Jesus gegenüber adäquat erscheint: Sie werfen sich kniefällig vor ihm nieder, sie üben Proskynese (Mt 28,17 u.a.).

4. Zusammenfassung

Mt 27 bietet auf der Grundlage der Markuspassion eine ganz eigenständige erzählerische Deutung des Todes Jesu. Matthäus schildert das Sterben Jesu auf das – gegen dessen Einsicht und Willen gefällte – Urteil des römischen Prokurators hin als ein mit innerer Logik planvoll ablaufendes Handlungsgefüge. Fast alle nach antiken Maßgaben im Zusammenhang eines Kreuzigungsberichtes zu erwartenden Details sind dabei abschattiert. Im Vordergrund steht eine narrative Deutung des Geschehens, nach der Jesus als Sohn Gottes stirbt, der sich dem Willen seines Vaters bis zur ultimativen Konsequenz unterordnet und beugt.

Wie schon im Markusevangelium ist Jesus unschuldig, er leidet als Gerechter. Er stirbt mit dem Wort aus Ps 22,2 in aramäischem Wortlaut. Stärker als bei Markus wird der Spott hervorgehoben, dem der Leidende ausgesetzt ist; die Erzählung aktiviert hier auch ein Gerechtigkeitsempfinden und entsprechende Gefühle der Leserschaft. Der verletzenden Ablehnung und dem Spott treten in der Erzählung von Mt 27 Züge gegenüber, die auf die Rehabilitation des getöteten Gerechten durch den Gott Israels zielen. Sind schon in der Markuspassion einzelne Erzählelemente im Umkreis der Apokalyptik angesiedelt, so intensiviert Matthäus effektreich das Bild, nach dem sich im Tod Jesu eine Erschütterung der Welt in ihren Grundfesten ereignet und die Vorzeichen einer von Gott heraufgeführten neuen Welt erkennbar werden. Die Passionsgeschichte ist Endzeitgeschichte.

Die seismologischen Erschütterungen führen nur bei Matthäus zugleich zu einem Vorgriff auf die Auferstehungswelt in Jerusalem. Insgesamt rückt bei Matthäus das Kreuz stärker als bei Markus unter das Vorzeichen der Rehabilitierung Jesu in der Auferweckung. Aufschlussreich ist hier vor allem, dass der heidnische *centurio* sein Bekenntnis nicht auf den Gekreuzigten bezieht; vielmehr artikuliert es sich als ein kollektives Bekenntnis im Zusammenhang der kosmischen Ereignisse, die auf Ostern vorausverweisen. Der *centurio* ist bei Matthäus ein positives Gegenbild zur unheilvollen Allianz der jüdischen Aristokratie mit den Römern, welche den frühchristlichen Osterglauben als einen Betrug zu diskreditieren sucht (Mt 28,11-15).

Die Ostergeschehnisse führt Matthäus dabei sehr deutlich über das Markusevangelium hinaus: Bleibt es bei Markus bei einem leeren Grab und einer Engelserscheinung, so schließt Matthäus eine Erscheinung des auferstandenen Christus vor den Frauen und zuletzt eine Gruppenerscheinung mit Beauftragung vor den Jüngern in Galiläa an.

Für Matthäus, wie grundsätzlich für das Neue Testament, ist das Bekenntnis zur Auferweckung Jesu, mit der sich die Erwartung der Auferweckung „Heiliger" verbindet, eine *theologische Aussage*. Es geht um das Bekenntnis der Treue des Gottes Israels zum leidenden Gerechten und zu seinem Volk. Vorausgesetzt ist dabei ein breites Spektrum von jüdischen Vorstellungsmöglichkeiten über postmortales Ergehen, in denen Auferweckungen keineswegs immer „leiblich" gedacht sein müssen.

7.2 Der Text heute – Themen und Bausteine

Kerstin Offermann

1. Vorüberlegungen und didaktische Herausforderungen

Im siebten Text werden Sterben und Auferweckung Jesus behandelt. Es ist sinnvoll, beide Abschnitte zu lesen, aber den Schwerpunkt auf einen Abschnitt zu legen, wobei natürlich der jeweils andere bei der Beschäftigung mitschwingt: Matthäus erzählt das Sterben Jesu so, wie er es tut, weil die Auferweckung Jesu als bereits geschehen schon mitgedacht werden kann.

2. Kosmologische Dimension des Todes Jesu

Matthäus beschreibt sehr anschaulich, wie Jesu Sterben im wörtlichen und im übertragenen Sinn die Welt erschüttert. Wer da stirbt, ist Gottes Sohn, Gottes Gegenwart in der Welt. Dass er stirbt, ist einfach unglaublich und welterschütternd. „Der Tod am Kreuz wird kommentiert und in seiner Bedeutung enthüllt, indem die Erde darstellt, um wen es sich bei dem soeben Gestorbenen handelt." So Klaus Berger in seinem Kommentar zum Neuen Testament (124). Das Geschehen am Kreuz „hat ein Loch in die normale Geschichte gerissen. Gottes Reich ist gekommen." So Wright in seinem Kommentar (Matthäus für heute, Bd. 2, 234).
Interessanterweise liegt diese kosmologische, Welt verändernde Kraft für Matthäus nicht erst in der Auferweckung Jesu, sondern schon in seinem Sterben. Dadurch kann die Welt nicht bleiben, wie sie vorher war. Damit bricht das Reich Gottes an. Gräber tun sich auf, die Erde öffnet sich – der unüberbrückbare Abstand zwischen Gott und Welt besteht nicht mehr.
Baustein: Matthäus behauptet, dass mit Jesu Tod sich ein für alle Mal der gesamte Kosmos verändert hat. So denken wir selten von Jesu Sterben. Versuchen Sie mit den TN zu überlegen, was das für ihr Welt- und für ihr Christus-Bild bedeutet, wenn das stimmen würde.

3. Was ist dein einziger Trost im Leben und im Sterben?

Baustein: Bedenken Sie mit den TN die erst Frage (und Antwort) des Heidelberger Katechismus. Warum ist es tröstlich, nicht sich selbst zu gehören?
Baustein: Legen Sie den TN verschiedene Todesanzeigen vor (vgl. die Sammlung von Dörte Melzer auf der DVD). Von welchem Trost ist dort die Rede? Welche Hoffnung über den Tod hinaus drücken Menschen in den Anzeigen aus? Finden die TN das tröstlich? Was ist das Tröstliche an Jesu Sterben?
Baustein: Papst Franziskus sagt in einer Predigt in der Osternacht: „Sich an das erinnern, was Gott für mich, für uns getan hat und tut – das öffnet das Herz für die Hoffnung auf die Zukunft." Welche Hoffnung haben die TN für die Zukunft – hier und in Ewigkeit?

4. Osterglauben – Osterzeugnis

Frauen sind die ersten Zeuginnen der Auferweckung. Ohne die Frauen gäbe es keinen Glauben.
Baustein: Wer hat den TN den Osterglauben vermittelt? Wer hat ihnen zum ersten Mal davon erzählt?
Der Glauben entsteht aus der Botschaft des Engels und aus dem Zeugnis von Menschen, die die realen Auswirkungen dieses unglaublichen Geschehens am eigenen Leib erfahren haben: „Ich weiß, ich kann es selbst kaum glauben! Es scheint immer noch völlig unglaublich, aber so war es nun mal!" Dabei geht es „nicht um irgendeinen Beweis oder eine spirituelle Erfahrung, sondern darum, dass Gottes Absicht sich erfüllt: neues Leben, neue Beauftragung, neue Lebensweise." (s. Wright, Matthäus für heute, Bd. 2, 233f.)
Matthäus fragt also in seinem Osterbericht nicht: „Wie ist das möglich?", sondern „Was hat das für Auswirkungen?" Daher berichtet er auch sehr plastisch die Begleiterscheinungen von Sterben und Auferstehen Jesu.
Baustein: Überlegen Sie mit den TN, welche Auswirkungen die Botschaft von der Auferweckung Jesu für sie in ihrem Leben hat.

5. Begegnung mit Jesus

Matthäus erzählt von der Begegnung der Frauen mit Jesus. Diese Begegnung löst ihren Konflikt – so wie Matthäus es auch in den anderen Texten berichtet hat.
Durch Tod und Auferweckung hat nun das Mit-Sein Jesu keine Grenze mehr. Er ist tatsächlich für seine Gemeinde und für die Welt der Immanuel, der „Gott ist mit uns".
Baustein: Rekapitulieren Sie mit den TN noch einmal die vergangenen Texte: Wie ist Jesus den Menschen dort jeweils begegnet und welche Konflikte hat er damit gelöst? Welche Konflikte hat er damit evtl. auch ausgelöst, die dann in diesem letzten Showdown zusammenliefen und endgültig gelöst wurden? Gerade zwischen dem ersten und dem letzten Text bestehen hier enge Verbindungen.
Baustein: Bitte beachten Sie, dass Sie auf der DVD zum 7. Text das Angebot zu einem **Bibliolog** finden!

7 | HOFFNUNG, DIE TRÄGT

7.3 VORSCHLAG FÜR EINE BIBELARBEIT

Lieder

EG 93	Nun gehören unsre Herzen
EG 97 / GL 291	Holz auf Jesu Schulter
EG 98	Korn, das in die Erde, in den Tod versinkt
EG 106	Erschienen ist der herrlich Tag
EG 112	Auf, auf, mein Herz, mit Freuden
EG 116	Er ist erstanden, Halleluja
EG 272 / GL 400	Ich lobe meinen Gott von ganzem Herzen

Kleine Ostern

Steine
vom Herzen gerollt
Eis
aus der Seele getaut
Hunger
in Brot verwandelt
Mauern durchbrochen
zum Licht

Himmelsspuren: Gebete durch Jahr und Tag, Neukirchener Verlagsgesellschaft, Neukirchen-Vluyn 2001, © Carola Moosbach.

7.3 Vorschlag für eine Bibelarbeit

Stephan Zeipelt / Wolfgang Baur

Inhaltlicher Schwerpunkt

Der Text schildert den Urgrund des christlichen Glaubens und der Hoffnung aus der christliches Leben gestaltet wird: Die Auferstehung Jesu. Zum Abschluss der Bibelwoche unter dem Thema „Bist du es?" wird hier das Alleinstellungsmerkmal Jesu als Auferstandener in den Vordergrund gestellt. Gleichzeitig wird wiederum die Frage an die Teilnehmenden zurückgestellt: „Wer bist du, der du das hörst (und glaubst)?" Wie geht es nach dem Abschluss der Bibelwoche weiter?

Verbindung zu anderen Einheiten:
Die Begriffe Furcht und Freude schlagen einen Bogen zum ersten Text. Wie bei der Geburt Jesu zeigen diese Begriffe nun auch bei der „zweiten Geburt" an, dass Gott selbst hier seine Hand im Spiel hat. Der Kreis schließt sich.

Mt 27,45-54 + 28,1-10

Raumgestaltung und Medien
Zwei Halbkreise aus Stühlen. Dazwischen eine gestaltete Mitte mit einem langen Tuch, das wie ein Weg durch den Raum führt. An diesem Weg liegen Zettel mit Verkehrsschildern (aus dem Internet kopieren und drucken).

Zur Gestaltung des Abends

Liturgische Eröffnung
→ Lied: Wir danken dir, Herr Jesu Christ (EG 79 / GL 297)

Auf den Text zugehen (15 min)
Mithilfe des Teilnehmerheftes oder mit Hilfe von Plakaten, auf denen die Texte und jeweils ein paar inhaltliche Stichworte stehen, werden die Bibelwochentexte als Situationen im Leben Jesu in den Blick genommen. Was passiert da? Welche Bewegung spielt eine Rolle? Oder ist es eine Verzögerung, ein Innehalten, eine Richtungsänderung, völlige Umplanung …?
Die Teilnehmenden gehen den Weg entlang und entdecken die verschiedenen Verkehrszeichen. An welchen bleiben sie hängen, welche Stationen im Leben Jesu können mit welchem Zeichen in Verbindung gebracht werden – gerade mit den in der Bibelwoche behandelten Texten? Welches Zeichen könnte für diesen letzten Text stehen?
Möglichkeiten für Schilder und Wegpunkte:

- → Stopp
- → Achtung: Kreuzung
- → Verbot für Fußgänger
- → Verbot der Einfahrt
- → Vorfahrt gewähren
- → Haltverbot
- → Fußgänger
- → Kreisverkehr
- → Einbahnstraße
- → Vorfahrtsstraße
- → Sackgasse
- → Parkplatz
- → Gefahrstelle
- → Kreuzung
- → Steigung
- → Verengte Fahrbahn
- → Steinschlag
- → Ende sämtlicher Streckenverbote

7 | HOFFNUNG, DIE TRÄGT

7.3 VORSCHLAG FÜR EINE BIBELARBEIT

Dem Text begegnen (45 min)

Textbild
- → Die TN stehen im Kreis ohne den Text (!)
- → Eine Person liest den Text langsam satzweise vor und pausiert immer nach einem Satz (nicht nach einem Vers, sondern wirklich einem Satz, es können sogar Halbsätze sein, wie: „Als aber der Sabbat vorüber war und der erste Tag der Woche anbrach …")
- → In die Pause wiederholen TeilnehmerInnen einzelne Worte oder Wendungen, die ihnen gerade auffallen, auch mehrfache Wiederholungen sind möglich.
- → Am Ende werden die TN eingeladen, für sich den Text noch einmal insgesamt vorbeiziehen zu lassen (nicht lesen, nur das Gehörte wirken lassen). Anschließend werden aus dem ganzen Text Wörter, Wendungen, Übertragungen von Wörtern in den Raum gesprochen, z.B.: „Erdbeben – die Erde bewegt sich – Erschütterung – Furcht – Augen verschließen – weggehen – nichts wie weg – voraus – wohin? Galiläa – am See …"
- → Keinesfalls werden Fragen oder Antworten formuliert, die TN können sich austauschen über die Eindrücke, die der Text hinterlässt.
- → In einer Schlussrunde wird besprochen, welche Bilder, Eindrücke im Mittelpunkt standen und welche Gesamtstimmung entstanden ist (Welche „Farbe" hat unser Bild?).
- → So wird der extrem dichte Text in seiner Wirkung und Vielfältigkeit intensiv wahrgenommen.

Bewegungsanalyse
Hier kann die Beobachtungsanregung aus dem Teilnehmerheft verwendet werden:
Der Text enthält viel Bewegung: manche Bewegung beginnt – andere hört plötzlich auf. Notieren Sie Personen, Bewegungsrichtung (z.B. mit einem Pfeil) und evtl. Gefühle, etwa so:

Maria Magdalena	(Neugier, Suche)	
Maria	→	Grab

- → Die TN bearbeiten diese Bewegungsanalyse immer zu zweit. Am Schluss erfolgt ein Austausch im Plenum. Darin werden die einzelnen Bewegungen beschrieben und kommentiert. Es gibt horizontale und vertikale Bewegungen. Die horizontalen verweisen auf menschliches Handeln (kommen, gehen, fliehen …). Die vertikalen zeigen die Begegnung mit Gottes Dimension an (Engel von oben, Soldaten stürzen zu Boden [nicht ausformuliert, aber erschließbar und auf Gemälden immer so dargestellt], die Frauen fallen auf die Knie … Hier könnte auch an Paulus erinnert werden, der in der Begegnung mit dem Auferstandenen stürzte, was Maler noch dazu brachte, ihn auf ein Pferd zu setzen, damit der Sturz deutlicher würde (vom hohen Ross herab).
- → Am Schluss wird die Frage gestellt (s. TNH): Wohin geht die Bewegung am Ende? Welches Ziel wird sie haben?
- → Hier kann diskutiert werden, was denn da in „Galiläa" passieren soll. Beim Sehen allein wird es ja nicht bleiben. So kann am Schluss aus Mt 28,19f. zitiert werden.

Theologische Motive
Im Rahmen der Text Beobachtung können einzelne Aussagen inhaltlich gefüllt und in Bezug zu aktuellen Erfahrungen von uns gesetzt werden:
→ V.1: Der erste Tag der Woche. Am Sonntag kamen zwei Frauen, um nach dem Grab zu sehen. Wie ist unsere Beziehung zu Friedhöfen? Wie oft gehen wir zu Gräbern?
→ V.2-4: Erdbeben, Engel, Steinwälzung, Blitz und weißes Licht: Drei bzw. fünf „unglaubliche" Dinge geschehen gleichermaßen. Kennen wir im übertragenen Sinn solche Erlebnisse? Wo wurde für uns mal ein Stein aus dem Weg gerollt? Wo haben wir Engel erlebt? Was hat unser Leben wie ein Erdbeben erschüttert? Vielleicht empfanden wir sogar wie die Wachen, dass wir uns wie tot fühlten.
→ V.5-6: Fürchtet euch nicht: Ein typisches Wort Gottes, Jesu bzw. der Boten Gottes, wenn er Sorge nehmen will. Die Frauen dürfen den „Beweis" des leeren Grabes sehen. Wo gibt es für uns „Beweise" unserer Hoffnung, unseres Glaubens, der Auferstehung?
→ V.7: Auftrag: Nach dem Weg ist vor dem Weg. Nach der Vergewisserung das Vergewissern. Nach dem Hören das Handeln.
→ V.8: die Frauen gehen. Mit Furcht und Freude. Wie können diese beiden Gefühle zusammengehen?
→ V.9+10: Die erneute Vergewisserung: Jesus selbst erscheint. Wieder: „Fürchtet euch nicht!" Wiederholung als Vergewisserung und Barmherzigkeit. Und der Auftrag, zu gehen. Der Weg geht weiter. Bis heute.

Mit dem Text weitergehen (20 min)
Das Kreuz als Zeichen für das Christentum ist bekannt. Damit rückt sein Tod und Sterben für uns natürlich in den Mittelpunkt. Allerdings blieb es ja nicht beim Tod. Erst durch die Auferstehung konnte er gedeutet werden. Aber haben wir heute kein Zeichen für die Auferstehung? Die Teilnehmenden versuchen ein „Verkehrsschild" oder anderes Zeichen für die Auferstehung zu entwerfen und zu zeichnen und stellen es dann der Gruppe vor. Es kann auch in Zweierteams zusammengearbeitet werden.

Liturgischer Abschluss
Körperübung
→ Die TN stehen im Kreis. L lädt sie ein, eine Haltung einzunehmen, in der sie möglichst unangreifbar sind (Boxer-Haltung: Arme vor die Brust oder den Kopf, Schwerpunkt tief, fester Stand).
→ Die TN werden eingeladen, Assoziationen zu dieser Haltung zu benennen: Was empfinde ich in dieser Position, wie wirken andere Menschen auf mich, was ist mit der Gottesbeziehung, welche Bewegung ist möglich?
→ Dann nehmen die TN eine Haltung ein, in der sie möglichst viel Raum erreichen. Wieder werden Assoziationen dazu benannt.
→ Die TN werden nun eingeladen, für einige Minuten verschiedene Haltungen auszuprobieren – die engen und die weiten, auch mal mit einer halboffenen Haltung – und für sich zu erspüren: Welche dieser Haltungen kenne ich aus meinem Leben? Welche entspricht mir gerade? Nach welcher sehne ich mich eigentlich?
→ Falls Zeit vorhanden ist, könnte sich hier ein Partnergespräch über die Erfahrungen mit den Haltungen anschließen

7 | HOFFNUNG, DIE TRÄGT

7.3 VORSCHLAG FÜR EINE BIBELARBEIT

Zum Abschluss liest L den Text von Hilde Domin, Ecce homo (s. TNH), vor.

Die Öffnung zu Gott und den Menschen kommt im Vaterunser zum Ausdruck, das nun gemeinsam gebetet wird.

→ Segen
Gott öffne dein Herz für jeden Menschen.
Gott öffne deine Augen für jedes Wunder dieser Welt.
Gott öffne deine Arme, zu geben und zu empfangen und Segen zu sein.
Amen.

7.4 Bildbetrachtung: Anheftung und Aufhebung

Johannes Beer

Jörgen Habedank, „Kreuzrätsel" 2010, Acryl und Collage auf Papier, 60 x 40 cm; Bildzitate: Fra Angelico: Auferstehung (Fresko um 1447); Michelangelo: Grablegung (Zeichnung um 1550); Jörgen Habedank: Christusfluren (Skizzenbuch 1989)

Dies ist ein vielfältiges Bild voll der verschiedensten Aspekte. Am Anfang wandern unsere Augen unruhig hin und her und versuchen die einzelnen Szenen zu identifizieren. Sofort springt uns am unteren Bildrand das aufcollagierte Bildzitat vom auferstandenen Christus im Grab in unser Auge. Jesus hält im offenen Grab stehend dem Betrachtenden seine Wundmale entgegen. Er, der durch den Kreuzesheiligenschein gekennzeichnet ist, hat den Blick gesenkt. Wir sehen dies alte Andachtsbild, aber schon wandern wir mit den Augen, den Farbspuren folgend nach oben und bleiben an einem gelborangenen Kreuz kurz hängen. Dahinter wieder ein Bildzitat, jetzt eine helle Zeichnung. Diesmal ist es eine Grablegungsszene. Christi Körper wird von den Frauen gehalten und vorsichtig in das Grab gebettet. Gleich rechts davon erkennen wir dann Jesus am Kreuz. Und auch in der oberen linken Bildecke sehen wir noch einmal den Leidenden, sehen wir den Christuskopf mit der Dornenkrone. Beide Male hat er die Augen geschlossen.

Die Farbigkeit des Bildes hat nichts Trübes oder Dunkles. Pastose Blautöne, die teilweise ins Türkise gehen, werden von wenigen grauen und vor allem orangenen Flächen unterbrochen. Hier spielt die Farbe des Himmels die wichtigste Rolle.

Und wenn wir nun noch einmal die Szenen dieses Bildes lesen, ergibt sich von oben nach unten der Ablauf der Geschichte, so wie er uns vertraut ist, so wie er im Matthäusevangelium geschildert wird: Jesus hat gelitten und ist am Kreuz gestorben. Er wurde begraben und ist am dritten Tage auferstanden. Aber immer begeben sich unsere Augen auch auf die entgegengesetzte Reise. Auf diesem Bild gehen die Bewegungen vom tiefsten Punkt wieder nach oben. Das liegt natürlich zum einen an der helltürkisen Farbspur, die vom Kopf des Auferstandenen nach oben geht. Das liegt aber auch an der weißen Linie, die den Bogen über Jesu Grab noch einmal aufnimmt. Und es liegt an den hellen Strukturen bis hin zum im Bogen angeordneten Gekreuzigten und Leidenden.

So wird uns klar, dass erst im Zusammenspiel mit der Auferstehung das Leiden und der Tod Jesu die umfassende Bedeutung bekommt. Erst alles zusammen öffnet uns den Himmel.

Ökumenischer Bibelsonntag 2017

Jürgen Dittrich / Titus Linke

Arbeitsgemeinschaft Christlicher Kirchen (ACK) in Sachsen-Anhalt

Der Gottesdienstentwurf lehnt sich an die Grundstruktur der Grundform I des Evangelischen Gottesdienstbuches an (Evangelisches Gottesdienstbuch. Agende für die Evangelische Kirche der Union und für die Vereinigten Evangelisch-Lutherische Kirche Deutschlands, Berlin 1999). Der Bibelsonntag, der zu Beginn oder als Abschluss der Bibelwoche seinen Platz haben kann, greift Mt 28,1-10 unter dem Thema „Keine Angst – Plädoyer für ein Apfelbäumchen" auf. Während der 29. Januar 2017 in den evangelischen Kirchen als 4. Sonntag nach Epiphanias begangen wird und damit als Teil der Weihnachtszeit anzusehen ist, endet nach römisch-katholischem Kalender mit der Taufe des Herrn am 6. Januar, entsprechend mit dem 19. Januar in der orthodoxen Kirche der Weihnachtsfestkreis.

Die im evangelischen liturgischen Kalender für den 4. Sonntag nach Epiphanias vorgesehene Epistel korrespondiert mit dem Evangelium in zutreffender Weise, sodass wir sie für den Gottesdienst vorschlagen. Die hinter den liturgischen Stücken in eckigen Klammern vermerkten Hinweise auf das Evangelische Gesangbuch verweisen auf die Möglichkeit, diese Stücke zu singen.

Abkürzungen
EG   Evangelisches Gesangbuch
FL   Feiern und Loben, Holzgerlingen/Witten/Kassel 2003
GL   Gotteslob. Katholisches Gebet- und Gesangbuch
L   Liturg/Liturgin
G   Gemeinde

Glockengeläut

Eröffnung und Anrufung

Orgelvorspiel

Votum zur Eröffnung
L: Im Namen des Vaters und des Sohnes und des Heiligen Geistes. Amen.

Gruß
L: Die Gnade unseres Herrn Jesus Christus und die Liebe Gottes und die Gemeinschaft des Heiligen Geistes sei mit euch allen.
G: und mit deinem Geist

Freie Begrüßung

Vorbereitungsgebet

L: Herr Jesus Christus, Du betest darum, dass alle eins seien, eins in dir. (Joh 17,21) Aber in den Kampf um den Auftrag der Kirche und den Streit um die Wahrheit hat sich Rechthaberei gemischt. Lass nicht zu, dass diese Rechthaberei unser Denken und unser Miteinander bestimmt. Hilf uns, die Spaltungen der Kirche, die Trennung in Konfessionen, Kirchen und Gruppen, zu überwinden. Mache uns bereit, wirklich überall dort gemeinsam zu reden und zu handeln, wo es möglich ist.

Eingangslied

GL 383,1-3 / FL 372,1-3   Ich lobe meinen Gott, der aus der Tiefe mich holt
(s. folgende Regionalteile des EG: BEL/P 628; BT 615; HN/KW 638; NB/Ol 585; R/RWL 673; W 611)

Psalmgebet

Psalm zur Bibelwoche: Magnificat: EG 308 (Mein Seel, o Herr, muss loben dich) oder Lk 1,46-55 im Wechsel zwischen L und G (s. DVD: Teilnehmerheft)

Gloria patri: G: Ehr sei dem Vater und dem Sohn … [EG 177.2]

Kyrie: L/G: Herr, erbarme dich [EG 178.10 / GL 181.1]

Gloria in excelsis: G: Gott in der Höh sei Preis und Ehr [EG 180.2 / GL 172]

Tagesgebet

Verkündigung und Bekenntnis

Schriftlesung

Lektor/in: Die Epistel für diesen Gottesdienst steht: 2Kor 1,8-10 *Abschluss der Lesung:* Halleluja. Kommt her und seht die Werke Gottes, der so wunderbar ist in seinem Tun an den Menschenkindern. Halleluja.
G: Halleluja [EG 181.2 / GL 176.2]

Wochenlied

EG 322,1-5 / FL 53,1-5/
GL 403,1-3   Nun danket all und bringet Ehr

In diesem Jahr jährt sich zum 500. Mal der Tag, als Martin Luther seine 95 Thesen zu Ablass und Buße veröffentlichte. Er wollte wie andere Reformatoren neben und mit ihm die Christenheit zu ihrer Sache zurückrufen und der Kirche Mut machen, sich in allem Handeln furchtlos zu ihrem Herrn zu bekennen. Bereits die erste der 95 Thesen beschreibt eine wesentliche Voraussetzung eines gelingenden christlichen Lebens: „Als unser Herr und Meister Jesus Christus sagte: ‚Tut Buße', wollte er, dass das ganze Leben der Gläubigen Buße sei".

Christen aus der ganzen Welt schauen in diesem Jahr auf die Lutherstadt Wittenberg. Wir bitten darum, dass sie sich in diesem Jahr des Jubiläums und des Gedenkens im Glauben durch Christus je länger je mehr erneuern und durch Gottes Heiligen Geist beleben lassen.

Wer seinen Glauben nicht nur in der Mitte der Gemeinde, sondern auch an anderen Orten der Welt öffentlich bekennt, der muss auch immer mit seinen eigenen Bedenken und seiner Angst zurechtkommen. Das folgende Gespräch denkt darüber nach:
(Text für 3 Sprecher)

A Ich habe keine Angst! Natürlich, ich mache mir Gedanken darüber, wie es weitergehen soll, in unserem Land und wie wir Christen uns behaupten können, bei all den gesellschaftlichen Veränderungen.

B Ja, das kann schon Sorgen bereiten, wenn man sieht, wie immer mehr christliche Werte in Frage gestellt werden.

C Ist es nicht so, dass christlicher Glaube vor allem dann stark wird, wenn er sich bewähren muss, wenn er authentisch gelebt und bekannt wird?

A Das ist es ja gerade! Das Bekennen wird immer schwerer. Das Unverständnis und die Intoleranz gewinnen die Überhand. Gerade wenn ich mich bewusst auf die Seite Jesu Christi stelle, gelte ich oft schon als „fanatischer Frommer" oder „straff Konservativer".

B Mehr noch! Während vor Jahren noch klar war, dass unsere christliche Tradition ein wesentliches Fundament unserer freiheitlich-demokratischen Grundordnung ist, bastelt sich inzwischen jeder selbst seine religiöse Überzeugung und fordert Toleranz, ohne sie selbst zu gewähren.

A Ich kann die verstehen, die sich zurückziehen und deren einzige Hoffnung es ist, dass einmal wieder bessere Zeiten kommen werden.

B Ist es unter diesen Umständen nicht normal, dass mein Glaube droht zur reinen Privatsache zu werden? Etwas anderes kann ich mir kaum noch leisten, in meiner Position.

C Und doch sagt Jesus: „Gott segnet euch, wenn ihr verspottet und verfolgt werdet und wenn Lügen über euch verbreitet werden, weil ihr mir nachfolgt." (Mt 5,11)

A Na ganz so schlimm ist es vielleicht noch nicht.

C Dennoch: „Wer sich hier auf der Erde öffentlich zu mir bekennt, den werde ich auch vor meinem Vater im Himmel bekennen." (Mt 10,32)

B Mit diesem „Farbebekennen" stoße ich jedoch inzwischen mehr Menschen vor den Kopf, als dass sie ihren eigenen Standpunkt überdenken. Und am Ende bin ich der Fanatiker, zumindest aber der Dumme!

C Auch das ist nicht neu! Deshalb sagt Jesus: „Hab (dennoch) keine Angst!" Das konnte er auch sagen, weil er selbst um den Sieg Gottes wusste. Als viele seiner Anhänger ihn verließen, fragte er seine Jünger, ob sie auch weggehen wollten.

A Und Petrus sagte: „Herr, ... Nur du hast Worte, die ewiges Leben schenken. Wir glauben und haben erkannt, dass du der Heilige Gottes bist." (Joh 6,68f.)

B Was heißt das nun für uns Christen, die in diesem, unserem Land drohen zur Minderheit zu werden?

C Jesus sagt den Frauen am Grab: „Habt keine Angst!" Und: „Lauft los und sagt die frohe Kunde weiter!" Wenn wir Christen, gleich ob wir viele oder wenige sind, uns nicht verstecken, dann wird Gottes Licht auch weiter in dieser Welt leuchten!

(Die Bibelzitate Mt 5,11; Mt 10,32 und Joh 6,68f. sind der Orientierungsbibel Neues Leben [ONL], Witten 2012, entnommen.)

Gestaltung der Evangeliumslesung mit Einzug oder Gang zum Platz der Lesung

Gebet
L: Herr, unser Gott, der du im Himmel die Ränge und Heerscharen der Engel und Erzengel zum Dienst an deiner Herrlichkeit bestellt hast, mach auch jetzt, dass mit unserem Einzug auch die heiligen Engel einziehen, um ebenso mit uns zu dienen und mit uns Deine Güte zu verherrlichen. Denn Dein sind die Kraft und die Macht und die Herrlichkeit in Ewigkeit. Amen.

Evangelium
L: Das Evangelium für diesen Sonntag steht geschrieben in Mt 28,1-10.
G: Ehr sei dir, o Herre.
Die Evangeliumslesung schließt ab mit:
G: Lob sei dir, o Christe.

Glaubensbekenntnis
Apostolisches Glaubensbekenntnis

alternativ: Luthers Erklärung zum dritten Artikel
Ich glaube, dass ich nicht aus eigener Vernunft noch Kraft an Jesus Christus, meinen Herrn, glauben oder zu ihm kommen kann, sondern der Heilige Geist hat mich durch das Evangelium berufen, mit seinen Gaben erleuchtet, im rechten Glauben geheiligt und erhalten; gleichwie er die ganze Christenheit auf Erden beruft, sammelt, erleuchtet, heiligt und bei Jesus Christus erhält im rechten, einigen Glauben; in welcher Christenheit er mir und allen Gläubigen täglich alle Sünden reichlich vergibt und am Jüngsten Tage mich und alle Toten auferwecken wird und mir samt allen Gläubigen in Christus ein ewiges Leben geben wird. Das ist gewisslich wahr.
(Martin Luther, Der Kleine Katechismus. 1529, WA 30/I, Weimar 1910, 239-425, 250.)

Ergänzend oder als Lesestück: Heidelberger Katechismus, Frage 44
Warum folgt „abgestiegen zu der Hölle"?
Dass ich in meinem höchsten Anfechtungen versichert sei, mein Herr Christus habe mich durch seine unaussprechliche Angst, Schmerzen und Schrecken, die er auch an seiner Seele, am Kreuz und zuvor erlitten, von der höllischen Angst und Pein erlöst.
(Der Heidelberger oder Pfälzer Katechismus. Nach der Ausgabe von 1563 revidiert, Neuwied 1840, 31.)

Lied vor der Predigt
EG 473 / GL 361   Mein schönste Zier

Predigt
Grundgedanken zur Predigt

A) Angst überfällt plötzlich
Der Psychologe Abraham Harold Maslow hat in einer Hierarchie die menschlichen Bedürfnisse in fünf Stufen unterteilt. Während in früheren Jahrhunderten die Erfüllung der

Grundbedürfnisse wie Hunger, Durst, Nahrung oder Wärme und die Sicherheitsbedürfnisse einen Großteil der Menschen in Sorge versetzten, scheinen heute in der westlichen Welt die ichbezogenen Bedürfnisse wie Wertschätzung und Anerkennung und die Bedürfnisse der Selbstverwirklichung im Vordergrund zu stehen. Gleichwohl können das Gefühl der Angst und der Unsicherheit so lähmend wirken, dass das Leben in seinem Wert als eingeschränkt erfahren wird.

Eine Welt ohne Gott steht darüber hinaus in der Gefahr, den Wert des Menschen auf das zu reduzieren, was er hat, gibt und leistet, und ihn tendenziell als wertlos zu betrachten, wenn er nicht mehr gebraucht wird. Ein Leben ohne Gott bedeutet ebenso, dass die größte Not eines schuldbeladenen Gewissens und eines verfehlten Lebens mit sich allein bleiben müsste und keine Antwort, kein Wort der Gnade und keinen Zuspruch der Vergebung hören könnte.

B) Die Begegnung mit Christus führt in die Freude und bringt in Bewegung
Die wirkliche Begegnung mit Gott lässt sich nicht einfach als direkte Beseitigung von Angstsituationen begreifen, sondern kann eher dazu führen, dass wir uns gleichsam aus den Angeln gehoben fühlen und uns der Boden unter den Füßen weggezogen wird. Die Tatsachen und Gegebenheiten, die bisher als sicher gegolten haben, scheinen sich beim Nahen Gottes aufzulösen. Was zunächst neue Angst auslöst, führt gleichzeitig zu einer ganz neuen Öffnung, sodass Furcht und Freude in einem Atemzug genannt werden (Vers 8). Wo Furcht und Freude sich bündeln, kann es gelingen, die Furcht als eine Leben vernichtende Macht hinter sich zu lassen und sie als Teil des neuen erlösten Lebens anzunehmen.

Die Möglichkeit, dass der Auferstandene in mein Leben kommt, das von Furcht bedroht bleibt, liegt in der Aufnahme seines österlichen Grußes: „Fürchtet euch nicht!" Denn in diesem Wort ist er ganz gegenwärtig. Er spricht uns dieses Wort deswegen zu, weil er weiß, wie viel Angst auch in einer scheinbar durchorganisierten Welt das persönliche Leben lähmen kann. Da möglicherweise die vielen Ängste, die es in unserem Leben gibt, auf die Angst vor dem Alleinsein zurückzuführen sind, ist die Zusage der Nähe des Auferstandenen angstlösend.

C) Leben aus der Kraft der Auferstehung
Im Anschluss an Augustinus, der darauf hingewiesen hat, dass sich die Seele von dem ernährt, worüber sie sich freut, kommt es darauf an, Formen negativen Denkens nachzuspüren, die neue Formen der Angst hervorrufen. In der Beseitigung alles Negativen liegt eine wesentliche Voraussetzung, die Quelle der Freude freizulegen. Hier lohnt es sich, über das Absterben des alten und die Auferstehung des neuen Menschen als Kraft des Lebens aus der Auferstehung nachzudenken.

Für ein Leben in der Kraft der Auferstehung wird es wichtig sein, sich von Zeit zu Zeit an die Grabessituationen im eigenen Leben zu erinnern, aus denen Gott mich auferweckt hat.

Orgelzwischenspiel

L: **Abkündigungen** mit Ansage des Kollektenzwecks

Lied zum Abschluss *mit gleichzeitiger Sammlung der Kollekte*
EG 571 / GL 365   Meine Hoffnung und meine Freude

Fürbittengebet
Herr, unser Gott, wir sind berufen, den Menschen, die dich nicht kennen, das Evangelium zu bezeugen. Aber uns geht es dabei auch oft um den Erhalt der eigenen Kirche. Das schreckt Menschen ab und verdunkelt deine Botschaft. Richte unser Handeln und unser Reden von dir so aus, dass die Menschen durch uns erkennen, dass du ihnen Gutes tun willst. Zeige uns Wege, dein Evangelium gemeinsam zu bezeugen. „Gott der Auferstehung, wir bitten dich, führe uns aus den Gräbern, die uns festhalten, aus dem Hass, der uns bitter werden lässt, aus der Verzweiflung, die uns bewegungsunfähig macht und aus der Angst, die uns gefangen hält." (aus: Werdet weise und verständig. Gebete aus der Ökumene 6, Hamburg 2008, 64)

Für weitere Vorschläge vgl. Werdet weise und verständig. Gebete aus der Ökumene 6, Hamburg 2008, 64 und Ökumenische Gottesdienste, hrsg. vom Deutschen Liturgischen Institut, Trier, und vom Gottesdienst-Institut der Evangelisch-Lutherischen Kirche in Bayern, Nürnberg / Freiburg im Breisgau 2003, 150.

Vaterunser

Sendung und Segen

L: Gehet hin im Frieden des Herrn. [EG/NB 661.5]
G: Gott sei ewiglich Dank. [EG/NB 661.5]

Sendungswort
Möge der Segen Gottes, der Quelle lebendigen Wassers, in uns fließen wie ein Strom des Lebens. Mögen wir trinken aus der Weisheit Gottes und nie wieder Durst haben. Mögen wir durchs Leben gehen und vielen zum Zeichen des Heil-Werdens Mut machen durch Gott, der ewiges Leben ist.
(Wo Freiheit ist und Lachen. Gebete und Texte aus der Ökumene 4., bearb. v. Gustl Roth, Hamburg 1999, 142.)

Segen
G: Amen

Orgelnachspiel

Kollektenempfehlung

Bibeln dürfen in Kuba bis heute nicht hergestellt oder in Buchläden verkauft werden. Seit Wirbelsturm Sandy dort 2012 viele Häuser zerstört hat, besitzen viele Christen keine oder nur eine beschädigte Bibel. Kirchen aller Konfessionen führen daher über die staatlich genehmigte Bibelkommission kostenfreie Bibeln in Kuba ein. Die Kollekte am Bibelsonntag soll diese Aktion unterstützen.
(Spendenkonto „Weltbibelhilfe": Evangelische Bank eG, IBAN: DE59 5206 0410 0000 4150 73)

Medienempfehlungen

Roland Kohm

Der Einsatz von Medien wie Kurz- oder Spielfilmen kann die Beschäftigung mit den Bibelwochentexten sehr bereichern. Gerade Kurzfilme bringen ein biblisches Thema auf den Punkt und ermöglichen auf eine emotionale und erlebnisorientierte Weise, sich dem Thema zu nähern. Die filmisch dramatisierten Motive, Situationen und Handlungen sind ein abwechslungsreicher Zugang und eröffnen hier neue Formen, um auf den Bibeltext Bezug zu nehmen:
- Filme veranschaulichen, was der Glaube sagen und tun kann.
- Sie regen Gespräche an, die in der prüfenden Auseinandersetzung im Publikum zu einer vertiefenden Klärung der biblischen Aussagen führen.
- Sie helfen uns durch Bestätigung oder Kontrast, den Wirklichkeitsbezug des biblischen Wortes zu verstehen.
- Sie decken auf, inwiefern christlicher Glaube die im Film gezeigte Situation tiefer erschließt und gegebenenfalls der dort gezeigten Lösung widerspricht.

Falls die Zeit – gerade bei langen Filmen – nicht reichen sollte, kann ein Filmabend oder ein Filmgottesdienst der Abschluss einer Bibelwoche sein.

1. Unter einem guten Stern (Mt 2,1-12)

Fürchtet euch nicht
Marc André Misman, Deutschland 2014, 14 min, farbig, Kurzspielfilm, ab 10 Jahren
Als Heilige Drei Könige gekleidet ziehen drei junge Sternsinger von Tür zu Tür, um Geld für notleidende Kinder zu sammeln und Segen zu spenden. Doch statt der erhofften Spenden ernten sie Spott und Ablehnung. Unter ungleich schwereren Bedingungen als die biblischen drei Könige kämpfen sie gegen die Macht der Gleichgültigkeit und Kaltherzigkeit. Als ihnen schließlich von zwei Jugendlichen auch noch die Spendendose geklaut wird, ist es zwei der drei Jungen zu viel und sie geben auf. Doch der etwas naive Martin glaubt immer noch an die gute Sache und versucht alleine sein Glück. Als seine zwei Mitbestreiter erneut in Gefahr geraten, hat er eine Sternvision und kann mutig einschreiten. Die Sternsinger setzen lädiert, aber gestärkt und geeint ihre Mission fort.

Anregungen und Fragen zur Diskussion
- Woraus schöpfen die drei Sternsinger ihre Motivation und ihren Glauben?
- Gegen welche Widerstände kämpfen sie an?
- Warum provozieren sie unfreiwillig?
- Was bewirkt die Wende in der Handlung? Ist dies göttliches Handeln?

2. Überraschend glücklich (Mt 5,3-12)

Engel zu Fuß
Jakob Schuh / Saschka Unseld, Deutschland 2006, 7 min, farbig, Trickfilm, ab 4 Jahren
Engel Waltraud plumpst wegen schrumpfender Flügel plötzlich vom Himmel. Der „gefallene Engel" landet bei einer irdischen Zirkustruppe. Mit allerhand Tricks, Lügen und Drohungen

versucht er wieder zur himmlischen Gemeinschaft zurückzukommen. Doch erst als er Taten der Nächstenliebe vollbringt, wachsen seine Flügel wieder und er kann zurückkehren. Der lustige Trickfilm veranschaulicht, wie wir inneren Frieden, Gemeinschaft und Gerechtigkeit erreichen können.

Anregungen und Fragen zur Diskussion
- Welche Sünden begeht der Engel?
- Was verändert sich, als er sich um seine Mitmenschen kümmert?
- Wie entsteht dadurch Gemeinschaft und Frieden?
- Was hat die Handlung mit Versöhnung und Hoffnung zu tun?

3. Das Ende des Wartens (Mt 11,2-15.25-30)

Gottesglaube, Gottesbilder - ein Versuch
Michael Kress / Ralf Heinrich, Deutschland 2004, ab 14 Jahren
Die DVD bietet fünf Kurzfilme und digitales Arbeitsmaterial zum Thema Gottesbild. Darin ist enthalten der Kurzfilm „Ernst und das Licht" (Kurzspielfilm von A. T. Jensen, 12 min). Er zeigt die Begegnung eines Handelsreisenden mit einem Anhalter, der sich als Gottes Sohn zu erkennen gibt. Der Anhalter möchte den Reisenden als Jünger gewinnen, dieser verkennt aber die Situation völlig. Die Bildergalerie bietet eine große Auswahl an Bildern zur Thematik (Kunstwerke, Naturfotos, Screenshots aus den Filmen, Symbole).

Anregungen und Fragen zur Diskussion
- Wer ist Jesus für uns heute?
- Woran erkennt man, wer Jesus ist?
- Was hält den Handlungsreisenden ab, Jesus zu erkennen?
- Wie berief Jesu seine Jünger? Was erwartet er von ihnen? (Vergleich mit Bibelstellen in Mt)

4. Im Zweifel gehalten (Mt 14,22-33)

Am seidenen Faden (By a Thread)
Juan Carlos Romera, Spanien 2005, 9 min, farbig, Kurzspielfilm, ab 14 Jahren
Ein professionell ausgerüsteter Bergsteiger klettert in der Einsamkeit der spanischen Sierra Nevada eine gefährliche Steilwand unter großen Anstrengungen hinauf. Er will den Zweikampf mit dem Berg unbedingt gewinnen. Zweimal stürzt er in die Tiefe, jeweils aufgefangen vom Sicherungsseil. Am Ende hängt er hilflos und völlig alleine im Seil in der nächtlichen Dunkelheit. Er beginnt zu beten, bittet Gott um Rettung. Gott antwortet ihm: „Glaubst du wirklich, ich hätte die Macht, dich zu retten? – Dann kapp' das Seil." So groß ist der Glaube des Bergsteigers dann doch nicht, und am nächsten Morgen findet man ihn erfroren – nur einen Meter über dem Boden hängend.

Anregungen und Fragen zur Diskussion
- Der Film wird kurz vor Ende gestoppt. Wie würde ich mich an Stelle des Bergsteigers verhalten? Was würde ich in dieser Situation fühlen und denken?
- Was stärkt mich, Gott oder Jesus zu vertrauen?
- Wo finde ich Halt in weniger dramatischen Situationen? Und wo fühle ich mich im Alltag verunsichert und gerate in Zweifel?

5. Großzügig beschenkt (Mt 18,23-35)

Security
Lars Henning, Deutschland 2006, 13 min, farbig, Kurzspielfilm, ab 14 Jahren
Ein Kaufhaus-Detektiv bei der täglichen Arbeit entdeckt eine Ladendiebin, die ein Päckchen unter ihrer Jacke verschwinden lässt. Er ist sich seiner Sache sicher, will aber die Konsequenzen der Anzeige nicht verantworten. Daher lässt er die Frau gehen, nachdem sie ihm in seinem Büro auch noch erklärt, sie wäre bereit alles zu tun, wenn er sie laufen ließe. Tags darauf entdeckt er sie erneut im Laden, wie sie ungeniert – sich seiner Beobachtung bewusst – klaut. Er stellt sie zur Rede und erlebt eine Überraschung: Sie weist sich aus als Mitarbeiterin der Ladenkette, die den Sicherheitsdienst zu kontrollieren hat.

Anregungen und Fragen zur Diskussion
- Aus welchen Motiven handeln die vermeintliche Kaufhausdiebin und der Detektiv? Halten Sie ihr Verhalten für gut?
- Welche Parallelen und Unterschiede sehen Sie im Vergleich mit der biblischen Textstelle (Mt 18,21-35)?
- Ist das Verhalten des Detektivs als Strafvereitelung zu sehen oder ist es ein Beitrag zur Vergebung?

6. Der Liebe bedürftig (Mt 25,31-46)

Butterfly Circus - Wo Wunder wahr werden
Joshua Weigel, Deutschland 2014, 23 min, farbig, Kurzspielfilm, ab 10 Jahren
Der Film erzählt die Geschichte von Will (Nick Vujiicic), einem jungen Mann, der weder Arme noch Beine hat. Nach Jahren der Demütigung in einer sog. Freakshow, einer sensationslüsternen Präsentation „unnormaler" Menschen, wird er von Zirkusdirektor Menedez in den „Butterfly Circus" aufgenommen. Dort erfährt er zum ersten Mal in seinem Leben Wertschätzung. Er entdeckt ungeahnte Fähigkeiten, die seinem Leben Sinn und ihm selbst neue Hoffnung geben.

Anregungen und Fragen zur Diskussion
- Welche Szenen haben Sie am meisten angesprochen? Warum?
- Wo erfährt Will Wertschätzung und Stärkung? Wie geschieht dies (Stichwort Hilfe zur Selbsthilfe)?
- Was kann Will dem Zirkus zurückgeben?
- Wo sehen Sie die Parallelen zur biblischen Textstelle (Mt 25,31-46)?

7. Hoffnung, die trägt (Mt 27,45-54 + 28,1-10)

Das Salz der Erde
Wim Wenders / Juliano Ribeiro Salgado, Frankreich 2014, 109 min, farbig, Dokumentation, ab 14 Jahren
Der aus Brasilien stammende Fotograf Sebastiao Salgado dokumentierte in den vergangenen 40 Jahren die Spuren unserer Menschheitsgeschichte auf allen Kontinenten. Als sozialdokumentarischer Fotograf wurde er Zeuge von internationalen Konflikten, Vertreibung, Krieg, Hunger und Leid. Salgado erkrankte seelisch an dem Gesehenen und widmete sich in einer Schaffenspause der Wiederaufforstung eines erodierenden Gebietes in seiner Heimat, wodurch er zu seinem Fotoprojekt „Genesis" inspiriert wurde, das die paradiesischen, von Menschen unberührten Orte der Erde zeigt. Der Film beschreibt den beruflichen Werdegang Salgados und formuliert ein Beispiel wie Menschen angesichts des Elends in der Welt neue Hoffnung schöpfen können.

Anregungen und Fragen zur Diskussion
- Welche Szenen berühren Sie am meisten im Film?
- Welche Einsichten können zu einem neuen Aufbruch führen?
- Was gibt der Hauptfigur des Films Kraft für einen Neuanfang? Geschieht dies aus christlichen Motiven?
- Welche Wege zeigen Matthäus und der Film auf, den Tod zu besiegen?

Ob die aufgeführten Titel in der regional zuständigen Evangelischen oder Katholischen Medienzentrale entliehen werden können, muss jeweils erfragt werden.
Entleihe und Download:
- für den Bereich der Evangelischen Landeskirche Württemberg bzw. der Diözese Rottenburg-Stuttgart ausschließlich über: Ökumenischen Medienladen, Augustenstraße 124, 70197 Stuttgart, Tel.: 0711/222 76-67 bis -70, Fax –71, info@oekumenischer-medienladen.de, Internet: www.oekumenischer-medienladen.de.
- alle anderen Landeskirchen und Diözesen: Medienportal der Evangelischen und Katholischen Medienzentralen: www.medienzentralen.de.

Die Anschriften der kirchlichen Medienzentralen sind im Internet ebenfalls verzeichnet unter: www.medienzentralen.de.

Literaturempfehlungen

Christoph Kähler: „Ein Buch mit sieben Siegeln?" Die Bibel verstehen und auslegen (Theologie für die Gemeinde, Band II/3), Evangelische Verlagsanstalt, Leipzig, 2016.
Was die Reihe „Theologie für die Gemeinde" beabsichtigt, kann Christoph Kähler in seinem Buch einlösen: Er stellt die theologischen Erkenntnisse und Fragestellungen rund um die Bibel allgemeinverständlich und übersichtlich in kurzen Kapiteln für interessierte Laien dar. Dabei gibt er sowohl einen Einblick in die Bibel selbst als auch in die Fragen, wie sie zu verstehen und zu lesen ist. Er ermutigt zum eigenen Bibelstudium, aber auch zum geleiteten theologisch fundierten Austausch in der Gemeinde. Dabei stellt er einen Bezug zur Praxis her, bis hin zur exemplarischen Auslegungen einzelner Bibelstellen und zu Methodenvorschlägen, vertieft aber genauso die historischen und theologischen Fragestellungen. Die kurzen Kapitel in übersichtlicher Zusammenstellung ermöglichen es dem Lesenden, sich genau dem Aspekt des Themas zu widmen, der für ihn gerade von besonderem Interesse ist.

Nicholas T. Wright: Matthäus für heute, Bd. 1+2, Brunnen Verlag GmbH, Gießen 2013.
Wright hat es sich zum Ziel gesetzt, Leserinnen und Lesern von Heute erfahrbar und nachvollziehbar zu machen, warum das Matthäusevangelium und seine Botschaft für Menschen heute interessant, bedeutsam und lebensverändernd ist. Er wählt entsprechend, auch für seine Textübersetzung, eine alltäglich verständliche Sprache und Bilder aus dem gegenwärtigen Leben und Erfahrungskontext seiner Leserinnen und Leser. Im Anhang des Buches bietet er eine Liste biblischer und theologischer Begriffe, die verständlich erklärt werden. Wright

legt das ganze Matthäusevangelium abschnittsweise aus. Oft beginnt er mit einer kurzen alltäglichen Episode, die einen Kontakt zwischen dem Text und der Lebenswelt der Lesenden herstellt und somit den Grundgedanken des Textes für die Lesenden anschaulich und nachvollziehbar macht. In der Auslegung erklärt er biblische Zusammenhänge, textliche Fragen und exegetische Erkenntnisse, will aber bewusst nicht als wissenschaftlich-exegetischer Kommentar verstanden werden, sondern als eine Betrachtung biblischer Texte, die auf diesen wissenschaftlichen Erkenntnissen aufbauend dem Bibeltext nachdenkend seine Botschaft an uns heute begreifbar macht. Damit ist er eine gute Grundlage und Inspiration für persönliches und gemeindliches Bibellesen.

Walter Klaiber: Jesu Tod und unser Leben. Was das Kreuz bedeutet, Evangelische Verlagsanstalt, Leipzig 2014.
Soll man angesichts der schwierigen Geschichte und der missverständlichen Aussagen über das Kreuz nicht lieber darauf verzichten, davon zu reden? Klaiber geht auf solche Fragen und Diskussionen ein und nimmt seine Leserinnen und Leser mit auf eine Reise zu den biblischen Wurzeln der Rede vom Kreuz. Er versucht sie dafür zu gewinnen, die Rede vom Kreuz für sich neu zu entdecken und als befreiend, lebensbejahend und unaufgebbar für den christlichen Glauben zu begreifen.
Dabei macht Klaiber deutlich, warum die ersten Christen sich mit dem Kreuz theologisch auseinandersetzen mussten, und wie unter dem Eindruck der Ostererfahrungen verschiedene Deutungen des Geschehens am Kreuz entstanden sind. Klar unterscheidet er zwischen der Kreuzigung an sich und der Botschaft seiner Bedeutung, also der Rede vom Kreuz. Er erklärt sowohl die unterschiedlichen neutestamentlichen Deutungen als auch ihre alttestamentlichen Hintergründe und entlarvt das Bild eines vermeintlich grausamen Gottes.
Der Aufbau des Buches und der Argumentationsgang Klaibers sind klar und gut nachvollziehbar, die Sprache ist verständlich und gut lesbar. Am Ende bietet er in detaillierter Weise mögliche Antworten auf die aktuellen Fragen und damit einen konstruktiven Beitrag zur gegenwärtigen Diskussion an.

Armin Kohnle: Luther, Calvin und die anderen. Die Reformation und ihre Folgen (Theologie für die Gemeinde, Bd. VI/2), Evangelische Verlagsanstalt, Leipzig 2016.
Auf knapp 90 Seiten stellt Kohnle in verständlicher Sprache sowohl die historischen Hintergründe also auch die theologischen Erkenntnisse der Reformation dar und schlägt darüber hinaus einen Bogen von der Reformation bis hin zur Gegenwart. Er betont die biblische Fundierung des reformatorischen Denkens, zeigt aber auch, dass sich daraus unterschiedliche reformatorische Ideen und Konzepte ergaben. Zwar liegt der Schwerpunkt seines Buches auf der Darstellung der Person und der Erkenntnisse Luthers, Kohnle stellt aber auch mit Zwingli, Bucer und Calvin die anderen reformatorischen Ausprägungen in Kürze dar. Besonders hilfreich sind zum Verständnis und zur Übersicht über die komplexen Zusammenhänge die eingestreuten Kästen mit Begriffserklärungen.
Das Büchlein ist eine lehrhafte, übersichtliche und hilfreiche Kurzdarstellung und Einführung in die Zusammenhänge der Reformation. Wer sich angesichts des Reformationsjubiläums einen ersten Überblick verschaffen will, dem sei dieses Buch empfohlen.

Hans-Georg Link: Unterwegs nach Emmaus. Ökumenische Erfahrungen und Ermutigungen für evangelische und katholische Gemeinden, Evangelische Verlagsanstalt und Bonifatius Verlag, Leipzig/Paderborn 2014.
Das Buch will eine Ermutigung sein für in der Ökumene engagierte Ehren- und Hauptamtliche, die sich wünschen, dass mehr möglich wäre und es schneller voranginge. Es nimmt den Lesenden mit in die reiche Erfahrungswelt aus 50 Jahren gelebter Ökumene in Köln und zeigt gut strukturiert und nachvollziehbar die geschichtlichen und theologischen Hintergründe der Ökumenischen Bewegung auf. Die biografische und persönliche Note des Buches offenbart das Vermächtnis eines leidenschaftlichen und engagierten ökumenischen Kämpfers. Ausführlich behandelt er auch die „Gemeinsame Erklärung zur Rechtfertigungslehre", die grade angesichts des anstehenden Reformationsjubiläums sicherlich noch einmal eine gründliche Würdigung verdient.
Link wirbt dafür, dass sich die Ökumene auf allen Ebenen zeigt: spirituell, strukturell und partnerschaftlich. Er beschreibt ökumenischen und partnerschaftlichen Gemeindeaufbau. Speziell für die Bibelwochenvorbereitung fehlen jedoch leider Beispiele für oder Hinweise auf den Ökumenischen Bibelsonntag und die Ökumenische Bibelwoche.

Miroslav Volf: Öffentlich glauben in einer pluralistischen Gesellschaft, Verlag der Franckebuchhandlung GmbH, Marburg 2015.
Wie vertragen sich ein liberaler Staat und eine pluralistische Gesellschaft mit öffentlich gelebtem und zur Sprache gebrachtem Glauben verschiedener Religionen? Dieser aktuellen Fragestellung begegnet Volf in seinem engagierten und lesenswerten Buch. Zunächst nimmt er die gesellschaftlichen Bedenken auf, dass öffentliche Religion totalitäre Tendenzen habe und Konflikte fördere. Er zeigt die Ursachen dafür, widerspricht aber entschieden der Folgerung, man solle Glauben ausschließlich in die Privatsphäre verbannen. Volf entwickelt theologisch fundiert und anschaulich praxisnah einen Gegenentwurf vonseiten des christlichen Glaubens.
Volf entlarvt aber auch Fehlentwicklungen im christlichen Glaubenskontext: Dabei wendet er sich zuerst dem inneren Raum des Glaubens zu, wo man entweder nur bei Gott bleiben und die Menschen vergessen will oder andersherum. Dann stellt er die Gefahren nach außen heraus, wo der Glaube sich den gesellschaftlichen Prozessen entweder anpasst oder sich von ihnen absondert. Dagegen wirbt er für einen Glauben, der um seine Quellen weiß, aus ihnen handelt und darum seine Identität bezeugt und den Menschen – auch öffentlich – dient.
Heinrich Bedford-Strohm begleitet in seinem Vorwort Volfs Buch mit dem Wunsch für unsere Kirche, „dass sie sich neu inspirieren lässt von dem Geist, der darin zum Ausdruck kommt." Und für unser Gesellschaft, „dass sie neu wahrnimmt, welch kraftvollen Beitrag der christliche Glaube zu ihrem Gedeihen leisten kann."

Autorenverzeichnis

Reinhard von Bendemann

ist in Bonn im Fach Neues Testament habilitiert worden. Mittlerweile forscht und lehrt er am Institut für frühchristliche Literatur und Antikes Judentum an der Evangelisch-Theologischen Fakultät der Ruhr-Universität Bochum. Seine derzeitigen Forschungsschwerpunkte sind: Frühes Christentum und Antike Medizin, neutestamentliche Hermeneutik, Paulusrezeption und frühchristliche Evangelienliteratur.

Kerstin Offermann

ist leidenschaftliche Pfarrerin, verheiratet, hat zwei Kinder und lebt in Greifenstein in Hessen. Sie ist begeistert davon, dass durch die Bibeltexte immer wieder überraschend Gott redet, und begeistert dafür, mit anderen zusammen diese Entdeckung zu machen.

Wolfgang Baur

ist Stellvertretender Direktor des Katholischen Bibelwerks e.V., verheiratet mit einer evangelischen Theologin und hat drei Kinder. Für ihn ist die Bibel Grundlage allen Glaubens und Lebens als Christen, die man als Ur-kunde des Glaubens am besten versteht, wenn man sie aus ganz unterschiedlichen Perspektiven (ökumenisch und auch interreligiös) mit anderen entdeckt. Dafür bietet die Bibelwoche eine großartige Chance.

Johannes Beer

lebt und arbeitet als Pfarrer in Herford. Er ist verheiratet und hat zwei Kinder. Kunst und Bibel gehören unbedingt zu seinem Leben. Mit Begeisterung arbeitet er in diesem Spannungsfeld.

Jürgen Dittrich

ist Pfarrer, verheiratet, hat eine Tochter und lebt in Calvörde in Sachsen-Anhalt. Sein Herz schlägt für die multilaterale Ökumene. Er wünscht sich, dass die Bibel wieder neu als Schatz von vielen Menschen entdeckt wird, weil sie Christen über die Grenzen und Unterschiede in der Tradition und der Glaubenspraxis der Kirchen verbindet.

Katharina Falkenhagen

Pfarrerin in Frankfurt (Oder), verheiratet, sieben Kinder, ist von der Bibelwoche zum persönlichen Bibelstudium im turbulenten Alltag von Familie und Pfarramt inspiriert. Die ausgewählte intensive Bibellektüre gibt der Gemeinde und ihr die Chance, die jeweiligen Texte genau anzuschauen und in den persönlichen Alltag hinein sprechen zu lassen. Die Bibelwoche leistet für sie einen wichtigen Beitrag zur modernen „Inneren Mission".

Roland Kohm

arbeitet als Medienpädagoge im Evangelischen Medienhaus in Stuttgart und widmet sich seit über 20 Jahren der kirchlichen Filmbildung. Auf Kursen und Veranstaltungen erlebt er immer wieder, wie Kurzfilme zu intensiven Gesprächen über den Glauben anregen.

Sven Körber

ist als Religionspädagoge im Amt für missionarische Dienste der Evangelischen Kirche von Westfalen für die Werkstatt Bibel in Dortmund zuständig. Es fasziniert ihn, immer wieder neu zu entdecken, wie die Botschaft der Bibel im Alltag erfrischend aktuell bleibt: „Gott ist mit uns."

Titus Linke

ist Dipl.-Sozialarbeiter (FH), verheiratet, hat drei Töchter und einen Pflegesohn. Er arbeitet in einer stationären Suchtkrankeneinrichtung des Diakonischen Werkes Bethanien e.V. in Dessau-Roßlau (Sachsen-Anhalt) und ist ehrenamtlich seit über 30 Jahren in der christlichen Kinder- und Jungschararbeit aktiv. Er liebt es, Kinder um sich zu haben und ihnen die beste Nachricht für uns Menschen weiterzugeben.

Dörte Melzer

ist Diplom-Bibliothekarin, leitet die Büchereifachstelle der Evangelischen Kirche von Westfalen und lebt in Bielefeld. Sie freut sich, wenn sie außerhalb der Bibel literarische Texte findet, die die biblische Botschaft mit neuen Worten oder in anderem Kontext erzählen oder durch sprachliche Verfremdung aufmerken lassen und zum Nachdenken anregen.

Rita Müller-Fieberg

ist verheiratet, hat zwei Kinder und kommt aus Bergisch Gladbach (NRW). Ob in der Lehrerfortbildung, mit Studierenden, mit „kleinen" oder „großen" Menschen: Bleibend spannend findet sie, dass wir beim Hören auf die Bibel eigentlich alle immer wieder gemeinsam Lernende und Beschenkte sind.

Katharina Wiefel-Jenner

ist Pfarrerin und lebt in Berlin. Bibellesen gehört für sie zur Basis des Lebens und Arbeitens in der Gemeinde. Deswegen müssen alle bei ihr damit rechnen, dass sie durch sie regelmäßig an den großen Schatz der Bibel erinnert werden und auch an die Bedeutung der biblischen Überlieferung für alles im Leben.

Stefan Wittig

ist Pfarrer bei der Deutschen und der Württembergischen Bibelgesellschaft in Stuttgart. Ihn freut es, wenn aus der Begegnung mit Bibeltexten ein persönlicher Gewinn entsteht, den Menschen mit anderen teilen wollen.

Stephan Zeipelt

lebt mit seiner Frau und seinen beiden Kindern in der Fußballhauptstadt Dortmund. Er ist Pfarrer der schönsten Pfarrstelle der westfälischen Landeskirche. In der Werkstatt Bibel des Amtes für missionarische Dienste darf er mit allen Altersgruppen die Bibel und ihre Inhalte vorstellen und Menschen zeigen, wie aktuell Gott in seinem Wort heute zu jedem redet.

Arbeitshilfen zur Bibelwoche 2016/2017

Reinhard von Bendemann / Kerstin Offermann
„Bist du es?"
Exegesen, Anregungen und Bibelarbeiten zum Matthäusevangelium
Ökumenische Bibelwoche 2016/2017
Arbeitsbuch
Texte zur Bibel 32
kartoniert, s/w-Abbildungen, 16,5 x 23,5 cm, 160 Seiten, ISBN 978-3-7615-6319-9, Best.-Nr. 156 319, WGS 1543, € 22,99 (D) / € 23,70 (A) / sFr 34,50

Wolfgang Baur
„Bist du es?"
Zugänge zum Matthäusevangelium
Ökumenische Bibelwoche 2016/2017
Teilnehmerheft
geheftet, durchgehend farbig, 16,5 x 24 cm, 40 Seiten, ISBN 978-3-7615-6318-2, Best.-Nr. 156 318, WGS 1543, ca. € 2,30 (D) / € 2,40 (A) / sFr 3,50, Mengenpreise für Endkunden: Ab 10 Ex. € 1,95 (D), ab 25 Ex. € 1,85 (D), ab 50 Ex. € 1,75 (D)

Klaus Teschner
Seid getrost, ich bin's
Sieben Bibelarbeiten aus dem Matthäusevangelium
Ökumenische Bibelwoche 2016/2017
geheftet, 14,8 x 21 cm, ca. 48 Seiten, ISBN 978-3-7615-6321-2, Best.-Nr. 156 321, WGS 1543, € 3,50 (D) / € 3,60 (A) / sFr 5,50, Mengenpreise für Endkunden: ab 10 Ex. € 3,30 (D), ab 25 Ex. € 3,10 (D), ab 50 Ex. € 2,90 (D)

Plakat zur Bibelwoche
DIN A3, mit Platz für individuellen Eindruck
ISBN 978-3-7615-6320-5, Best.-Nr. 156 320, WGS 1543, € 3,99 (D) / € 4,20 (A) / sFr 5,90

Flyer
Bibelwoche 2016/2017
Best.-Nr. 9255, DIN lang, gratis

Zu beziehen bei:
Neukirchener Verlagsgesellschaft mbH, Postfach 10 12 65, 47497 Neukirchen-Vluyn
Fon: 02845 / 392-218, Fax: 02845 / 33689
E-Mail: info@nvg-medien.de, Internet: www.nvg-medien.de

Weitere Materialien

Katharina Wiefel-Jenner
Wir haben seinen Stern gesehen
Auslegungen zu sieben Abschnitten aus dem Matthäusevangelium
Gemeindeheft zur 79. Bibelwoche 2016/17
Hrsg. vom Gemeindedienst der Evangelischen Kirche in Mitteldeutschland in Zusammenarbeit mit der Arbeitsgemeinschaft Missionarische Dienste, Berlin
ca. 32 Seiten; € 0,55 (Staffelpreise)
Auslieferung über:
Gemeindedienst der EKM, Zinzendorfplatz 3, 99192 Neudietendorf,
Fon: 036202 / 7717-90, Fax: 036202 / 7717-98
E-Mail: gemeindedienst@ekmd.de, www.gemeindedienst-ekm.de

Klaus Müller / Matthias Uhlig (Hg.)
Den Weg der Gerechtigkeit gehen
Arbeitshilfe mit DVD zur Bibelwoche Matthäus
Diese Arbeitshilfe enthält neben hilfreichen Auslegungen und Impulsen zum Verständnis der biblischen Texte auch Präsentationen mit Bildern, Gestaltungsvorschläge für einen Familien- und Gemeindetag, eine Egli-Inszenierung und Bibeltheater. Die Materialien unterstützen die Umsetzung der Bibelwoche in der Kirchengemeinde vor Ort.
kartoniert, 21 x 29,7 cm, ca. 128 Seiten, ISBN 978-3-438-06746-3, Art.-Nr.: 6746, € 12,95, Mengenrabatt

Ab 01.09.2016 zu beziehen bei:
Amt für Missionarische Dienste, Blumenstraße 1-7, 76133 Karlsruhe
Fax: 0721 / 9175-25311, E-Mail: amd@ekiba.de, www.ekiba.de/amd
Bibellesebund e.V., Postfach 31 01 22, 51616 Gummersbach
Fax: 0 22 61 / 54 95 8-39, E-Mail: info@bibellesebund.de,
www.bibellesebund.de

Bibel aktuell
Impulse für lebensbezogene Bibelarbeit
Hrsg. vom Amt für missionarische Dienste der Evangelischen Landeskirche in Württemberg
DIN A 5, € 4,00 zzgl. Porto
Texte zur Bibelwoche finden sich in Heft 84 (1999):
Jesus im Matthäus-Evangelium
Matthäus 2, 1-12 — Wir haben seinen Stern gesehen (Werner Schmückle)
Matthäus 25, 31-46 — Jesu Rede vom „Weltgericht" (Thomas Popp)

Zu beziehen bei:
Amt für missionarische Dienste, Grüninger Str. 25, 70599 Stuttgart,
Fon: 0711 / 45804-9402, Fax: 0711 / 45804-9407,
E-Mail: Dagmar.Loncaric@elk-wue.de

Inhalt der DVD

1. Texte zur Bibel und Teilnehmerheft

2. Bibelübersetzungen
BasisBibel; Einheitsübersetzung; Lutherbibel, revidiert 2017; Übersetzung von Reinhard von Bendemann

3. Materialien und Ergänzungen für die Abende, darunter:
Psalm zur Bibelwoche: Magnificat
Bibelarbeiten zur Ökumenischen Bibelwoche
1. Mt 2,1-12 (Jürgen Klepper: Weihnachtsgedicht)
2. Mt 5,2-12 (K. Offermann, Luther und die Seligpreisungen)
3. Mt 11,2-15.25-30 (Karte: Johannes der Täufer; T. Reiprich, Art. Johannes der Täufer)
4. Mt 14,22-33 (Bilder vom See Genezareth und Mittelmeer; Stufen des Lebens; Tonpapiere)
7. Mt 28,1-10 (D. Melzer, Zitatauswahl: Todesanzeigen; U. Pohl-Patalong, Bibliolog)

4. Bilder zur Bibelwoche von Jörgen Habedank (mit weiteren Informationen)

5. Cartoons von Johann Mayr

6. Jugendbibelwoche: Sven Körber / Stephan Zeipelt, Jesus begegnen

7. Öffentlichkeitsarbeit
Grafikelemente (mit Plakat und Buchcover)
Einladungstext zur Bibelwoche: Gemeindebriefartikel

8. Praktische Anregung
Wolfgang Baur / Kerstin Offermann, Wie starte ich eine Bibelwoche?
Praxisbeispiel: Glaubensdialoge in der Buchhandlung

9. Ökumenischer Bibelsonntag
Jürgen Dittrich / Titus Linke, Anregungen und Vorschläge für einen Familiengottesdienst
Svenja Neumann, Lektorengottesdienst zu Mt 28,1-10

10. Link-Liste

Vorschau auf die 80. Bibelwoche 2017/2018
I Hoheslied 1,2-4; 6,8-10; 8,6-7; II Hoheslied 3,1-5; 5,2-8; 1,5-8; III Hoheslied 2,8-14; 7,11-14; IV Hoheslied 4,1-9; 5,9-16; 7,1-6; V Hoheslied 1,1; 3,6-11; 8,11-12; VI Hoheslied 4,12-5,1; 7,7-10; VII 1.Korinter 13